Möglichkeiten und Grenzen der Arbeitszeitgestaltung

von

Dr. Theodor Tomandl
Em. o. Universitätsprofessor in Wien

Für Elisabeth

Wien 2019
MANZ'sche Verlags- und Universitätsbuchhandlung

Zitiervorschlag: *Tomandl*, Möglichkeiten und Grenzen der Arbeitszeitgestaltung (2019) Rz …

Alle Rechte, insbesondere das Recht der Vervielfältigung und Verbreitung sowie der Übersetzung, vorbehalten. Kein Teil des Werkes darf in irgendeiner Form (durch Fotokopie, Mikrofilm oder ein anderes Verfahren) ohne schriftliche Genehmigung des Verlages reproduziert oder unter Verwendung elektronischer Systeme gespeichert, verarbeitet, vervielfältigt oder verbreitet werden.

Sämtliche Angaben in diesem Werk erfolgen trotz sorgfältiger Bearbeitung ohne Gewähr; eine Haftung des Autors sowie des Verlages ist ausgeschlossen.

ISBN 978-3-214-10875-5

© 2019 MANZ'sche Verlags- und Universitätsbuchhandlung GmbH Wien
Telefon: (01) 531 61-0
E-Mail: verlag@manz.at
www.manz.at
Bildnachweis: privat
Satz: EXAKTA GmbH, Wien, www.exakta.at
Druck: Prime Rate Kft., Budapest

Vorwort

Dieses Buch ist kein Kommentar,[1]) der die im Arbeitszeitrecht auftretenden Probleme Paragraph für Paragraph abhandelt. Es bemüht sich vielmehr, das Arbeitszeitrecht in seiner Gestaltung nach der grundlegenden Reform 2018[2]) übersichtlich und leicht verständlich darzustellen. Es wendet sich neben Studenten vor allem an Arbeitgeber wie Arbeitnehmer und deren Berater, die eine übersichtlich aufgebaute Anleitung suchen, wie sie die Arbeitszeit in Betrieben der privaten Wirtschaft gestalten können. Auf den öffentlichen Sektor geht das Buch nicht ein. Die Darstellung stützt sich in erster Linie auf die Rechtsprechung der Höchstgerichte. Arbeitgeber wie Arbeitnehmer sollen erkennen können, womit sie zu rechnen haben, wenn ein Konflikt gerichtsanhängig wird. Auf einschlägige Literatur wird hingewiesen, soweit sie zur Vertiefung dient. Auf wissenschaftliche Auseinandersetzungen geht das Buch nur ein, wenn keine gefestigte Rechtsprechung vorliegt. Manche Bestimmungen sind überaus detailreich ausgestaltet. Soweit dies zu ihrem Verständnis notwendig ist, wird darauf im Text näher eingegangen. Soweit es sich jedoch um Bestimmungen handelt, die auch ohne Kommentierung verständlich sind und nur selten auftretende Fragen oder sehr spezialisierte Betriebe betreffen, wird lediglich auf den im Anhang abgedruckten Gesetzestext verwiesen. Den Ausführungen werden zur Illustration einige kurzgefasste Muster für Klauseln in Individual- oder Betriebsvereinbarungen angeschlossen, die sich auf einschlägige Kernfragen beziehen.

Die grundlegenden Rechtsquellen sind das Arbeitszeitgesetz (AZG), das die zulässige Gestaltung der täglichen und wöchentlichen Arbeitszeit sowie der täglichen Ruhezeiten behandelt und das Arbeitsruhegesetz (ARG), das sich mit der wöchentlichen Arbeitsruhe und der Feiertagsruhe befasst. Die meisten Bestimmungen dieser beiden Gesetze gelten grundsätzlich für sämtliche Arbeitnehmer in allen Sparten der privaten Wirtschaft. Das Buch geht zunächst auf das AZG ein und stellt dabei die für alle Arbeitsverhältnisse geltenden Bestimmungen an die Spitze. Im Anschluss daran wird auf Regelungen für bestimmte Berufsgruppen eingegangen. In ähnlicher Weise werden die Bestimmungen des ARG dargestellt.

Wien, im September 2019

Theodor Tomandl

---

[1]) Siehe die Kommentare *Auer-Mayer/Felten/Pfeil,* AZG⁴ (2019); *Heilegger/Klein/Gasteiger* (Hrsg), Arbeitszeitgesetz⁵ (2019); *Schrank*, Arbeitszeit – Kommentar⁵ (2018).

[2]) Siehe dazu *Tomandl*, Die Neuerungen im Arbeitszeitrecht, ZAS 2018, 258.

Inhaltsverzeichnis

Vorwort III
Abkürzungsverzeichnis IX

Teil 1
Arbeitszeitgesetz

I.	Der Geltungsbereich	1
II.	Die Regelungstechnik	3
III.	Der Begriff Arbeitszeit	5
	A. Allgemeines	5
	B. Bedeutung des Arbeitsortes	6
	C. Abgrenzung zu Ruhepausen	7
	D. Arbeitsbereitschaft	8
	E. Rufbereitschaft	9
	F. Wegzeiten	10
	G. Reisezeiten – Dienstreisen	11
	H. Sonstige beachtliche Zeitphasen	12
	I. Höchstarbeitszeit	12
	J. Generelle Höchstarbeitszeit	13
	K. Spezielle Höchstgrenzen	13
IV.	Normalarbeitszeit	14
	A. Die gesetzliche Normalarbeitszeit	14
	B. Die zulässige tatsächliche Normalarbeitszeit	15
	1. Die Lage der Arbeitszeit	15
	2. Teilzeitarbeit	16
	3. Mehrarbeit	16
	4. Grundsätzliche Gestaltungsmöglichkeiten	17
	5. Verlängerung der täglichen Normalarbeitszeit	19
	6. Abweichende Verteilung der Normalarbeitszeit	20
	7. Arbeitszeit bei erhöhtem Arbeitsbedarf	20
	8. Normalarbeitszeit bei Arbeitsbereitschaft	21
	9. Normalarbeitszeit bei besonderen Erholungs-möglichkeiten	21
	10. Vor- und Abschlussarbeiten	22
	11. Fenstertage	23
	12. Bandbreitenmodell in Handelsbetrieben	23
	13. Bandbreitenmodell in Nicht-Handelsbetrieben	23
	14. Schichtarbeit	24

		15. Gleitende Arbeitszeit	25
		16. Dekadenarbeit auf Baustellen	27
		17. Reisezeiten	27
		18. Nachtarbeit	27
V.	Überstunden		28
VI.	Entgeltpflichtige Arbeitszeit		32
	A. Allgemeines		32
	B. Überstunden		33
	C. Abgeltung von Zeitguthaben		35
	D. Rufbereitschaft		36
	E. Arbeitsbereitschaft		37
	F. Reisezeiten		37
	G. Wegzeiten		38
	H. Sonstige beachtliche Zeiten		39
VII.	Ruhepausen		40
VIII.	Ruhezeiten		41
IX.	Sonder- und Ausnahmebestimmungen		42
	A. Arbeitszeit für bestimmte Berufe		42
		1. Übersicht über Bestimmungen für Fahrzeuglenker	42
		2. Für alle Kraftfahrzeuge geltende Bestimmungen	43
		3. Sonstige Fahrzeuge	46
		4. VO-Fahrzeuge	47
		5. Arbeitnehmer in Betrieben des öffentlichen Verkehrs	48
		6. Apotheker in öffentlichen Apotheken	51
	B. Ausnahmen		52
		1. Unvorhergesehene und nicht zu verhindernde Gründe	52
		2. Reisezeiten	53
		3. Gefährliche Arbeiten	53

Teil 2
Arbeitsruhegesetz

I.	Wöchentliche und Feiertagsruhe		55
	A. Wochenendruhe		55
	B. Wochenruhe		56
	C. Sonderregelungen		56
		1. Schichtarbeit	56
		2. Lenker von Kraftfahrzeugen	56
		3. Großbaustellen	57
		4. Tageszeitungen	57
	D. Ersatzruhe		57
	E. Feiertagsruhe		58
	F. Feiertagsentgelt		59
	G. Ausnahmen von der Wochenend- und Feiertagsruhe		59

Teil 3
Gemeinsame Bestimmungen

I.	Spezielle Arbeitgeberpflichten	65
	A. Aushangpflicht	65
	B. Aufzeichnungs- und Auskunftspflicht	65
	C. Kontrollsystem	66
II.	Strafbestimmungen	67
	A. Strafbestimmungen nach § 28 AZG	68
	1. Geldstrafen zwischen 20,– und 436,– Euro	68
	2. Geldstrafen zwischen 72,– und 1.815,– Euro, im Wiederholungsfall zwischen 145,– und 1.815,– Euro	68
	3. Geldstrafen zwischen 218,– und 3.600,– Euro	69
	4. Geldstrafen für VO-Fahrzeuge	69
	5. Geldstrafen für das fliegende Personal	69
	B. Geldstrafen nach § 27 ARG	70

Teil 4
Sonstige Gesetze

I.	Allgemeines	71
II.	Krankenanstalten-Arbeitszeitgesetz	71
III.	Bäckereiarbeiter/innengesetz	74
IV.	Kinder- und Jugendlichen-Beschäftigungsgesetz	76
V.	Theaterarbeitsgesetz	78
VI.	Mutterschutz- und Väter-Karenzgesetz	79

Anhang

Arbeitszeitgesetz – AZG	81
Arbeitsruhegesetz – ARG	120
Arbeitsruhegesetz-Verordnung – ARG-VO	138
Krankenanstalten-Arbeitszeitgesetz – KA-AZG	176
Bäckereiarbeiter/innengesetz 1996 – BäckAG 1996	179
Kinder- und Jugendlichen-Beschäftigungsgesetz 1987 – KJBG	181
Theaterarbeitsgesetz – TAG	185
Mutterschutzgesetz 1979 – MSchG	187
Sachregister	193

Abkürzungsverzeichnis

ABGB	=	Allgemeines bürgerliches Gesetzbuch
Abs	=	Absatz
AngG	=	Angestelltengesetz
Arb	=	Sammlung arbeitsrechtlicher Entscheidungen
ArbVG	=	Arbeitsverfassungsgesetz
ARG	=	Arbeitsruhegesetz
Art	=	Artikel
ASoK	=	Arbeits- und Sozialrechtskartei
AZG	=	Arbeitszeitgesetz
BäckAG	=	Bäckereiarbeiter/innengesetz
bau aktuell	=	Die Fachzeitschrift für Baurecht, Baubetriebswirtschaft und Baumanagement
BGBl	=	Bundesgesetzblatt
BM	=	Bundesminister(ium)
BUAG	=	Bauarbeiter-Urlaubs- und Abfertigungsgesetz
bzw	=	beziehungsweise
dh	=	das heißt
DRdA	=	Das Recht der Arbeit
E	=	Entscheidung
ecolex	=	Fachzeitschrift für Wirtschaftsrecht
EG	=	Europäische Gemeinschaft
etc	=	et cetera
EU	=	Europäische Union
EuGH	=	Europäischer Gerichtshof
EWG	=	Europäische Wirtschaftsgemeinschaft
f	=	und der, die folgende
ff	=	und der, die folgenden
G	=	Gesetz
GedS	=	Gedenkschrift
GewO	=	Gewerbeordnung 1994
GP	=	Gesetzgebungsperiode
Hrsg	=	Herausgeber

IA	=	Initiativantrag
idF	=	in der Fassung
iSd	=	im Sinn des/der
KA-AZG	=	Krankenanstalten-Arbeitszeitgesetz
KJBG	=	Kinder- und Jugendlichen-Beschäftigungsgesetz
Komm	=	Kommentar
lit	=	litera (Buchstabe)
mE	=	meines Erachtens
MSchG	=	Mutterschutzgesetz
Nr	=	Nummer
NSchG	=	Nachtschwerarbeitsgesetz
OGH	=	Oberster Gerichtshof
RL	=	Richtlinie
Rz	=	Randzahl, -ziffer
s	=	siehe
TAG	=	Theaterarbeitsgesetz
ua	=	a) und andere, -s b) unter anderem
udgl	=	und dergleichen
usw	=	und so weiter
vgl	=	vergleiche
VKG	=	Väter-Karenzgesetz
VO	=	Verordnung
VStG	=	Verwaltungsstrafgesetz
VwGH	=	Verwaltungsgerichtshof
Z	=	Ziffer
ZAS	=	Zeitschrift für Arbeitsrecht und Sozialrecht
zB	=	zum Beispiel
ZIK	=	Zeitschrift für Insolvenzrecht und Kreditschutz

Teil 1
Arbeitszeitgesetz

I. Der Geltungsbereich

Regelungen über die Arbeitszeit finden sich in mehreren Gesetzen. Das Kerngesetz, dem die anderen nachempfunden sind, ist das Arbeitszeitgesetz 1969 (AZG), BGBl 1969/461. Es enthielt ursprünglich nur an die Arbeitgeber gerichtete öffentlich-rechtliche Beschränkungen der Arbeitszeit, deren Nichteinhaltung mit Verwaltungsstrafen bedroht war. Die Novellierungen haben daran grundsätzlich festgehalten, jedoch zivilrechtliche Bestimmungen hinzugefügt (Abschnitt 6a), die nicht durch Verwaltungsstrafen sanktioniert sind.

Das AZG gilt grundsätzlich für die Beschäftigung aller Arbeitnehmer, die das 18. Lebensjahr vollendet haben. Der VwGH versteht den Begriff Arbeitnehmer im Sinne des Arbeitsvertragsrechts. Es komme darauf an, ob die Arbeit in persönlicher Abhängigkeit vom Arbeitgeber verrichtet wird. Die Erbringung von Arbeitsleistungen ohne vertragliche Grundlage, etwa bei bloßer Gefälligkeit, oder auf anderer Grundlage als einem Arbeitsverhältnis, etwa zur Erfüllung von Unterhalts- oder familienrechtlichen Beistandspflichten, unterliegt demnach nicht dem AZG.[1]) Auf überlassene Arbeitnehmer sind hingegen während ihrer Tätigkeit im Beschäftigerbetrieb, obwohl sie mit diesem keinen Arbeitsvertrag geschlossen haben, die arbeitszeitrechtlichen Bestimmungen anzuwenden.[2]) Keine Arbeitnehmer sind **Beamte, freie Dienstnehmer und Heimarbeiter.** Sie fallen daher nicht in den Anwendungsbereich des AZG.[3])

Das AZG enthält drüber hinaus für bestimmte Arbeitnehmer noch weitere **Ausnahmen** von seinem Geltungsbereich.[4]) Es handelt sich um:

- Arbeitnehmer von Gebietskörperschaften, Stiftungen, Fonds oder Anstalten, wenn diese von Organen einer Gebietskörperschaft oder von Personen verwaltet werden, die hierzu von Organen einer Gebietskörperschaft bestellt sind unterliegen dem AZG nur dann, wenn sie nicht im Bereich der Hoheitsverwaltung tätig sind und für ihr Arbeitsverhältnis ein Kollektivvertrag wirksam ist.

---

[1]) VwGH 15. 10. 2015, 2013/11/0079.
[2]) § 10 Abs 3 AZG.
[3]) *Pfeil* in *Neumayr/Reissner* (Hrsg), Zeller Kommentar zum Arbeitsrecht³ (2018) § 1 AZG Rz 6.
[4]) § 1 Abs 2 AZG. Siehe auch *Wolfsgruber,* Der Geltungsbereich des Arbeitszeitgesetzes, in *Resch* (Hrsg), Arbeitszeitrecht (2001) 13.

- Arbeitnehmer, die folgenden Sondergesetzen mit eigenen Arbeitszeitbestimmungen unterliegen: Landarbeitsgesetz, Bäckereiarbeiter/innengesetz, Hausbesorgergesetz, Hausgehilfen- und Hausangestelltengesetz, Krankenanstalten-Arbeitszeitgesetz.
- Lehr- und Erziehungskräfte an privaten Unterrichts- und Erziehungsanstalten.[5])
- Hausbesorger und bestimmte Hausbetreuer,[6]) die in einem Arbeitsvertragsverhältnis stehen.

3 Die für die Praxis bedeutsamste Ausnahme betrifft jedoch **leitende Angestellte**.[7]) Der Begriff des leitenden Angestellten ist hier weiter gefasst als im ArbVG oder Arbeiterkammergesetz.[8]) Er umfasst neben den schon bisher als leitende Angestellte angesehene Arbeitnehmer[9]) alle Personen, denen maßgebliche selbständige Entscheidungsbefugnis übertragen wurde.[10]) Dazu müssen im Sinne von Art 17 der Arbeitszeit-Richtlinie der EU (RL)[11]) jedoch noch weitere Merkmale treten. So darf aufgrund der besonderen Merkmale ihrer Tätigkeit ihre gesamte Arbeitszeit (also nicht nur ein Teil) weder gemessen noch im Voraus festgelegt werden. Als gemessen gilt die Arbeitszeit etwa dann, wenn beim Betreten oder Verlassen des Betriebes eine Stechuhr benützt werden muss.[12]) Dem steht es gleich, wenn die Arbeitnehmer Lage und Dauer ihrer Arbeitszeit selbst festlegen können. Ausgenommen sind damit Personen, die nicht verpflichtet sind, zu festgesetzten Zeiten am Arbeitsplatz anwesend zu sein, sondern über ihre Arbeitszeiteinteilung selbst entscheiden können.[13]) Vor der Novelle 2018[14]) war Voraussetzung der Ausnahme, dass dem Arbeitnehmer maßgebliche Führungsaufgaben übertragen waren. Nach der ständigen Rechtsprechung des VwGH[15]) lag dies vor, wenn ein Arbeitnehmer zumindest für

---

[5]) Näher dazu *Pfeil* in ZellKomm³ § 1 AZG Rz 22.
[6]) Arbeitnehmer des Hauseigentümers (einer im mehrheitlichen Eigentum des Hauseigentümers stehenden juristischen Person), die Häuser betreuen, die im Eigentum des Hauseigentümers stehen sowie Arbeitnehmer einer iSd § 7 Abs 4b Wohnungsgemeinnützigkeitsgesetz, BGBl 1979/139, gegründeten Gesellschaft.
[7]) § 1 Abs 2 Z 8 AZG.
[8]) *Friedrich*, Neue Geltungsbereichsausnahmen im AZG/ARG, ZAS 2018, 273; *Kullmann*, Neue Ausnahmen für leitende Angestellte und Angehörige, in *Köck* (Hrsg), Arbeitszeit neu: Die Arbeitszeitnovelle 2018 (2018) 1; *Klein*, Die Neudefinition des „Leitenden Angestellten" im Arbeitszeitrecht, GedS Rebhahn (2019) 231 ff.
[9]) *Klein* in GedS Rebhahn 234.
[10]) *Risak*, Wer sind das eigentlich, die „autonomen ArbeitnehmerInnen"? GedS Rebhahn (2019) 515 ff.
[11]) RL 2003/88/EG.
[12]) VwGH 29. 6. 1992, 92/18/0097.
[13]) So die EU-Kommission, ABl C 2017/165, 44.
[14]) BGBl I 2018/53.
[15]) So VwGH 26. 9. 2013, 2013/11/0116.

wesentliche Teilbereiche eines Betriebes gleichsam den Unternehmensführer darstellt, und sich daher aufgrund seiner einflussreichen Position aus der gesamten Angestelltenschaft heraushebt. Nach der Neufassung ist das jedoch weiter zu sehen. Nach den Gesetzesmaterialien kann nun auch die 3. Führungsebene erfasst sein.[16] Die Übertragung maßgeblicher Entscheidungsbefugnisse scheint im Sinne der Rechtsprechung des EuGH stets vorzuliegen, wenn der Arbeitnehmer über sämtliche Aspekte seiner Arbeitszeit zur Gänze selbst bestimmen kann.[17] Dafür spricht, dass es der Richtlinie um den Schutz der Arbeitnehmer gegen überlange Arbeitszeiten und nicht um allgemeine Fragen der Betriebsführung geht. Die Arbeitszeitautonomie muss sich aus der Aufgabenstellung des Arbeitnehmers ergeben und nicht ausdrücklich vereinbart werden.[18] Die gänzliche Ausnahme aus dem AZG ist jedoch nicht europarechtskonform, da die Bestimmungen der RL über die Nachtarbeit anzuwenden wären.[19]

Unter denselben Voraussetzungen wie leitende Angestellte unterliegen auch mitarbeitende **nahe Angehörige des Arbeitgebers** nicht dem AZG.[20] Als nahe Angehörige gelten die Eltern, volljährige Kinder, im gemeinsamen Haushalt lebende Ehegatten, eingetragene Partner, sowie Lebensgefährten, wenn sie seit mindestens drei Jahren einen gemeinsamen Haushalt führen.

4

II. Die Regelungstechnik

Das AZG als Regelungsinstrument des öffentlichen Rechts enthält grundsätzlich unmittelbar und zwingend anzuwendendes Recht. Ergänzend ermächtigt der Gesetzgeber an verschiedenen Stellen den Kollektivvertrag oder die Betriebsvereinbarung dazu, Abweichungen zu gestatten. Mitunter erteilt er diese Ermächtigung an sich zwar nur dem Kollektivvertrag, gestattet aber dann, wenn kein Kollektivvertrag anwendbar ist, dass auch die Betriebsvereinbarung von ihr Gebrauch machen kann. Wo dies der Fall ist, verwende ich den Ausdruck „Kollektivvertrag (Betriebsvereinbarung)". Für den gesamten Anwendungsbereich des AZG gilt, dass die Betriebsvereinbarung an die Stelle des Kollektivvertrags tritt, wenn für die betroffenen Arbeitnehmer wegen des Fehlens eines Kollektivvertragspartners auf Arbeitgeberseite kein Kollektivvertrag abgeschlossen werden kann.[21]

5

Die Betriebe und die in ihnen beschäftigten Arbeitnehmer sind in der Gestaltung der betrieblichen und individuellen Arbeitszeit durch das Gesetz

---

[16] IA 303/Arbeitsrecht 26. GP 6.
[17] *Friedrich*, Neue Geltungsbereichsausnahmen im AZG/AZR, ZAS 2018, 273 (275).
[18] *Risak* in GedS Rebhahn 525.
[19] *Friedrich*, ZAS 2018, 274.
[20] § 1 Abs 2 Z 7 AZG.
[21] § 1a AZG.

und den Kollektivvertrag somit nur partiell gebunden. Der Gesetzgeber hat ihnen auch unmittelbare Freiräume zur individuellen Gestaltung eingeräumt oder ihnen gestattet, durch den Abschluss einer Betriebsvereinbarung die Arbeitszeit an die Bedürfnisse des Betriebes anzupassen. Diesbezüglich gibt es jedoch ein Problem. Die Betriebsvereinbarung ist nach geltendem Recht kein einheitliches Gestaltungsinstrument, sondern ist differenziert ausgestaltet. In den meisten Fragen können Betriebsvereinbarungen nur einvernehmlich zustande kommen, hier stehen sich Arbeitgeber und die durch den Betriebsrat vertretene Belegschaft somit gleichberechtigt gegenüber (fakultative Betriebsvereinbarung). In bestimmten anderen Fragen hat jede der beiden Seiten die Möglichkeit, eine Betriebsvereinbarung auch ohne Zustimmung der Gegenseite zu erzwingen, indem sie eine Schlichtungsstelle anruft, die dann eine Betriebsvereinbarung erlassen kann (erzwingbare Betriebsvereinbarung). Das Gesetz sieht jedoch sogar zwei Untertypen erzwingbarer Betriebsvereinbarungen vor. Manche durch erzwingbare Betriebsvereinbarung regelbare Fragen können auch ohne Vorliegen dieser Betriebsvereinbarung durch Individualvereinbarung oder Arbeitgeberanordnung verbindlich gestaltet werden. Insoweit liegt es daher beim Betriebsrat, ob er dies zulässt oder sich an die Schlichtungsstelle wendet. In bestimmten anderen Fragen bedarf der Arbeitgeber jedoch einer solchen erzwingbaren Betriebsvereinbarung, um seine Absichten durchsetzen zu können; in diesen Fällen ist es daher der Arbeitgeber, der sich an die Schlichtungsstelle wenden wird (notwendig erzwingbare Betriebsvereinbarung). Schließlich gestattet das Gesetz die Durchführung einzelner Maßnahmen nur dann, wenn sich Arbeitgeber und Betriebsrat einvernehmlich auf eine Betriebsvereinbarung geeinigt haben; eine Erzwingung vor der Schlichtungsstelle ist nicht möglich (notwendig Betriebsvereinbarung). Das ArbVG legt fest, zur Regelung welcher Fragen welcher Typ Betriebsvereinbarung erforderlich ist. Dabei gilt, dass alle Fragen, zu deren Regelung weder eine erzwingbare, noch eine notwendige Betriebsvereinbarung vorliegen muss, durch fakultative Betriebsvereinbarung gestaltet werden können. Die Schwierigkeit bei der Anwendung des AZG oder ARG besteht nun darin, dass sie zwar die Betriebsvereinbarung zur Regelung bestimmter Fragen ermächtigen, jedoch offenlassen, um welchen Betriebsvereinbarungstyp es sich dabei handelt. Diese Frage kann daher nur durch Rückgriff auf das ArbVG gelöst werden, indem versucht wird, den im Arbeitszeitrecht festgelegten Tatbestand zur Erlassung einer Betriebsvereinbarung mit den im ArbVG festgelegten und einem bestimmten Betriebsvereinbarungstyp zugeordneten Tatbestand zu vergleichen. Diese Zuordnung lässt sich jedoch nicht immer eindeutig vornehmen, sondern setzt mitunter eine eingehende Analyse der im ArbVG und AZG mit der Ermächtigung zur Erlassung einer Betriebsvereinbarung jeweils verfolgten Zielsetzungen voraus. So scheint etwa die Ermächtigung im AZG, durch Betriebsvereinbarung eine Viertagewoche einzuführen, der Befugnis nach dem ArbVG zu entsprechen, die Arbeitszeit auf die einzelnen Wochentage durch erzwingbare Betriebsvereinbarung verteilen zu können. Bei näherer Betrachtung ergibt sich jedoch, dass das ArbVG die Betriebsvereinbarung zur Verteilung der Arbeitszeit im zulässigen Rahmen ermächtigt, während die Betriebsvereinbarung nach dem AZG die Ausdehnung dieses Rahmens durch eine Zulassungsnorm ermöglicht und damit eine andere Rechtsfrage mit anderen Zielsetzungen anspricht. Zulassungsnormen, die das ArbVG nicht kennt, lassen sich daher weder als erzwingbare noch als notwendige Betriebsvereinbarungen qualifizieren. Zulassungsnormen in Betriebsvereinbarungen sind daher als fakultative Betriebsvereinbarungen anzusehen.[22]) Die Betriebsvereinbarung, mit der die Viertagewoche eingeführt wird, kann daher nicht erzwungen werden. Der Rückgriff auf das ArbVG erscheint dagegen zulässig, wenn die Betriebsvereinbarung unmittelbar anwendbar ist. Im Zweifel ist mE jedoch davon auszugehen, dass mit den im Arbeitszeitrecht vorgesehenen Betriebsvereinbarungen fakultative gemeint sind.

III. Der Begriff Arbeitszeit

A. Allgemeines

Die Bestimmungen des AZG dienen wie die EU-Arbeitszeitrichtlinie dem Schutz der Arbeitnehmer gegen unmittelbare Bedrohungen von Leben und Gesundheit, vor allem gegen übermäßige zeitliche Belastung, nicht aber dem Entgeltschutz. Sie legen den Arbeitgebern Verpflichtungen auf, die sie bei der Gestaltung der Arbeitszeit einzuhalten haben und deren Nichteinhaltung mit Sanktionen bedroht ist. Das AZG gehört daher dem Verwaltungsrecht an und wird in höchster Instanz vom VwGH kontrolliert. Aus dem Umstand, dass eine bestimmte Zeitstrecke als Arbeitszeit iSd AZG anzusehen folgt jedoch nicht, dass der Arbeitgeber sie auch entgelten muss. Ob ein Entgeltsanspruch besteht, ist vielmehr eine zivilrechtliche Frage und unterliegt der Rechtsprechung der ordentlichen Gerichte. Diese und nicht die Verwaltungsgerichte haben daher zu klären, in welchen Fällen Arbeitszeit zu entlohnen ist. Keine Bestimmung des Arbeitsvertragsrechts legt jedoch konkret fest, was unter der zu entgeltenden Arbeitszeit zu verstehen ist. Da sich Arbeitgeber und Kollektivvertragsparteien bei der Ausgestaltung des Arbeitsvertrags in der Regel aber auch im Zusammenhang mit Entgeltfragen am Arbeitszeitbegriff des AZG orientieren, setzt sich auch der OGH mit der Frage auseinander, was unter Arbeitszeit iSd AZG zu verstehen ist. Da der VwGH die Rechtsansicht des OGH zum Begriff der Arbeitszeit durchaus übernimmt,[23]) ist dessen diesbezügliche Rechtsprechung daher ebenfalls zu beachten.

Wegen seiner Zielsetzung macht das AZG keinen Unterschied, ob für die Inanspruchnahme von Arbeitszeit Entgelt zusteht oder nicht. Es ist daher auch

6

---

[22]) *Pfeil* in *Auer-Mayer/Felten/Pfeil*, AZG[4] (2019) § 1a Rz 15; *Schrank*, Arbeitszeit Kommentar[5] (2018) § 1a AZG Rz 11.

[23]) Vgl etwa VwGH 1. 4. 2009, 2006/08/0307.

auf unentgeltliche Arbeitsverträge anzuwenden. Ob ein Entgeltanspruch besteht und in welcher Höhe, ergibt sich nicht aus dem AZG, sondern aus dem Arbeitsvertrag, dem Kollektivvertrag oder einer Betriebsvereinbarung. Auf die Frage, für welche Arbeitszeiten dem Arbeitnehmer Entgelt zusteht, ist später (s Rz 46 ff) einzugehen. An dieser Stelle geht es **nur um die Abgrenzung, was unter Arbeitszeit iSd AZG zu verstehen ist**.

Das AZG versteht sich als Umsetzung der **Arbeitszeitrichtlinie** der EU und ist daher iSd Richtlinie zu interpretieren. Nach der Rechtsprechung des EuGH[24]) liegt Arbeitszeit iSd Richtlinie vor, wenn kumulativ drei Voraussetzungen vorliegen: (1) Während der Arbeitszeit muss der Arbeitnehmer seine Tätigkeit ausüben oder seine Aufgaben wahrnehmen. (2) Der Arbeitnehmer muss rechtlich verpflichtet sein, sich an einem vom Arbeitgeber bestimmten Ort aufzuhalten, dessen Anweisungen Folge zu leisten und sich zu dessen Verfügung zu halten, um gegebenenfalls sofort seine Leistungen erbringen zu können. Dagegen liege keine Arbeitszeit vor, wenn der Arbeitnehmer ohne größere Zwänge über seine Zeit verfügen und dabei seinen eigenen Interessen nachgehen könne. (3) Der Arbeitnehmer muss während dieser Zeitspanne arbeiten.

7 Dem entspricht die österreichische Rechtslage. § 2 AZG definiert Arbeitszeit als die Zeit vom Beginn bis zum Ende der Arbeit abzüglich der Ruhepausen und zwar gleichgültig, ob die Arbeit im Betrieb des Arbeitgebers, in der Wohnung des Arbeitnehmers oder an einem anderen Ort erbracht wird. Der Gesetzgeber stellt zudem klar, dass als Arbeitszeit auch die Zeit gilt, während der ein ansonsten im Betrieb Beschäftigter in seiner eigenen Wohnung oder Werkstätte oder sonst außerhalb des Betriebes beschäftigt wird. Was vor oder nach der Arbeit liegt, ist keine Arbeits- sondern Freizeit. Im Einklang mit der Richtlinie bezeichnet Arbeitszeit damit Zeiteinheiten, die dem Arbeitnehmer nicht zur freien Verfügung stehen, auf deren Verwendung vielmehr der Arbeitgeber einen Zugriff besitzt. Sie umfasst daher auch Phasen der Freizeit des Arbeitnehmers, die der Arbeitgeber für seine Zwecke in Anspruch nimmt.[25]) Wie nach der Arbeitszeit-Richtlinie gilt als Beschäftigung zudem nur die vom Arbeitnehmer dem Arbeitgeber aufgrund des Arbeitsverhältnisses erbrachte tatsächliche Tätigkeit.[26])

Diese allgemeine Charakterisierung bedarf näherer Konkretisierung.

B. Bedeutung des Arbeitsortes

8 Die **Arbeitszeit beginnt**, sobald der Arbeitnehmer an seinem Arbeitsort angekommen ist und sich arbeitsbereit zeigt und endet mit dem Abschluss seiner Arbeit. Ohne Verpflichtung zur Anwesenheit am Arbeitsort lässt sich daher nicht feststellen, wann die Arbeitszeit beginnt und wann sie endet. Diese Ver-

---

[24]) EuGH C-266/14, *Tyco*.
[25]) VwGH 16. 4. 1991, 90/08/0156.
[26]) VwGH 15. 10. 2015, 2013/11/0079.

pflichtung ist daher stets erforderlich, wenn von Arbeitszeit die Rede ist.[27] Die Rechtsprechung versteht unter dem Arbeitsort den regelmäßigen Mittelpunkt des tatsächlichen betrieblichen Tätigwerdens des Arbeitnehmers, wie er sich aus dem Inhalt seines Arbeitsvertrags ergibt. Wird die Arbeit ständig an derselben Stelle, sei dies der Betrieb oder die eigene Wohnung, ausgeübt, ist diese der Arbeitsort. Der Arbeitsort müsse mit Betriebsort oder Wohnung jedoch nicht zusammenfallen,[28] je nach der Art der Tätigkeit kann er auch wechseln oder einen engeren Bereich bedeuten.[29] Aus einer ausdrücklichen Vereinbarung oder konkludent aus Natur und Zweck des Arbeitsverhältnisses können sich ständig wechselnde Stellen innerhalb eines bestimmten Bereiches ergeben, an denen die zugesagte Arbeit zu erbringen ist, wie dies etwa bei Reisenden[30] oder Monteuren der Fall ist. In solchen Fällen ist der Arbeitsort die gesamte Fläche, in der die einzelnen Arbeitsstellen liegen. Sie darf jedoch nur so groß sein, dass der Arbeitnehmer täglich zu seinem Ausgangspunkt zurückkehren kann.[31] Ein solcher **Flächenarbeitsort** ist daher mit der Möglichkeit des Tagespendels begrenzt.

Für einen **Bauarbeiter** gilt beispielsweise eine bestimmte Baustelle nur dann als Arbeitsort, wenn dies so vereinbart wurde; ohne solche Vereinbarung hat er seine Arbeit an den jeweiligen Baustellen (innerhalb des im Arbeitsvertrag festgelegten Gebietes) zu erbringen.[32] Ähnliches gilt für **Monteure**. Auch für einen **Kraftfahrer** gilt als sein Arbeitsort jener örtliche Bereich, in dem er seine Fahrten regelmäßig durchführt.[33] Bei einem im Linienverkehr eines Personentransportunternehmens eingesetzten Kraftfahrer, ist sein Arbeitsort daher nicht der Standort (die Zentrale) des Betriebes oder der Ausgangs- oder Endpunkt des von ihm jeweils zu fahrenden Kurses, sondern das gesamte örtliche Liniennetz.[34] Hat ein Kraftfahrer Waren auszuliefern, ist sein Arbeitsort nicht das Auslieferungslager, sondern der gesamte von seinen regelmäßigen Auslieferungsfahrten umfasste Bereich.[35] Seine Arbeitszeit beginnt daher, sobald sein Kraftfahrzeug diesen Bereich erreicht hat.

C. Abgrenzung zu Ruhepausen

Das AZG schreibt die Einhaltung bestimmter Ruhepausen zwischen Beginn und Ende der Arbeit vor.[36] Sie gelten nicht als Arbeitszeit. VwGH und

---

[27] VwGH 2. 12. 1991, 91/19/0248.
[28] OGH 29. 3. 2012, 9 ObA 148/11x.
[29] OGH 17. 3. 2004, 9 ObA109/03z.
[30] OGH 19. 5. 1993, 9 ObA102/93.
[31] OGH 19. 5. 1993, 9 ObA 102/93.
[32] OGH 29. 4. 2004, 8 ObA 36/04h.
[33] OGH 19. 5. 1993, 9 ObA 102/93.
[34] OGH 19. 5. 1993, 9 ObA 102/93.
[35] OGH 6. 12. 1989, 9 ObA 327/1989.
[36] § 11 AZG.

OGH stimmen überein, dass eine Arbeitsunterbrechung jedoch nur dann als Ruhepause anerkannt werden kann, wenn entweder ihre Lage für den Arbeitnehmer zeitlich und in ihrer Dauer vorhersehbar ist oder wenn sie vom Arbeitnehmer innerhalb eines vorgegebenen Zeitraums frei gewählt werden kann. Zudem muss der Arbeitnehmer von jeder Arbeitsleistung befreit sein und über diese Zeit nach seinem Belieben verfügen können.[37] Liegen diese Voraussetzungen vor, dann zählen Ruhepausen zwischen Beginn und Ende der Arbeit auch dann nicht zur Arbeitszeit, wenn die Dienstverpflichtung in zwei Teilen zu erbringen ist. Daher ist auch eine mehrstündige Wartezeit zwischen zwei Fahrten eines Kraftfahrers im Linienverkehr keine Arbeitszeit.[38] Ist die Lage der Pause jedoch nicht vorhersehbar, wird dem Arbeitnehmer etwa überraschend mitgeteilt, er könne jetzt eine Arbeitsunterbrechung einlegen, dann gilt diese Unterbrechung nicht als Ruhepause sondern als Arbeitszeit. Auch Arbeitsunterbrechungen nach dem Ende der Arbeit sind keine Ruhepausen, sondern der Freizeit zuzurechnende Ruhezeiten.

D. Arbeitsbereitschaft

10   Zur Arbeitszeit zählen jedoch auch Zeiten, in denen der Arbeitgeber vom Arbeitnehmer keine volle Leistung verlangt, wie etwa bei bloßer Arbeitsbereitschaft.[39] Darunter werden Zeiten verstanden, in denen der Arbeitnehmer dem Arbeitgeber nur abgeschwächt zur Verfügung zu stehen hat. An Stelle der Verrichtung der vereinbarten (eigentlichen) Arbeit ist er nur verpflichtet, sich an seinem normalen Arbeitsplatz oder an einem anderen vom Arbeitgeber bestimmten Ort aufzuhalten (Aufenthaltspflicht). Er muss sich jedoch im Bedarfsfall jederzeit zur Aufnahme der eigentlichen Arbeitsleistung bereithalten (Bereitschaftspflicht).[40] EuGH[41] und OGH[42] qualifizieren etwa Bereitschaftsdienste, die ein Arzt in Form persönlicher Anwesenheit im Krankenhaus leistet, in vollem Umfang als Arbeitszeit, auch wenn es dem Arzt gestattet ist, sich in Zeiten, in denen er nicht in Anspruch genommen wird, an seiner Arbeitsstelle auszuruhen. Weitere Beispiele wären Nachtdienste von Pharmazeuten in einer Apotheke.[43]

---

[37] Etwa OGH 20. 3. 2003, 8 ObA 167/02w und OGH 30. 9. 2009, 9 ObA 121/08x; VwGH 24. 9. 1990, 90/19/0245.

[38] OGH 19. 5. 1993, 9 ObA 102/93.

[39] OGH 6. 10. 2005, 8 ObA 83/04w.

[40] OGH 30. 6. 1994, 8 ObA 225/94; VwGH 8. 10. 1992, 91/19/0130; VwGH 26. 6. 1997, 97/11/0039. Vgl auch *Friedrich*, Bereitschaftsdienst als Arbeitszeit, ASoK 2001, 237.

[41] EuGH 9. 9. 2003, C-151/02, *Jaeger*.

[42] OGH 4 Ob 111/81 DRdA 1982, 318 *(Runggaldier)*.

[43] OGH 15. 7. 1986, 114 Ob/86.

E. Rufbereitschaft

Die vom Gesetz nicht definierte Rufbereitschaft beruht auf einer Vereinbarung, in der sich der Arbeitnehmer verpflichtet, an einem selbst gewählten Aufenthaltsort für den Arbeitgeber ständig erreichbar und zum Arbeitsantritt bereit zu sein, wobei er über die Verwendung dieser Zeit nach seinem Belieben disponieren[44]) oder, wie dies der EuGH ausdrückt, freier über seine Zeit verfügen und eigenen Interessen nachgehen kann.[45]) Das trifft etwa für einen Taxifahrer in seinen Stehzeiten zu.[46]) Der Arbeitnehmer muss den Arbeitgeber jedoch von seinem jeweiligen Aufenthaltsort verständigen, um für diesen erreichbar zu sein.[47]) Rufbereitschaft wird deshalb nicht zur Arbeitszeit gezählt, weil bei ihr nicht die Arbeitsleistung selbst, und zwar auch nicht in abgeschwächter Form wie bei der Arbeitsbereitschaft, sondern eine andere Art von Leistung geschuldet wird, die der Dienstnehmer nicht schon aufgrund der ihn treffenden allgemeinen Treuepflicht (Interessenwahrungspflicht) zu erbringen hat, und die daher ausdrücklich vereinbart werden muss.[48])

Im konkreten Fall kann die Abgrenzung gegenüber der Arbeitsbereitschaft und damit zur Arbeitszeit jedoch schwierig sein. Der Unterschied zwischen Arbeits- und Rufbereitschaft besteht im Ausmaß der Eingriffsmöglichkeit des Arbeitgebers in die Gestaltungsfreiheit des Arbeitnehmers. Diese ist umso größer, je rascher der Arbeitnehmer seine Arbeit aufzunehmen hat. So sah der EuGH in der Verpflichtung, sich innerhalb von acht Minuten am Arbeitsplatz einzufinden, eine zu starke Einschränkung der Möglichkeit, sich seinen persönlichen und sozialen Interessen zu widmen. Der Fokus dieser Entscheidung lag offenbar darin, dass sich der Arbeitnehmer, um diese kurze Zeit einhalten zu können, in der Nähe des Einsatzortes befinden müsse und daher seinen Aufenthaltsort nicht frei wählen könne. Der EuGH qualifizierte diese Verpflichtung des Arbeitnehmers daher als Arbeitszeit.[49]) In ähnlicher Weise hat auch der VwGH im Hinblick auf Arbeitnehmer eines Rettungsdienstes entschieden. Wenn sich der Arbeitnehmer nur in seiner Wohnung aufhalten darf, um rasch am Einsatzort sein zu können, könne er seinen Aufenthaltsort nicht frei bestimmen. Somit fehle ein wesentliches Kriterium für das Vorliegen bloßer Rufbereitschaft. Zudem führe die Pflicht zur raschen Verfügbarkeit am Einsatzort zu Einschränkungen für sein Verhalten während der Bereitschaftszeit, was ebenfalls gegen das Vorliegen bloßer Rufbereitschaft sprechen würde.[50]) Dagegen gehört es zum Wesen der Rufbereitschaft, dass der Arbeitneh-

---

[44]) OGH 6. 4. 2005, 9 ObA 71/04p.
[45]) EuGH C-518/15, *Matzak*.
[46]) OGH 25. 4. 2001, 9 ObA 28/01k.
[47]) VwGH 20. 1. 1998, 96/11/0260.
[48]) OGH 6. 4. 2005, 9 ObA 71/04p.
[49]) EuGH C-518/15, *Matzak*.
[50]) VwGH 15. 12. 1995, 93/11/0276.

mer jederzeit einsatzbereit ist und sich, sobald er vom Arbeitgeber gerufen wird, an den Einsatzort zu begeben hat.

Rufbereitschaft darf nicht zu oft vorgesehen werden. Nach dem AZG darf sie nur an zehn Tagen pro Monat stattfinden; der Kollektivvertrag kann dies jedoch auf 30 Tage innerhalb von drei Monaten verlängern.[51] Nach dem ARG[52] darf Rufbereitschaft hingegen nur während zwei wöchentlicher Ruhezeiten pro Monat vorgesehen werden. Die Vereinbarung eines höheren Ausmaßes ist unwirksam. Überschreitungen sind sogar strafbar.[53]

Zusammengefasst ergibt sich daher, dass bei Vereinbarungen über Rufbereitschaft ein Mindestausmaß an ungetrübter Freizeit des Dienstnehmers gewahrt bleiben muss.

Arbeitet ein Arbeitnehmer während der Rufbereitschaft, kann die tägliche Ruhezeit unterbrochen werden, doch muss innerhalb von zwei Wochen eine andere tägliche Ruhezeit um vier Stunden verlängert werden. Ein Teil der Ruhezeit muss jedoch mindestens acht Stunden betragen.

F. Wegzeiten

12 Da das AZG als Arbeitszeit nur die Zeit vom Beginn bis zum Ende der Arbeit ansieht, zählen Wege, die der Arbeitnehmer vor Arbeitsantritt von einer Stelle, an der er sich gerade befindet, zum Arbeitsort und nach der Arbeit zu einem beliebigen Ort zurücklegt, nicht zur Arbeitszeit.[54] Im Regelfall handelt es sich dabei um Wege vom und zum Wohnort des Arbeitnehmers. Die anschließenden Wegzeiten vom Betrieb zu einer außerhalb des Betriebes gelegenen Arbeitsstätte und zurück, sind hingegen Arbeitszeit, auch wenn die Arbeitnehmer dabei keiner Arbeit nachgehen, da ihre Selbstbestimmungsmöglichkeit über die Verwendung dieser Zeit ausgeschlossen ist.[55]

Liegt jedoch ein **Flächenarbeitsort** (s Rz 8) vor, dann gilt als Arbeitsort die gesamte Region. Der zeitliche Aufwand für den Weg zur jeweiligen Aufnahme der Arbeit innerhalb dieser Region gilt nur dann als Arbeitszeit, wenn das Ausmaß des Tagespendelns überschritten wird. Daher sind Wege vor der Dienstleistung am ersten Arbeitseinsatz und nach der Dienstleistung am letzten Einsatz auch dann keine Arbeitszeit, wenn die Dienstleistung an stets wechselnden Arbeitsstätten zu erbringen ist. Ein Maurer, der sich verpflichtet hat, auch auf entfernt liegenden Baustellen zu arbeiten und dessen Arbeitsort die jeweilige Baustelle ist, in deren Nähe ihm ein Schlafquartier bereitgestellt wurde, kann daher nicht verlangen, dass die jeweils zu Wochenbeginn und Wochenende erfolgenden mehrstündigen Fahrten zu seiner Familienwohnung

---

[51] § 20a AZG.
[52] § 6a ARG.
[53] OGH 6. 4. 2005, 9 ObA 71/04p.
[54] OGH 5. 6. 2008, 9 ObA 30/07p.
[55] Vgl etwa VwGH 3. 12. 1990, 90/19/0293.

als Arbeitszeit anerkannt werden.⁵⁶) Nicht als Wegzeiten, sondern als Arbeitszeit gelten hingegen jene Wege, die ein Arbeitnehmer als seine reguläre Arbeitsaufgabe zurückzulegen hat, wie dies etwa bei Handelsvertretern, Versicherungsvertretern oder Monteuren der Fall ist, zu deren vereinbarten Aufgaben es gehört, Kunden aufzusuchen. Arbeitszeit ist aber auch jene Zeit, die ein Arbeitnehmer benötigt, um ihm erteilten Aufträgen an verschiedenen Orten nachkommen zu können. So etwa die Zeit, die eine Reinigungskraft, die im Auftrag ihres Arbeitgebers zwei Objekte zu betreuen hat, benötigt, um von dem einen zum anderen Objekt zu gelangen.⁵⁷)

G. Reisezeiten – Dienstreisen

Von Wegzeiten sind Reisezeiten zu unterscheiden. Während die Wegzeit den Weg vom jeweiligen Aufenthaltsort zur Arbeitsstätte und zurück umfasst, gelten als Reise- oder Dienstreisezeiten Zeiträume, in denen der Arbeitnehmer über Auftrag seines Arbeitgebers vorübergehend seinen (gewöhnlichen) Dienstort (Arbeitsstätte) verlässt, um an anderen Orten zu arbeiten, ohne jedoch während der Reisebewegung Arbeitsleistungen zu erbringen (passive Reisezeit).⁵⁸) Es handelt sich also um Fahrtstrecken, die der Arbeitnehmer nicht dauernd zurückzulegen hat, wie dies bei Fahrten an einen festen Dienstort (Wegzeit) der Fall wäre. Zur Reisezeit zählen auch die auf Dienstreisen zur Erholung und Nahrungsaufnahme erforderlichen Zeiträume (Erholungspausen), sofern deren Ausmaß angemessen ist.⁵⁹) Reisezeiten sind zwar Arbeitszeiten, doch gelten für sie keine Höchstgrenzen (s Rz 41). Daher sind auch lange Flugreisen oder Schiffsfahrten möglich. Bestehen während dieser Reisezeit ausreichende Erholungsmöglichkeiten, kann die tägliche Ruhezeit zweimal pro Woche verkürzt werden. Dies trifft etwa bei der Möglichkeit zur Benützung von Liege- oder Schlafwagen oder Schiffskabinen zu. Welche Erholungsmöglichkeiten ausreichen, kann der Kollektivvertrag festlegen. Bestehen keine ausreichenden Erholungsmöglichkeiten, kann der Kollektivvertrag die tägliche Ruhezeit bis auf acht Stunden verkürzen. Hat dies am nächsten Tag einen späteren Arbeitsbeginn zur Folge, gilt die Zeit der Verspätung als Arbeitszeit. Zur Wochenend- und Feiertagsruhe s Rz 86.

Hat der Arbeitnehmer während der Reise jedoch Arbeitsleistungen zu erbringen (aktive Reisezeit), ist die dafür aufgewendete Zeit Arbeitszeit, auf die allgemeines Arbeitszeitrecht anzuwenden ist. Das ist etwa der Fall, wenn der Arbeitnehmer während der Fahrt ein Fahrzeug zu lenken⁶⁰) oder in der Eisenbahn Akten zu studieren hat. Auch alle Fahrten, die Arbeitnehmer als ihre

13

---

⁵⁶) OGH 17. 3. 2004, 9 ObA /03z.
⁵⁷) OGH 30. 4. 2012, 9 ObA 47/11v.
⁵⁸) § 20b AZG.
⁵⁹) OGH 12. 7. 1983, Ds 10/83.
⁶⁰) OGH 26. 5. 2010, 9 ObA 34/10f.

eigentliche Arbeitsaufgabe durchführen, wie etwa bei Taxifahrern, Buslenkern oder Reiseleitern, sind keine Reise- sondern normale Arbeitszeiten.[61])

H. Sonstige beachtliche Zeitphasen

14 Der Bewertung, ob sonstige Unterbrechungen der regulären Arbeit als Arbeitszeit oder als Frei- bzw Ruhezeit anzusehen sind, legt die Judikatur die allgemeinen Abgrenzungskriterien zwischen diesen beiden Begriffen zugrunde.

I. Höchstarbeitszeit

15 Das AZG legt Höchstgrenzen der Arbeitszeiten für den Arbeitstag und die Arbeitswoche fest, deren Überschreitung Strafsanktionen zur Folge hat. Dabei geht der Gesetzgeber jedoch differenziert vor. So legt er einmal generelle Höchstgrenzen für die Tages- und Wochenarbeitszeit fest, von denen die Arbeitgeber und Arbeitnehmer ohne weitere Voraussetzungen Gebrauch machen können. Als **Tagesarbeitszeit** gilt die Arbeitszeit innerhalb eines ununterbrochenen Zeitraums von 24 Stunden, als **Wochenarbeitszeit** die Arbeitszeit von Montag bis einschließlich Sonntag. Für bestimmte Ausnahmefälle gestattet der Gesetzgeber Überschreitungen. Innerhalb der Höchstarbeitszeiten legt er engere Grenzen für die Normalarbeitszeit und für Überstunden fest. Dabei differenziert er neuerlich, welche Gestaltungsmöglichkeiten den Arbeitgebern und Arbeitnehmern unmittelbar kraft Gesetzes und welche nur nach erfolgter Zulassung durch einen Kollektivvertrag oder eine Betriebsvereinbarung offenstehen. Zu erinnern ist, dass die Textierung „Kollektivvertrag (Betriebsvereinbarung)" bedeutet, dass die Betriebsvereinbarung an die Stelle eines Kollektivvertrags tritt, wenn auf Arbeitgeberseite kein kollektivvertragsfähiger Partner vorhanden ist. Die bloße Zulassung durch den Kollektivvertrag oder die Betriebsvereinbarung bedeutet nicht, dass die dabei festgelegten Höchstwerte für die einzelnen Arbeitnehmer und Arbeitgeber verbindlich wären. Vielmehr werden durch die Zulassung nur jene Grenzen festgelegt, innerhalb deren sich Arbeitsvertrag oder Arbeitgeberweisung bewegen können.[62]) Wenn der Kollektivvertrag etwa eine Verlängerung der täglichen Normalarbeitszeit auf zehn Stunden zulässt, gilt damit für die Branche keine zehnstündige Normalarbeitszeit, vielmehr gestattet dies nur den einzelnen Arbeitgebern und Arbeitnehmern eine zehnstündige Normalarbeitszeit zu vereinbaren. Die Kollektivvertragsparteien können jedoch neben der Zulassung einer zehnständigen Normalarbeitszeit, diese zehn Stunden auch verbindlich vorschreiben. Das kann sowohl in ein und demselben wie auch in einem anderen Kollektivvertrag geschehen. Hat ein Kollektivvertrag von seiner Ermächtigung Gebrauch gemacht und Abweichungen vom Gesetz zugelassen, bedarf es daher stets der

---

[61]) *Pfeil* in *Auer-Mayer/Felten/Pfeil*, AZG[4] § 20b Rz 2.
[62]) VwGH 8. 10. 1990, 90/19/0037.

Auslegung, ob damit (konkludent) gleichzeitig auch eine verbindliche Gestaltung erfolgen soll. Im Zweifel wäre dies allerdings zu verneinen.

J. Generelle Höchstarbeitszeit

Nach § 9 AZG darf die Arbeitszeit – abgesehen von noch zu besprechenden Ausnahmen – an einem **Arbeitstag höchstens zwölf Stunden** und in einer **Woche höchstens 60 Stunden** betragen.

Diese Grenzen gelten auch dann, wenn Arbeitnehmer von mehreren Arbeitgebern beschäftigt werden. Sie dürfen auch beim Zusammentreffen mit zulässigen Arbeitszeitverlängerungen nicht überschritten werden. Gleichgültig, wie lange das Gesetz die Arbeit in einzelnen Wochen zulässt, darf **die Wochenarbeitszeit** innerhalb eines **Durchrechnungszeitraums von 17 Wochen durchschnittlich 48 Stunden** nicht überschreiten.[63]

Tage, an denen der Arbeitnehmer an der Arbeitsleistung verhindert ist, sind dabei mit jener Stundenanzahl zu berücksichtigen, die nach der Arbeitseinteilung angefallen wären.[64] Der **Kollektivvertrag** kann eine Verlängerung des Durchrechnungszeitraums von 17 Wochen auf 26 Wochen bzw bei Vorliegen von technischen oder arbeitsorganisatorischen Gründen sogar bis auf 52 Wochen zulassen.

Für die nun zu besprechenden Fälle gelten veränderte Höchstzeiten.

K. Spezielle Höchstgrenzen

Lenker von Kraftfahrzeugen: Die Arbeitszeit für Lenker umfasst Lenkzeiten, Zeiten für sonstige Arbeitsleistungen und Zeiten der Arbeitsbereitschaft – jedoch ohne die Ruhepausen.[65] Wird die tägliche Ruhezeit geteilt oder bei kombinierter Beförderung (der Lenker begleitet ein Fahrzeug auf einem Fährschiff oder der Eisenbahn) unterbrochen, beginnt eine neue Tagesarbeitszeit erst dann, wenn die gesamte Ruhezeit abgelaufen ist. Der Kollektivvertrag (Betriebsvereinbarung) kann in einzelnen Wochen eine Arbeitszeit von 60 Stunden zulassen, wenn die Arbeitszeit innerhalb von jeweils 17 Wochen (durch Kollektivvertrag verlängerbar auf 26 Wochen) im Durchschnitt nicht länger als 48 Stunden beträgt.[66] Die Tagesarbeitszeit darf dabei mehr als zwölf Stunden betragen.[67] Der Kollektivvertrag (Betriebsvereinbarung) kann in Ergänzung der allgemein zugelassenen zusätzliche Überstunden gestatten. Er kann zudem eine durchschnittliche wöchentliche Höchstarbeitszeit von bis zu

---

[63] § 9 Abs 4.
[64] So wohl auch *Schrank*, Arbeitszeit⁵ § 9 AZG Rz 15.
[65] § 13b.
[66] § 13b Abs 2. Dafür bedarf es keiner Zulassung durch einen Kollektivvertrag (*Schrank*, Arbeitszeit⁵ § 13b AZG Rz 8).
[67] § 9 Abs 2.

18 55 Stunden zulassen, wenn zumindest die über 48 Stunden hinausgehende Arbeitszeit in Form von Arbeitsbereitschaft geleistet wird.[68]

18 **Betriebe des öffentlichen Verkehrs:** Gestattet der Kollektivvertrag (Betriebsvereinbarung) eine unterschiedliche Verteilung der wöchentlichen Normalarbeitszeit (s Rz 29), kann er eine Tagesarbeitszeit von über zehn Stunden bzw bei regelmäßiger Arbeitsbereitschaft oder bei erhöhtem Arbeitsbedarf von über zwölf Stunden zulassen, wenn dies die Aufrechterhaltung des Verkehrs erfordert.[69] Für Arbeitnehmer, die während der Arbeit Warte- und Bereitschaftszeiten[70] verrichten, kann der Kollektivvertrag (Betriebsvereinbarung) Regelungen über die Bewertung dieser Zeiten als Arbeitszeit samt deren Abgeltung sowie über abweichende Wochenarbeitszeiten treffen.

19 **Krankenanstalten:** Das AZG galt zunächst nur für Krankenanstalten, die von keiner Gebietskörperschaft betrieben wurden. Für diese Krankenanstalten standen jedoch auch keine sonstigen gesetzlichen Beschränkungen der Arbeitszeit in Kraft. Da dies der Arbeitszeit-Richtlinie der EU widersprach, wurde 1997 das KA-AZG[71] erlassen, das nun einheitlich für alle Angehörigen von Gesundheitsberufen gilt, die in sämtlichen Krankenanstalten im weiteren Sinn beschäftigt werden.

20 Sein Inhalt findet sich in den Rz 113 ff.

IV. Normalarbeitszeit

A. Die gesetzliche Normalarbeitszeit

21 Das AZG gestattet ohne weitere Voraussetzungen eine **tägliche Normalarbeitszeit von acht Stunden** und eine **wöchentliche Normalarbeitszeit von 40 Stunden** und geht demnach von einer Fünftagewoche aus. Unter dem Begriff Normalarbeitszeit versteht der Gesetzgeber einerseits die regelmäßig an fünf Tagen der Woche vorgesehene Tagesarbeitszeit und andererseits die regelmäßig an diesen fünf Tagen zu leistende Wochenarbeitszeit. Wie sich sogleich zeigen wird, kann die Normalarbeitszeit jedoch unter bestimmten Voraussetzungen abweichend festgelegt werden. Wie auch immer sie tatsächlich gestaltet wird, besteht ihre Bedeutung stets darin, dass ihre Überschreitung eine **Überstunde** darstellt. Im Folgenden ist auf die zulässigen Möglichkeiten einer abweichenden Festlegung der Normalarbeitszeit einzugehen.

---

[68] § 13b AZG.
[69] §§ 18 ff AZG.
[70] Das Gesetz unterscheidet sie offenkundig von Zeiten der Arbeitsbereitschaft (*Pfeil* in *Auer-Mayer/Felten/Pfeil*, AZG⁴ § 18 Rz 12).
[71] BGBl I 1997/8.

B. Die zulässige tatsächliche Normalarbeitszeit

1. Die Lage der Arbeitszeit

Sofern weder der Kollektivvertrag noch die Betriebsvereinbarung[72]) **die konkrete Lage** der Normalarbeitszeit festgelegt hat, muss sie und ihre Veränderung zwischen Arbeitnehmer und Arbeitgeber **vereinbart werden**.[73]) Dies kann auch konkludent geschehen, indem der Arbeitgeber zu Beginn des Arbeitsverhältnisses eine bestimmte Arbeitszeit anbietet und der Arbeitnehmer dies akzeptiert.[74]) Behält sich der Arbeitgeber hingegen vor, Beginn und Ende der einzelnen Arbeitseinsätze selbst festzulegen, ist dies auch dann rechtswidrig und nichtig, wenn er dem Arbeitnehmer das Recht einräumt, den konkreten Arbeitseinsatz jeweils abzulehnen (Beschäftigung nach beiderseitigem Bedarf – Konsensprinzip). Die Rechtsprechung erblickt darin einen Verzicht auf den dem Arbeitnehmer zwingend eingeräumten Anspruch auf vertragliche Festlegung des Ausmaßes der Arbeitszeit und den Versuch, Ausmaß und Lage der Arbeitszeit von einem der Willkür des Arbeitgebers überlassenen Anbot abhängig zu machen.[75]) Solche Vereinbarungen betrachtet die Rechtsprechung als teilnichtig und sieht als den Umständen angemessen jene Arbeitszeit an, die dem normalen Arbeitsbedarf im Zeitpunkt des Vertragsabschlusses entspricht.[76]) Dagegen ist es zulässig, den Arbeitnehmer selbst die Lage der Arbeitszeit festlegen zu lassen.[77])

22

Bei Vorliegen bestimmter Voraussetzungen kann die Lage der Arbeitszeit vom Arbeitgeber allerdings **einseitig verändert** werden.[78]) Das ist jedoch nur möglich, wenn dies nicht der getroffenen Vereinbarung widerspricht. Zudem muss die Veränderung aus objektiven, in der Art der Arbeitsleistung gelegenen Gründen sachlich gerechtfertigt sein und darf berücksichtigungswürdige Interessen des Arbeitnehmers nicht beeinträchtigen. Es bedarf daher stets einer Abwägung zwischen den Gründen für die Veränderung und den entgegenstehenden Interessen des Arbeitnehmers. Zulässig ist zudem nur eine Verlängerung, nicht aber eine Verringerung des Stundenausmaßes.[79]) Will der Arbeitgeber eine Veränderung anordnen, muss er dies dem Arbeitnehmer mindestens 14 Tage im Vorhinein mitteilen. Ist dies entweder im Kollektivvertrag (Betriebsvereinbarung) vorgesehen oder sind unvorhersehbare Umstände einge-

23

---

[72]) Durch eine erzwingbare Betriebsvereinbarung können Beginn und Ende der täglichen Arbeitszeit, Dauer und Lage der Arbeitspausen und die Verteilung der Arbeitszeit auf die einzelnen Wochentage geregelt werden (§ 97 Abs 1 Z 2 ArbVG).
[73]) § 19c AZG.
[74]) OGH 13. 6. 2002, 8 ObA 116/02w.
[75]) OGH 13. 11. 2003, 8 ObA 86/03k.
[76]) OGH 22. 12. 2004, 8 ObA 116/04y.
[77]) *Felten* in *Auer-Mayer/Felten/Pfeil,* AZG⁴ § 19c Rz 9.
[78]) § 19c.
[79]) OGH 22. 12. 2004, 8 ObA 116/04y.

treten, die eine Veränderung erforderlich machen, um einen unverhältnismäßigen wirtschaftlichen Nachteil zu verhindern und sind zudem andere Maßnahmen nicht zumutbar, entfällt diese Fristbindung.

2. Teilzeitarbeit

24 Besonderheiten gelten für **Teilzeitarbeit**.[80]) Teilzeitarbeit iSd AZG liegt vor, wenn die vereinbarte Wochenarbeitszeit entweder die gesetzliche Normalarbeitszeit oder die im Kollektivvertrag (Betriebsvereinbarung) festgelegte kürzere Normalarbeitszeit (etwa 38,5 Wochenstunden) im Durchschnitt unterschreitet. Das Gesetz gibt für diese Verkürzung kein Mindestausmaß vor, sodass Teilzeitarbeit auch dann vorliegt, wenn die wöchentliche Vollzeitarbeit auch nur um eine Stunde verkürzt wird. Teilzeitarbeit muss schriftlich vereinbart werden. Dabei kann auch eine ungleichmäßige Verteilung der Arbeitszeit auf einzelne Tage und Wochen vorgesehen werden. Wurde die Arbeitszeit durch eine Betriebsvereinbarung verkürzt, muss die kürzere Arbeitszeit mit allen Arbeitnehmern, für die die Betriebsvereinbarung nicht gilt, einzelvertraglich vereinbart werden.

25 Zum **Schutz der Teilzeitarbeitnehmer** hat der Gesetzgeber besondere Vorkehrungen getroffen. So hat der Arbeitgeber Teilzeitbeschäftigte individuell oder durch generelle Bekanntmachung vom Vorhandensein freiwerdender Arbeitsplätze mit einer höheren Stundenanzahl zu informieren. Teilzeitarbeitnehmer dürfen zudem nur aus sachlichen Gründen schlechter als vollzeitbeschäftigte Arbeitnehmer behandelt werden. Die Sachlichkeit der Gründe ist nach dem Zweck der betreffenden Regelung zu beurteilen.[81]) Im Streitfall obliegt dem Arbeitgeber die Beweispflicht, dass die Benachteiligung nicht wegen der Teilzeitarbeit, sondern aus anderen zulässigen Gründen erfolgt ist. Teilzeitbeschäftigte dürfen bei gleicher Arbeit und gleicher Anzahl von Stunden jedenfalls kein geringeres Entgelt als Vollzeitbeschäftigte bekommen.[82]) Um Teilzeitbeschäftige mit Vollzeitbeschäftigten **urlaubsmäßig** gleichstellen zu können, muss zunächst der Urlaubsanspruch von Werktagen auf Arbeitstage umgerechnet werden. Hat der Arbeitnehmer etwa nur alle zwei Wochen jeweils an fünf Tagen und damit nur halb so oft wie ein Vollzeitarbeitnehmer gearbeitet, steht ihm pro Jahr ein Urlaub lediglich von 12,5 Arbeitstagen an Stelle von 25 Arbeitstagen zu. Auch auf **freiwillige Sozialleistungen** haben Teilzeitbeschäftigte einen Anspruch im Verhältnis zu ihrer kürzeren Arbeitszeit.

3. Mehrarbeit

26 Mehrarbeit im weiten Sinn bezeichnet jede Überschreitung der vereinbarten Normalarbeitszeit und erfasst daher auch Überstunden. Wenn Mehrarbeit

---

[80]) § 19d AZG.
[81]) OGH 27. 9. 2013, 9 ObA 58/13i.
[82]) OGH 28. 6. 2012, 8 ObA 89/11p; OGH 9 ObA 58/13i.

IV. Normalarbeitszeit

in diesem weiten Sinn gemeint ist, wird darauf ausdrücklich hingewiesen. Ohne solchen Hinweis wird in der Folge unter Mehrarbeit zur Unterscheidung von der Überstunde (s Rz 43) nur die Differenz zwischen der durch Kollektivvertrag, Betriebsvereinbarung oder Arbeitsvertrag herabgesetzten Normalarbeitszeit (zB 35 Wochenstunden) und der gesetzlichen Arbeitszeit (40 Wochenstunden) verstanden. Im Beispiel sind daher die 36. bis 40. Stunde Mehrarbeit, die 41. Stunde ist hingegen Überstunde. Zur Mehrarbeit und Überstundenleistung sind Arbeitnehmer nur verpflichtet, wenn dies Arbeitsvertrag, Kollektivvertrag oder Betriebsvereinbarung vorsehen. Das Gesetz sieht für Vollzeitarbeitnehmer keinen Anspruch auf Zuschläge für Mehrarbeit vor. In der Regel tun dies jedoch Kollektivverträge bei Überschreitung der kollektivvertraglichen Normalarbeitszeit.

Für **Teilzeitarbeitnehmer** ist Mehrarbeit im weiteren Sinn nur zulässig,[83] **27** wenn entweder ein erhöhter Arbeitsbedarf vorliegt oder die Mehrarbeit zur Vornahme von Vor- und Abschlussarbeiten erforderlich ist. Zudem dürfen der Erhöhung der normalen Stundenanzahl im Einzelfall keine berücksichtigungswürdigen Interessen des Arbeitnehmers entgegenstehen.

Wenn bei Teilzeitarbeit das vereinbarte Arbeitszeitausmaß überschritten wird, steht für diese zusätzlichen Arbeitsstunden bis zur Erreichung der 40. Wochenstunde ein **Zuschlag** von 25 % zu,[84] der wie der Überstundenzuschlag (s Rz 48) zu berechnen ist. In zwei Fällen besteht jedoch kein Anspruch auf diesen Zuschlag: Wenn die Mehrarbeitsstunden innerhalb von drei Monaten durch Zeitausgleich im Verhältnis 1:1 abgegolten wurden oder wenn bei gleitender Arbeitszeit die vereinbarte Arbeitszeit innerhalb der Gleitzeitperiode im Durchschnitt nicht überschritten wird.

4. Grundsätzliche Gestaltungsmöglichkeiten

An verschiedenen Stellen erteilt das Gesetz dem Kollektivvertrag die Er- **28** mächtigung, bei Vorliegen bestimmter Voraussetzungen Abweichungen von den gesetzlichen Vorschriften zu gestatten. Der VwGH hat in einer Strafentscheidung betont, dass ein solcher Kollektivvertrag nur abgeschlossen werden darf, wenn die gesetzlichen Voraussetzungen vorliegen. Sobald aber der Kollektivvertrag abgeschlossen und verbindlich geworden ist, sei das Vorliegen der Voraussetzungen im Einzelfall nicht mehr zu prüfen.[85] Diese Auffassung steht jedoch im Widerspruch zur Rechtsprechung des OGH, der Regelungen in Kollektivverträgen, die nicht durch eine gesetzliche Ermächtigung gedeckt sind, für nichtig hält.[86] Nach dem Schutzzweck der verletzten Bestimmung sei zu beurteilen, ob eine gesamte oder nur eine teilweise Nichtigkeit vorliegt. Dabei komme es für den Umfang der Nichtigkeit auch auf die Trennbarkeit der ver-

---

[83] § 19d Abs 4 AZG.
[84] § 19d Abs 3a AZG.
[85] VwGH 8. 10. 1990, 90/19/0037.
[86] Vgl etwa OGH 13. 2. 2003, 8 ObA 98/02y.

schiedenen Regelungen an. Bei Teilnichtigkeit sei grundsätzlich der Restgültigkeit der vereinbarten Regelung der Vorzug zu geben und diese auf ein nicht zu beanstandendes Maß zu reduzieren, soweit dies der von der Gesetzeslage gewährte Spielraum zulässt und keine zwingenden Interessen entgegenstehen. Dabei bleiben jene Regelungen, die an sich die gesetzlichen Grenzen überschreiten, im nicht gesetzwidrigen Umfang gültig.[87] Die Divergenz zwischen den beiden Höchstgerichten ist wohl so zu verstehen, dass der OGH das Problem unter dem Gesichtspunkt der zivilrechtlichen Konsequenzen, der VwGH jedoch unter dem Aspekt der Strafbarkeit betrachtet. Der VwGH wollte offenbar nur ausdrücken, dass niemand nur deshalb bestraft werden kann, weil er sich an einen kundgemachten Kollektivvertrag gehalten hat.

Die gesetzliche ist nur dann auch die tatsächliche Normalarbeitszeit, wenn keine zulässigen Abweichungen vereinbart wurden. Die Arbeitsvertragsparteien können kürzere als die höchstzulässigen Zeiten vereinbaren oder von jenen gesetzlichen Bestimmungen Gebrauch machen, die ihnen bestimmte Abweichungen gestatten. Weitere Abweichungen sind nur zulässig, wenn sie durch Kollektivvertrag oder Betriebsvereinbarung zugelassen werden (das geschieht durch Zulassungsnormen). Dies setzt jedoch stets eine diesbezügliche Ermächtigung durch den Gesetzgeber voraus.

Das AZG sieht in vielen Bestimmungen vor, dass bestehende Höchstgrenzen an Arbeitszeit zwar in einzelnen Wochen überschritten werden können, wenn diese Höchstgrenzen innerhalb eines bestimmten Zeitraums (**Durchrechnungszeitraum**) im Durchschnitt eingehalten werden. So etwa, dass die Arbeitszeit zwar in einzelnen Wochen bis zu 60 Stunden betragen kann, wenn innerhalb eines Durchrechnungszeitraums von 17 Wochen die Wochenarbeitszeit im Durchschnitt 48 Stunden nicht übersteigt. Dabei stellt sich allerdings die vom Gesetzgeber nicht beantwortete Frage, welche zeitliche Lage dieser Durchrechnungszeitraum haben muss. Bei unserem Beispiel gibt es dafür zwei Möglichkeiten. Wenn er gleitend festgelegt werden kann, darf das zulässige durchschnittliche Ausmaß an Arbeitsstunden in jedem beliebigen Zeitraum von 17 Wochen erbracht werden. Kann er hingegen nur zu einem bestimmten Zeitpunkt beginnen, dann könnten zwei Durchrechnungszeiträume unmittelbar hintereinander folgen. Das könnte dazu führen, dass sich der Durchrechnungszeitraum praktisch auf 34 Wochen verlängert und es dadurch im Vergleich zu einem gleitenden Durchrechnungszeitraum zu einer höheren Arbeitsbelastung kommt. Da dies bei einer gleitenden Abfolge nicht geschehen kann, hält der EuGH den gleitenden Durchrechnungszeitraum jedenfalls für zulässig, einen festen jedoch nur dann, wenn sichergestellt ist, dass die durchschnittliche wöchentliche Höchstarbeitszeit in jedem von zwei aufeinanderfolgenden Durchrechnungszeiträumen eingehalten wird.[88] Daraus ergibt sich,

---

[87] OGH 25. 11. 2014, 8 ObA 67/14g.
[88] EuGH C-254/18, *Syndicat des cadres de la sécurité intérieure*.

dass von gleitenden Durchrechnungszeiträumen auszugehen ist, wenn solche Vorkehrungen fehlen.

Der **Betriebsvereinbarung** kommt im Rahmen des AZG eine **besondere Bedeutung** zu.[89] Unterliegen die Arbeitnehmer deshalb keinem Kollektivvertrag, weil es auf Arbeitgeberseite keine kollektivvertragliche Körperschaft gibt, dann kann, wie bereits erwähnt, die Betriebsvereinbarung alle Ausnahmen von den Bestimmungen des AZG zulassen, zu denen der Kollektivvertrag ermächtigt wäre. In diesen Fällen tritt die Betriebsvereinbarung daher an die Stelle eines Kollektivvertrags. Darüber hinaus kann jeder Kollektivvertrag – soweit das Gesetz nichts anderes vorschreibt – die ihm vom Gesetz erteilte Ermächtigung zur Genehmigung von Ausnahmen an die Betriebsvereinbarung weitergeben.

Wurde dem Kollektivvertrag die Ermächtigung zu Abweichungen vom gesetzlichen Modell erteilt, dann kann er diese Abweichungen nicht nur zulassen, sondern die dadurch ermöglichte Veränderung der Normalarbeitszeit auch selbst unabdingbar festlegen. Um die für den einzelnen Fall maßgebliche Normalarbeitszeit feststellen zu können, bedarf es daher dreier Schritte: Als erstes ist zu untersuchen, was die Vertragsparteien vereinbart haben. Als nächstes ist zu überprüfen, ob diese Vereinbarung zulässig war. Schließlich ist noch zu untersuchen, ob sie durch den Kollektivvertrag oder eine Betriebsvereinbarung verändert wurde.

Das AZG sieht die folgenden Möglichkeiten der Abweichung von der gesetzlichen Normalarbeitszeit vor. Soweit der Gesetzgeber keine Abweichungen vorgesehen oder zugelassen hat bzw wenn von den Abweichungsmöglichkeiten kein Gebrauch gemacht wird, gelten die allgemeinen Bestimmungen.

5. Verlängerung der täglichen Normalarbeitszeit

Das AZG sieht in einzelnen Bestimmungen kürzere tägliche Normalarbeitszeiten vor. Diese können jedoch durch Kollektivvertrag ohne weitere Voraussetzungen bis auf zehn Stunden verlängert werden. Wird die Wochenarbeitszeit regelmäßig auf vier Tage verteilt, kann auch die Betriebsvereinbarung (ausgenommen in der Bauwirtschaft[90]) eine tägliche Normalarbeitszeit von zehn Stunden zulassen;[91] besteht kein Betriebsrat, müsste eine solche Arbeitszeitverteilung schriftlich mit den einzelnen Arbeitnehmern vereinbart werden.[92]

---

[89] § 1a AZG.

[90] Betrifft die in § 2 Abs 2a BUAG genannten der Winterfeiertagsregelung unterliegenden Betriebe.

[91] Diese Möglichkeit besteht daher nicht, wenn regelmäßig Überstunden geleistet werden (*Schrank*, Arbeitszeit⁵ § 4 AZG Rz 86).

[92] § 4 Abs 1 und 8 AZG.

6. Abweichende Verteilung der Normalarbeitszeit

30 Durch den Arbeitsvertrag kann die Normalarbeitszeit regelmäßig an einzelnen Arbeitstagen verkürzt und die ausfallende Arbeitszeit auf die übrigen Tage der Woche verteilt werden. Die tägliche Normalarbeitszeit darf allerdings höchstens neun Stunden betragen.[93] Voraussetzung dieser Veränderung ist jedoch, dass durch sie die wöchentliche oder die tägliche Ruhezeit verlängert wird. Das kann etwa durch eine Verkürzung der Arbeitszeit am Samstag geschehen. Diese Voraussetzung entfällt jedoch, wenn dies die Art des Betriebes erfordert und die Verkürzung von einer Betriebsvereinbarung (bei Fehlen eines Betriebsrats vom Arbeitsinspektorat) zugelassen wird.

7. Arbeitszeit bei erhöhtem Arbeitsbedarf

31 Bei Vorliegen eines erhöhten Arbeitsbedarfes kann auch ohne Zulassung durch Kollektivvertrag oder Betriebsvereinbarung die durchschnittliche Wochenarbeitszeit innerhalb eines Durchrechnungszeitraums von 17 Wochen bis zu 48 Stunden betragen.[94] Als erhöhter Arbeitsbedarf wird nur ein vorübergehender anzusehen sein.[95] Die tägliche Arbeitszeit darf zwölf Stunden nicht überschreiten, zudem sind höchstens 30 Überstunden pro Woche gestattet. Über dieses Ausmaß hinaus kann das Arbeitsinspektorat bei Nachweis eines dringenden Bedürfnisses auf Antrag des Arbeitgebers und nach Anhörung der gesetzlichen Interessenvertretungen der Arbeitgeber und der Arbeitnehmer eine zusätzliche Arbeitszeitverlängerung bewilligen. Die Arbeitszeit darf in diesen Fällen die Grenze von zwölf Stunden täglich und 60 Stunden wöchentlich jedoch nur dann überschreiten, wenn dies im öffentlichen Interesse erforderlich ist.

Musterklausel: Normalarbeitszeit

Zwischen XY als Arbeitgeber und AB als Arbeitnehmer wird folgende Vereinbarung über die Arbeitszeit getroffen:

1. Die Normalarbeitszeit wird auf die Tage … bis … verteilt. Sie beginnt täglich um … Uhr. An folgenden Tagen … beträgt sie … Stunden (möglich sind maximal neun Stunden, wenn dadurch das Wochenende verlängert wird) und am … (Tag) … Stunden (am Samstag darf nur bis 13.00 Uhr gearbeitet werden). (Hinweis: Dabei muss sowohl die tägliche Ruhezeit von elf Stunden als auch die Wochenendruhe von 36 Stunden berücksichtigt werden).[96] Eine 30-minütige Ruhepause ist täglich von … bis … zu konsumieren. (**Alternative**: Der Arbeitnehmer kann täglich zwischen … und … Uhr eine 30-minütige Ruhepause frei wählen).[97]

---

[93] § 4 Abs 2 AZG.
[94] § 7 AZG.
[95] *Felten* in *Auer-Mayer/Felten/Pfeil*, AZG⁴ § 7 Rz 5.
[96] Siehe Rz 30, 56, 75.
[97] Siehe Rz 9, 55.

IV. Normalarbeitszeit

2. (Variante: Vereinbarung mit dem Betriebsrat, bzw wenn es keinen gibt, mit dem einzelnen Arbeitnehmer)
Die Normalarbeitszeit verteilt sich auf folgende vier Tage: Montag von … Uhr bis … Uhr, Dienstag von … Uhr bis …Uhr, Mittwoch von … Uhr bis …Uhr, Donnerstag von … Uhr bis …Uhr. (Dabei darf die tägliche Normalarbeitszeit bis zu zehn Stunden betragen.[98])

3. Folgende Tage gelten als arbeitsfreie Fenstertage … Die ausgefallenen Arbeitsstunden sind innerhalb der folgenden … (höchstens 13) Wochen einzuarbeiten, wobei die tägliche Arbeitszeit bis zu zehn Stunden betragen kann.[99]

8. Normalarbeitszeit bei Arbeitsbereitschaft

Der Kollektivvertrag kann eine Verlängerung der wöchentlichen Normalarbeitszeit auf 60 Stunden und der täglichen Normalarbeitszeit auf zwölf Stunden zulassen, wenn in die Arbeitszeit des jeweiligen Arbeitnehmers regelmäßig und in erheblichem Umfang Arbeitsbereitschaft (s Rz 10) fällt.[100] Als regelmäßig angefallen gelten Zeiten der Arbeitsbereitschaft, wenn mit ihnen nach dem gewöhnlichen Lauf der Dinge im Vorhinein gerechnet werden konnte und sie für jeden Arbeitstag vorgesehen waren.[101] Das Ausmaß der Arbeitsbereitschaft gilt als erheblich, wenn es mindestens ein Drittel der gesamten Arbeitszeit ausmacht.[102] Wenn für die betroffenen Arbeitnehmer kein Kollektivvertrag wirksam ist oder der Kollektivvertrag dies gestattet, kann diese Verlängerungsmöglichkeit auch durch eine Betriebsvereinbarung erfolgen. In Betrieben ohne Betriebsrat kann das Arbeitsinspektorat diese Ausdehnung der Arbeitszeit gestatten.

32

Liegt zusätzlich ein **erhöhter Arbeitsbedarf** vor, ist eine Ausdehnung der Wochenarbeitszeit bis auf 60 Stunden und der Tagesarbeitszeit bis auf 13 Stunden zulässig.[103] Wenn dies zur Arbeitsübergabe unbedingt erforderlich ist, kann die Arbeitszeit noch um eine weitere halbe Stunde verlängert werden.[104]

9. Normalarbeitszeit bei besonderen Erholungsmöglichkeiten

Setzt sich die Arbeitszeit zu mehr als 50 %, aus Arbeitsbereitschaft zusammen und bestehen für den Arbeitnehmer während der Arbeitszeit besondere Erholungsmöglichkeiten, wie etwa Schlafplätze, kann der Kollektivvertrag die Betriebsvereinbarung ermächtigen, für solche Arbeiten dreimal pro Woche eine Ausdehnung der täglichen Normalarbeitszeit auf 24 Stunden zuzulassen.

33

---

[98]) Siehe Rz 5.
[99]) Siehe Rz 35.
[100]) § 5 AZG.
[101]) OGH 17. 10. 2002, 8 ObA 35/02h.
[102]) OGH 26. 7. 2016, 9 ObA 79/16g.
[103]) § 7 Abs 3 AZG.
[104]) § 8 Abs 4 AZG.

Diese Verlängerungsmöglichkeit steht daher für Betriebe ohne Betriebsrat nicht zur Verfügung. Zusätzlich muss ein arbeitsmedizinisches Gutachten festgestellt haben, dass der Arbeitnehmer gesundheitlich im Durchschnitt nicht stärker belastet wird, als dies bei regelmäßiger erheblicher Arbeitsbereitschaft der Fall wäre.[105]) Zur unmittelbaren Gestattung der Verlängerung ist der Kollektivvertrag nicht berechtigt. Er hat jedoch einen Durchrechnungszeitraum festzulegen, in dem die wöchentliche Normalarbeitszeit im Durchschnitt 60 Stunden, in einzelnen Wochen jedoch 72 Stunden betragen darf. Sowohl Kollektivvertrag als auch die Betriebsvereinbarung haben außerdem die Bedingungen festzulegen, unter denen die Verlängerung der täglichen Arbeitszeit im Einzelfall zulässig ist. Das können etwa Konkretisierungen der in Betracht kommenden Erholungsmöglichkeiten oder eine Beschränkung der Anzahl langer Dienste pro Woche sein.

10. Vor- und Abschlussarbeiten

34   Verlängerte Arbeitszeiten sind in allen Betrieben oder Betriebsabteilungen zur Vornahme von Vor- und Abschlussarbeiten gestattet, wenn eine Vertretung des Arbeitnehmers durch andere Arbeitnehmer nicht möglich ist und dem Arbeitgeber die Heranziehung betriebsfremder Personen nicht zugemutet werden kann.[106]) Als solche Arbeiten gelten:

- **Reinigung und Instandhaltung**, soweit sich diese Arbeiten während des regelmäßigen Betriebes nicht ohne Unterbrechung oder erhebliche Störung ausführen lassen;
- Arbeiten, die zur **Wiederaufnahme oder Aufrechterhaltung des vollen Betriebes** erforderlich sind, wie etwa das Hochfahren von Computern;
- abschließende **Kundenbedienung** samt notwendiger Aufräumungsarbeiten.

Bei diesen abschließend geregelten Fällen handelt es sich stets um Arbeiten, die in einem zeitlichen oder inhaltlichen Zusammenhang mit der Hauptarbeitsleistung stehen müssen. Daher gehören Inventurarbeiten nicht dazu, da sie regelmäßig unabhängig vom Hauptarbeitsgang erfolgen.[107]) Die tägliche Arbeitszeit kann um **eine halbe Stunde** bis zu zwölf Stunden verlängert werden. Der Kollektivvertrag kann näher konkretisieren, welche Arbeiten als Vor- und Abschlussarbeiten im Sinne der gesetzlich fixierten Tatbestände gelten.

---

[105]) § 5a AZG.
[106]) § 8 AZG. Siehe dazu *Felten* in *Auer-Mayer/Felten/Pfeil*, AZG⁴ § 8; *Pfeil* in ZellKomm³ § 8 AZG.
[107]) VwGH 17. 3. 2009, 2009/11/0013.

11. Fenstertage

Fällt in eine Arbeitswoche ein Feiertag und wird den Arbeitnehmer an den zwischen dem Feiertag und der Wochenendruhe liegenden Werktagen (Fenstertagen) arbeitsfrei gegeben, um ihnen eine längere ununterbrochene Freizeit zu gewähren, kann die ausgefallene Arbeitszeit in den unmittelbar anschließenden 13 Wochen eingearbeitet werden; dabei darf die tägliche Arbeitszeit jedoch höchstens zehn Stunden betragen.[108] Der Kollektivvertrag kann diesen Einarbeitungszeitraum zwar verlängern, doch darf die tägliche Arbeitszeit dann höchstens neun Stunden und für bestimmte Betriebe der Bauwirtschaft (Winterfeiertagsregelung)[109] maximal zehn Stunden betragen.

12. Bandbreitenmodell in Handelsbetrieben

In Handelsbetrieben kann die Normalarbeitszeit einzelvertraglich für einzelne Wochen innerhalb eines Durchrechnungszeitraums von jeweils vier Wochen (Verlängerung durch Kollektivvertrag möglich) auf 44 Stunden ausgedehnt werden, sofern dadurch die wöchentliche Normalarbeitszeit von 40 Stunden (bzw die kürzere kollektivvertragliche Normalarbeitszeit) im Durchschnitt nicht überschritten wird. Die tägliche Normalarbeitszeit kann dabei bis zu neun Stunden betragen.[110] Für diese Verlängerung ist jedoch ein Zeitausgleich erforderlich, der bis zu einem Ausmaß von vier Stunden zusammenhängend zu gewähren ist. Ein längerer Zeitausgleich kann zwar auch in zwei Teile zerlegt werden, doch muss einer von ihnen ebenfalls mindestens vier Stunden dauern. Der Kollektivvertrag kann die mehrmalige Übertragung von Zeitguthaben und Zeitschulden in die nächsten Durchrechnungszeiträume zulassen.

13. Bandbreitenmodell in Nicht-Handelsbetrieben

In allen anderen Branchen als dem Handel kann der Kollektivvertrag eine Verlängerung der wöchentlichen Normalarbeitszeit entweder einmalig für höchstens acht Wochen bis auf 50 Stunden oder für einen längeren Zeitraum (Höchstausmaß ein Jahr) bis auf 48 Stunden gestatten. Jedoch dürfen innerhalb dieses Zeitraums im Durchschnitt 40 Wochenstunden (oder die durch Kollektivvertrag festgelegte kürzere wöchentliche Normalarbeitszeit) nicht überschritten werden.[111] Der Kollektivvertrag kann eine noch längere Durchrechnung (ohne ausdrückliche gesetzliche Begrenzung) unter der Bedingung zulassen, dass der erforderliche Zeitausgleich in mehrwöchigen zusammenhängenden Zeiträumen verbraucht wird. Die tägliche Normalarbeitszeit darf dabei neun Stunden nicht überschreiten. Der Kollektivvertrag kann auch die

---

[108] § 4 Abs 3 AZG.
[109] Siehe § 2 Abs 2a BUAG.
[110] § 4 Abs 4 und 5 AZG.
[111] § 4 Abs 6 AZG.

14. Schichtarbeit

38 Grundsätzlich darf die tägliche Normalarbeitszeit bei Schichtarbeit neun Stunden nicht überschreiten.[112] Grundlage der Schichtarbeit ist ein Schichtplan, der mit dem einzelnen Arbeitnehmer vereinbart oder durch Betriebsvereinbarung festgelegt werden kann.[113] Dabei handelt es sich um eine auf einen längeren Zeitraum abgestellte Arbeitszeiteinteilung, die den AN im Vorhinein erkennen lässt, wann er zur Arbeitsleistung herangezogen werden soll.[114] Bei Wechselschichten hat der Schichtplan einen Turnus festzulegen. Innerhalb dieses Turnus oder im Rahmen eines Bandbreitenmodells (s Rz 36) darf die wöchentliche Normalarbeitszeit im Durchschnitt 40 Stunden (oder die durch Kollektivvertrag festgelegte kürzere Normalarbeitszeit) nicht überschreiten. Bei durchlaufender mehrschichtiger Arbeitsweise mit Schichtwechsel kann jedoch die tägliche Normalarbeitszeit entweder in Verbindung mit einem Schichtwechsel oder – wenn dies eine Betriebsvereinbarung vorsieht – am Wochenende bis auf zwölf Stunden ausgedehnt werden. Unter Schichtwechsel ist die im Schichtplan vorgesehene Veränderung der Lage der Arbeitszeit (zB von der Nachtschicht in die Frühschicht) zu verstehen.[115] Der Kollektivvertrag kann eine weitere Ausdehnung der Normalarbeitszeit in einzelnen Wochen bis auf 56 Stunden zulassen. Er kann auch eine Verlängerung der täglichen Normalarbeitszeit bis auf zwölf Stunden unter der Bedingung gestatten, dass die Unbedenklichkeit durch einen Arbeitsmediziner festgestellt wird. Der Betriebsrat (in Betrieben ohne Betriebsrat die Mehrheit der betroffenen Arbeitnehmer) kann in diesem Fall jedoch verlangen, dass einvernehmlich die Stellungnahme eines weiteren Arbeitsmediziners eingeholt werden muss.[116]

> **Musterklausel: Schichtarbeit**
>
> Zwischen XY als Arbeitgeber und AB als Arbeitnehmer wird folgende Vereinbarung über die Schichtarbeit getroffen:[117]
>
> 1. Die 1. Schicht beginnt am …tag um … Uhr und endet um … Uhr. Die 2. Schicht beginnt am …tag um …Uhr und endet um … Uhr. Die 3. Schicht beginnt am …tag um … Uhr und endet um … Uhr. Die 4. Schicht beginnt am …tag um … Uhr und endet um … Uhr. (Die tägliche Arbeitszeit darf bis zu neun Stunden betragen).

---

[112] § 4a AZG.
[113] *Pfeil* in ZellKomm³ § 4c AZG Rz 35.
[114] *Pfeil* in ZellKomm³ § 4c AZG Rz 38.
[115] VwGH 14. 11. 2018, Ra 2017/11/0263.
[116] § 4a AZG.
[117] Siehe Rz 38.

2. Der Arbeitnehmer wird der (1., 2., 3. oder 4.) Schicht zugeteilt.

3. (**Alternative**): Der Arbeitnehmer ist bereit, in Wechselschichten zu arbeiten. Für die Zeit bis ... gilt folgende Regelung: An die 1. Schicht schließt die 2. Schicht, an diese die 3. Schicht und an diese die 4. Schicht an. Beim Wechsel von der ... in die ... Schicht beträgt die Normalarbeitszeit ... Stunden. Im Anschluss erstellt der Arbeitgeber neue Schichtpläne. Der Arbeitgeber kann bei Vorliegen der gesetzlichen Voraussetzungen die Schichtpläne einseitig verändern.

4. Der Arbeitnehmer ist bereit, in besonderen Fällen, insbesondere in Vertretungsfällen, im Rahmen des gesetzlich Zulässigen, vorübergehend auch andere Schichten zu übernehmen.

5. Der Arbeitgeber ist berechtigt, erforderlichenfalls mit einer Vorlaufzeit von ... Tagen (Wochen) die Schichteinteilung zu verändern.

15. Gleitende Arbeitszeit

Im Rahmen einer Gleitzeitvereinbarung kann der Arbeitnehmer Beginn und Ende seiner täglichen Normalarbeitszeit selbst bestimmen.[118] Gleitzeit kann jedoch nicht einseitig durch den Arbeitgeber eingeführt werden, sondern setzt eine Betriebsvereinbarung bzw in Betrieben ohne Betriebsrat eine schriftliche Vereinbarung mit den einzelnen Arbeitnehmern voraus.[119] Die Gleitzeitvereinbarung muss zwingend verschiedene Regelungen enthalten. Sie hat einmal festzulegen, wie lange eine Gleitzeitperiode dauert und welcher zeitliche Rahmen dem Arbeitnehmer zur Verfügung steht, um den Beginn und das Ende seiner täglichen Normalarbeitszeit selbst zu bestimmen (Gleitzeitrahmen). Innerhalb des Gleitzeitrahmens (zB 7.00 bis 18.00 Uhr) kann eine Kernarbeitszeit (zB 10.00 bis 14.00 Uhr) festgelegt werden, innerhalb der der Arbeitnehmer jedenfalls anwesend sein muss. Die Vereinbarung muss auch dafür Vorsorge treffen, wie Zeiten zu behandeln sind, in denen der Arbeitnehmer zwar nicht zur Verfügung steht, die aber dennoch als Arbeitszeit berücksichtigt werden müssen, weil für sie ein Rechtfertigungsgrund vorliegt (zB Erkrankungen). Zu diesem Zweck muss die Gleitzeitvereinbarung Dauer und Lage einer für diese Fälle heranzuziehenden fiktiven Normalarbeitszeit (zB 8.00 bis 16.00 Uhr) festlegen. Dadurch soll sowohl verhindert werden, dass der Arbeitnehmer seine Arbeitszeit immer auf die Zeiten von Dienstverhinderungen festlegt, als auch, dass er das Risiko sämtlicher Dienstverhinderungsgründe zur

39

---

[118] Vgl *Körber-Risak*, Gleitzeit neu, in *Köck* (Hrsg), Arbeitszeit neu: Die Arbeitszeitnovelle 2018 (2018) 45.

[119] § 4b AZG. Siehe dazu *Pfeil* in *Auer-Mayer/Felten/Pfeil*, AZG⁴; *Glowacka*, Flexibilisierung der Arbeitszeit ab September – Erweiterung der Gestaltungsmöglichkeit bei Gleitzeit, ASoK 2018, 282; *Jöst*, Die „neue" Gleitzeit, ecolex 2018, 296; *Zankel*, Ausgewählte Rechtsfragen im Zusammenhang mit der Einführung von gleitender Arbeitszeit, ASoK 2017, 216; *Wiesinger*, Gleitzeit in der Bauwirtschaft, bau aktuell 2018, 181.

Gänze trägt.[120]) Schließlich muss die Vereinbarung auch festlegen, unter welchen Voraussetzungen und bis zu welchem Ausmaß Zeitguthaben und Zeitschulden in die nächste Gleitzeitperiode übertragen werden können. Aus der Beschränkung auf „allfällige" Übertragungsmöglichkeiten ergibt sich, dass das Gesetz nicht verlangt, dass solche Möglichkeiten eingeräumt werden müssen.

Ob es sich bei dieser Betriebsvereinbarung um eine fakultative oder erzwingbare handelt, ist umstritten. ME handelt es sich um eine fakultative. Sie hat, wie eben gezeigt, wesentlich mehr Fragen zu beantworten, als die bloße Festsetzung von Beginn und Ende der täglichen Arbeitszeit und der Verteilung der Arbeitszeit auf die einzelnen Tage, was gegen die Einordnung in § 97 Abs 1 Z 2 ArbVG spricht.[121])

Das Höchstausmaß der **täglichen** Normalarbeitszeit beträgt zehn Stunden, kann aber bis auf zwölf Stunden erhöht werden, wenn die Gleitzeitvereinbarung vorsieht, dass ein Zeitguthaben ganztägig verbraucht werden kann und ein Zusammenhang mit einer wöchentlichen Ruhezeit möglich ist. Die Arbeitszeit darf jedoch innerhalb der Gleitzeitperiode die **wöchentliche** Normalarbeitszeit im Durchschnitt nur um so viele Stunden überschreiten, als Zeitguthaben übertragen werden können.

> **Musterklausel: Gleitzeit**
>
> Zwischen XY als Arbeitgeber und dem unterzeichneten Betriebsrat (wenn es keinen gibt: und AB als Arbeitnehmer) wird folgende Vereinbarung über Gleitzeit getroffen:
>
> 1. Die tägliche Normalarbeitszeit beträgt … Stunden (höchstens zehn).
> **Alternative:** zwölf Stunden, wenn Zeitguthaben ganztägig verbraucht werden können und ein Zusammenhang mit einer wöchentlichen Ruhezeit möglich ist.
>
> 2. Die Gleitzeitperiode beträgt … Wochen (Monate) und beginnt am …
>
> 3. Gleitzeit kann zwischen … Uhr und … Uhr in Anspruch genommen werden (Gleitzeitrahmen). In der Zeit von … Uhr bis … Uhr hat der Arbeitnehmer jedoch anwesend zu sein (Kernarbeitszeit).
>
> 4. Für Zeiten, in denen der Arbeitnehmer an der Arbeitsleistung verhindert ist, gilt Montag bis Freitag die Zeit von jeweils … Uhr bis … als fiktive Normalarbeitszeit.
>
> 5. Wenn am Ende einer Gleitzeitperiode Zeitguthaben bestehen, können bis zu … Stunden in die nächste Gleitzeitperiode übertragen werden.
> **Alternative:** hier können dafür bestimmte Voraussetzungen festgelegt werden. ZB kann bei All-In-Vereinbarungen festgehalten werden, dass Zeit-

---

[120]) OGH 26. 2. 2004, 8 ObA 71/03d.

[121]) In der Literatur wird sie überwiegend für erzwingbar gehalten: So *Schrank*, Arbeitszeit[5] § 4b AZG Rz 35; *Klein* in *Heilegger/Klein*, Arbeitszeitgesetz[4] (2016) §§ 3 bis 4c AZG Rz 53.

guthaben gestrichen werden, soweit sie durch das All-In-Entgelt abgegolten sind. Oder: Nicht-übertragbare Zeitguthaben gelten als Überstunden und werden samt Zuschlag mit der nachfolgenden Gehaltszahlung ausbezahlt oder innerhalb der nächsten beiden Monate durch Zeitausgleich konsumiert.

16. Dekadenarbeit auf Baustellen

Diese Sonderform steht nur für Großbaustellen, die im öffentlichen Interesse betrieben werden, sowie für Baustellen der Wildbach- und Lawinenverbauung in Gebirgsregionen zur Verfügung.[122] Die tägliche Normalarbeitszeit darf höchstens neun Stunden betragen. Der Kollektivvertrag kann eine Verlängerung der wöchentlichen Normalarbeitszeit auf mehr als 40 Stunden zulassen, sofern innerhalb von jeweils zwei Wochen die Arbeitszeit im Durchschnitt 40 Wochenstunden nicht übersteigt. Somit können zehn Tage durchgearbeitet werden, wenn anschließend vier Tage arbeitsfrei sind.

17. Reisezeiten

Bei passiven Reisen (s Rz 13), können die täglichen und wöchentlichen Höchstgrenzen der Arbeitszeit überschritten werden, ohne dass das Gesetz dafür eine Obergrenze festlegt.[123] Dadurch sind auch Dienstreisen in weit entlegene Regionen (etwa Neuseeland) zulässig.

18. Nachtarbeit

Für die Nachtarbeit gelten mit einigen Zusatzbestimmungen, die sich aus der Art dieser Tätigkeit ergeben, die allgemeinen Bestimmungen über die Arbeit bei Tag. Eine Verlängerung der Normalarbeitszeit durch das Arbeitsinspektorat ist unzulässig. Als Nacht gilt die Zeit zwischen 22.00 und 5.00 Uhr (für den Anspruch auf Untersuchungen jedoch 6.00 Uhr). Als **Nachtarbeitnehmer** gilt eine Person, die regelmäßig oder in mindestens 48 (für den Anspruch auf Untersuchungen 30) Nächten im Kalenderjahr mindestens drei Stunden während der Nacht arbeitet. Beträgt die durchschnittliche tägliche Normalarbeitszeit innerhalb von jeweils 26 Wochen bei regelmäßiger und erheblicher Arbeitsbereitschaft mehr als acht Stunden, gebühren **zusätzliche Ruhezeiten**.[124] Zu ihrer Berechnung sind pro Durchrechnungszeitraum sämtliche Unterschreitungen von allen Überschreitungen der täglichen Arbeitszeit (acht Stunden) abzuziehen. Zwei Drittel des Ergebnisses, zumindest aber jeweils zwölf Stunden, sind als zusätzliche Ruhezeiten zu gewähren. Nachtarbeitnehmer haben Anspruch auf unentgeltliche **Gesundheitsuntersuchungen**, und zwar erstmals vor Aufnahme ihrer Tätigkeit, danach in Abständen von jeweils

---

[122] § 4c AZG.
[123] § 20b AZG.
[124] § 12a AZG.

zwei Jahren bzw in jährlichen Abständen nach Vollendung des 50. Lebensjahres oder nach zehn Jahren Nachtarbeit.[125])

Der Nachtarbeitnehmer hat auf sein Verlangen entsprechend den betrieblichen Möglichkeiten Anspruch auf **Versetzung auf einen geeigneten Tagesarbeitsplatz**, wenn entweder die Nachtarbeit seine Gesundheit nachweislich gefährdet oder solange dies wegen unbedingt notwendiger Betreuungspflichten gegenüber Kindern bis zu zwölf Jahren erforderlich ist.[126]) Der Arbeitgeber hat alle Nachtarbeitnehmer zudem über wichtige Betriebsgeschehnisse, die die Interessen der Nachtarbeitnehmer berühren, zu informieren.[127])

Für **Nachtschwerarbeiter** gelten zusätzliche Bestimmungen. Als Nachtschwerarbeiter gilt ein Nachtarbeiter, der Schwerarbeit leistet (welche Tätigkeiten als Schwerarbeit gelten, wird in Art VII Abs 2 oder 4 NSchG,[128]) in einer Durchführungsverordnung und allenfalls im Kollektivvertrag detailliert aufgelistet). In den Fällen, in denen das AZG Tagesarbeitszeiten von mehr als acht Stunden gestattet, darf die durchschnittliche Arbeitszeit an Nachtschwerarbeitstagen innerhalb eines Durchrechnungszeitraums von 26 Wochen acht Stunden (einschließlich Überstunden) jedoch nur dann überschreiten, wenn dies ein Kollektivvertrag (Betriebsvereinbarung) zulässt. In diesen Fällen sind zusätzliche Ruhezeiten zu gewähren. Ihre Berechnung weicht von jener für die zusätzlichen Ruhezeiten von nicht mit Schwerarbeit befassten Nachtarbeitern insofern ab, als ihr Ausmaß nicht nur zwei Drittel der Differenz zwischen Unter- und Überschreitungen der 8-Stundengrenze, sondern 100 % ausmacht.

Können die **zusätzlichen Ruhezeiten** nicht während des laufenden Durchrechnungszeitraums konsumiert werden, sind sie innerhalb der nächsten vier Kalenderwochen (bei Schichtarbeit im nächstfolgenden Schichtturnus) zu gewähren. Jede zusätzliche Ruhezeit beträgt mindestens zwölf Stunden. Sie ist so zu gewähren, dass entweder die tägliche oder die wöchentliche Ruhezeit verlängert wird.[129])

V. Überstunden

43 Überstunden liegen bei Überschreitungen der Normalarbeitszeit vor.[130]) Dies sieht das Gesetz in zwei Fällen vor.[131]) So liegt eine Überstunde einmal dann vor, wenn die tägliche Normalarbeitszeit überschritten wird. Sind die

---

[125]) § 12b AZG.
[126]) § 12c AZG.
[127]) § 12d AZG.
[128]) BGBl 1981/354.
[129]) *Auer-Mayer* in *Auer-Mayer/Felten/Pfeil*, AZG⁴ § 12a Rz 8.
[130] Vgl *Peschek/Unterrieder*, Die Neuregelung der Überstunden und der Wochenendarbeit, in *Köck* (Hrsg), Arbeitszeit neu: Die Arbeitszeitnovelle 2018 (2018) 23.
[131]) § 6 AZG.

V. Überstunden

Parteien bei der 5-Tagewoche mit 40 Wochenstunden geblieben, ist dies die 9. Stunde. Haben sie jedoch von den verschiedenen Möglichkeiten Gebrauch gemacht, die Wochenarbeitszeit anders zu verteilen, liegt die erste Überstunde vor, sobald die regelmäßig auf den einzelnen Arbeitstag entfallende Stundenanzahl überschritten wird. Bei einer Verteilung der Tagesarbeitszeit von jeweils neun Stunden von Montag bis Donnerstag und von vier Stunden am Freitag, ist daher am Freitag die 5. Arbeitsstunde und an den übrigen Arbeitstagen die 10. Stunde eine Überstunde. Als Überstunde gilt aber auch die Überschreitung der unmittelbar durch Gesetz zugelassenen wöchentlichen Normalarbeitszeit. Bei Bandbreitenmodellen und Schichtarbeit (s Rz 36 ff) liegt die Grenze jedoch bei der durch einen Kollektivvertrag herabgesetzten wöchentlichen Normalarbeitszeit. Haben die Parteien vom allgemeinen Bandbreitenmodell Gebrauch gemacht, liegt eine Überstunde daher vor, wenn sich am Ende des Durchrechnungszeitraums herausstellt, dass die Wochenstundenanzahl im Durchschnitt 40 Stunden überschritten hat. Keine Überstunden sondern Mehrarbeitszeiten (s Rz 26) liegen vor, wenn Teilzeitbeschäftigte zwar länger als vertraglich vereinbart arbeiten, aber dabei noch innerhalb der regelmäßigen Normalarbeitszeit eines vollbeschäftigten Arbeitnehmers bleiben.[132]

Eine allgemeine **Begrenzung der Überstundenarbeit** besteht darin, dass durch Überstunden die gesetzlich festgelegten Höchstgrenzen der Arbeitszeit nicht überschritten werden dürfen. Dazu treten weitere **spezielle Grenzen für Überstunden**. So sind bei Vorliegen eines erhöhten Arbeitsbedarfes wöchentlich höchstens 20 Überstunden gestattet,[133] wobei die tägliche Arbeitszeit maximal zwölf Stunden betragen darf.[134] Liegt regelmäßige und erhebliche Arbeitsbereitschaft vor (s Rz 10), darf die Wochenarbeitszeit jedoch durch Überstunden bis auf 60 Stunden, die Tagesarbeitszeit bis auf 13 Stunden ausgedehnt werden.[135]

Für **Apotheker** in öffentlichen Apotheken kann der Kollektivvertrag zusätzlich zu den allgemein gestatteten 20 Überstunden pro Woche weitere zehn Überstunden zulassen, wenn in deren Arbeitszeit zwar Arbeitsbereitschaft, jedoch nicht in erheblichem Umfang, fällt.[136]

Für **Nachtschwerarbeiter** (s Rz 42) darf die durchschnittliche Arbeitszeit an Nachtarbeitstagen innerhalb eines Durchrechnungszeitraums von 26 Wochen einschließlich der Überstunden nur acht Stunden betragen, außer der Kollektivvertrag lässt eine Verlängerung zu.[137]

Für **Lenker von Kraftfahrzeugen** kann der Kollektivvertrag (die Betriebsvereinbarung) bei Vorliegen eines erhöhten Arbeitsbedarfes eine Erhöhung der

---

[132] OGH 13. 1. 1993, 9 ObA 275/92.
[133] § 7 Abs 1 AZG.
[134] VwGH 28. 1. 1991, 90/19/0519.
[135] § 7 Abs 3 AZG.
[136] § 19a Abs 6 AZG.
[137] § 12a Abs 5 AZG.

Zahl der zulässigen Überstunden gestatten, sofern innerhalb von 17 Wochen eine wöchentliche Höchstarbeitszeit von 60 Stunden in einzelnen Wochen und 48 Stunden im Durchschnitt nicht überschritten wird.[138])

Weitere Sonderregeln gelten für die **gleitende Arbeitszeit**.[139]) Ordnet der Arbeitgeber Arbeitsstunden an, die über die Normalarbeitszeit hinausgehen, sind sie Überstunden.[140]) Das muss aber auch dann der Fall sein, wenn der Arbeitgeber in den dem Arbeitnehmer eingeräumten Freiraum eingreift, indem er den Arbeitnehmer etwa verpflichtet, zu bestimmten Zeiten außerhalb der Kernarbeitszeit, aber innerhalb des Gleitzeitrahmens anwesend zu sein.[141]) Das gilt, gleichgültig, ob für die Anordnung eine Rechtsgrundlage vorhanden ist oder nicht. Zeitguthaben am Ende einer Gleitzeitperiode oder eines Durchrechnungszeitraums, die in eine neue Gleitzeitperiode oder einen neuen Durchrechnungszeitraum übertragen werden können, gelten nicht als Überstunden.

44 Die Überstundenarbeit ist aber auch auf andere Weise beschränkt. Lediglich der Klarstellung dient der gesetzliche Hinweis, dass Arbeitnehmer nur zu zugelassener Überstundenarbeit herangezogen werden dürfen. Die wichtigste weitere Begrenzung besteht darin, dass der Arbeitnehmer zur Überstundenarbeit **nur dann verpflichtet ist, wenn dies mit ihm vereinbart** wurde. Das AZG regelt grundsätzlich nur die öffentlich-rechtliche Seite und gibt daher nur an, in welchem zeitlichen Ausmaß Überstunden erlaubt sind, sagt aber nichts darüber, unter welchen Voraussetzungen der Arbeitnehmer zur Überstundenleistung verpflichtet ist. Als Rechtsgrundlage einer solchen Verpflichtung kommt der konkrete Arbeitsvertrag in Betracht, allenfalls auch der Kollektivvertrag oder eine Betriebsvereinbarung.[142]) In der Vereinbarung kann eine bestimmte Obergrenze von Überstunden festgelegt werden, zu deren Leistung sich der Arbeitnehmer aufgrund einer Anordnung des Arbeitgebers verpflichtet. Aus der Vereinbarung eines Überstundenpauschales (s Rz 48) ergibt sich die Verpflichtung des Arbeitnehmers, wenn dies erforderlich ist, die durch die Pauschale abgedeckte Zahl an Überstunden zu leisten.[143]) Ohne Vereinbarung sind Arbeitnehmer zur Überstundenleistung nur beim Auftreten von Notfällen, wie einem betrieblichen Notstand (s Rz 72), verpflichtet.[144])

45 Der Gesetzgeber hat besondere **Schutzbestimmungen** für die Arbeitnehmer vorgesehen. Überstundenarbeit ist nur zulässig, wenn ihr keine berücksichtigungswürdigen Interessen des Arbeitnehmers entgegenstehen.[145]) Da der Arbeitgeber Überstunden nur anordnen kann, wenn der Arbeitnehmer zur

---

[138]) § 13b Abs 2 AZG.
[139]) § 4b AZG.
[140]) § 4b Abs 5 AZG.
[141]) *Schrank*, Arbeitszeit[5] § 4b AZG Rz 117; *Klein* in *Heidegger/Klein*, Arbeitszeitgesetz[4] §§ 3 bis 4c Rz 62; *Felten* in *Auer-Mayer/Felten/Pfeil*, AZG[4] § 6 Rz 10.
[142]) OGH 23. 12. 1998, 9 ObA 333/98f.
[143]) VwGH 21. 12. 2005, 2004/08/0228.
[144]) OGH 22. 11. 1995, 9 ObA 191/95.
[145]) § 6 Abs 2 AZG.

V. Überstunden

Leistung von Überstunden verpflichtet ist, kann sich diese Bestimmung nur auf Fälle beziehen, in denen eine solche Verpflichtung besteht. Der Arbeitnehmer kann daher trotz Bestehens dieser Verpflichtung die Leistung von Überstunden ablehnen, wenn bei einer Interessenabwägung seine Interessen gegenüber jenen des Arbeitgebers überwiegen.[146] Die Bedachtnahme auf die Interessen des Arbeitnehmers geht noch weiter, wenn die Überstunden die Tagesarbeitszeit von zehn Stunden oder eine Wochenarbeitszeit von 50 Stunden überschreiten würden. Solche Überstunden können die Arbeitnehmer **ohne Angabe von Gründen ablehnen** und dürfen wegen dieser Ablehnung in keiner Weise (beispielsweise im Hinblick auf Entgelt, Aufstiegsmöglichkeiten oder Versetzung) benachteiligt werden. Werden sie wegen ihrer Ablehnung gekündigt, besitzen sie einen besonderen Kündigungsschutz.[147] Dieser steht allen Arbeitnehmern zu, die dem AZG unterliegen und damit – anders als der allgemeine Kündigungsschutz – auch den Arbeitnehmern in Kleinstbetrieben (nicht jedoch den leitenden Angestellten und ihnen Gleichgestellten; s Rz 3). Der Arbeitnehmer kann die Kündigung innerhalb einer Frist von zwei Wochen bei Gericht anfechten. Es gelten dabei die gleichen Beweiserleichterungen wie im Fall einer Motivkündigung gemäß § 105 Abs 5 ArbVG: Der Arbeitnehmer muss lediglich glaubhaft machen, dass er wegen der Ablehnung dieser Überstunden gekündigt wurde. Demgegenüber kann der Arbeitgeber seinerseits glaubhaft machen, dass er wegen anderer Gründe gekündigt hat. Der Richter darf die Anfechtung nur abweisen, wenn die höhere Wahrscheinlichkeit für das vom Arbeitgeber angeführte Motiv spricht. Damit geht dieser Kündigungsschutz über den allgemeinen Kündigungsschutz hinaus.

> **Musterklausel: Überstunden**
>
> Zwischen XY als Arbeitgeber und AB als Arbeitnehmer wird folgende Vereinbarung über Überstunden getroffen:
>
> 1. Der Arbeitnehmer erklärt sich bereit, erforderlichenfalls Überstunden im gesetzlich zulässigen Ausmaß (**Alternativen:** bis zu ... Überstunden pro Woche oder bis zu ... Überstunden pro Monat) zu leisten.[148]
>
> 2. Bei erhöhtem Arbeitsbedarf erklärt sich der Arbeitnehmer bereit, bis zu zwölf Stunden täglich und bis zu 30 Überstunden pro Woche zu arbeiten, sofern diese verlängerte Arbeitszeit so ausgeglichen wird, dass die Arbeitszeit innerhalb eines Zeitraums von ... (maximal 17) Wochen im Durchschnitt höchstens 48 Stunden beträgt.[149]

---

[146] OGH 4. 11. 1986, 4 Ob 156/85 Arb 10.563.
[147] § 7 Abs 6 AZG.
[148] Siehe Rz 43.
[149] Siehe Rz 8, 31.

VI. Entgeltpflichtige Arbeitszeit

A. Allgemeines

46 § 1152 ABGB gestattet es allen Arbeitgebern und Arbeitnehmern durch Vereinbarung festzulegen, ob der von ihnen geschlossene Arbeitsvertrag entgeltlich oder unentgeltlich sein soll. Diese Vereinbarung kann auch schlüssig zustande kommen.[150] Fehlt eine solche Vereinbarung, dann gilt der Arbeitsvertrag als entgeltlich und angemessenes Entgelt als bedungen. Aus § 1152 ABGB folgt aber noch kein Anspruch auf ein bestimmtes Mindestentgelt. Haben die Parteien eine Vereinbarung über die Höhe des Arbeitslohnes getroffen, dann sind sie daher an diese Abrede auch dann gebunden, wenn das vereinbarte Entgelt im Einzelfall nicht angemessen sein sollte.[151] Da das AZG nicht auf die Frage eingeht, ob bzw welches Entgelt dem Arbeitnehmer für die verschiedenen Formen der Inanspruchnahme seiner Arbeitskraft zusteht, können die Vertragsparteien selbst festlegen, welche Zeitphasen als entgeltpflichtige Arbeitszeit gelten sollen. Eine Vereinbarung, nach der für Leistungen, die nach ihrer Art die Intensität der vereinbarten Arbeitsleistung nicht erreichen, nur eine geringere Entlohnung als für die eigentliche Arbeitsleistung zustehen soll, ist daher zulässig.[152]

Die individuelle Entgeltabrede wird jedoch durch kollektivvertragliche Entgeltbestimmungen verdrängt, wenn diese für den Arbeitnehmer günstiger sind. Da dies den Regelfall darstellt, geht auch der OGH davon aus, dass sich in erster Linie aus dem Kollektivvertrag ergibt, welches Entgelt dem Arbeitnehmer für die verschiedenen Formen der Inanspruchnahme der Arbeitskraft zusteht.[153] Auf die individuelle Vereinbarung kommt es demnach nur dann an, wenn sie eine Frage regelt, die der Kollektivvertrag offengelassen hat oder soweit sie für den Arbeitnehmer günstiger ist. Die Kollektivverträge gehen in ihren Entgeltregeln allerdings unterschiedlich vor. Manche legen genau fest, was sie unter entgeltpflichtiger Arbeitszeit verstehen, andere begnügen sich mit der Festlegung von Stunden-, Wochen- oder Monatsentgelten. Bei der Interpretation der Kollektivverträge scheint der OGH allgemein davon auszugehen, dass der Kollektivvertrag, sofern sich aus ihm nichts Abweichendes ergibt, auch im Hinblick auf die Entgeltpflicht vom Arbeitszeitbegriff des AZG ausgeht. In diesem Sinn sieht er als Arbeitszeit die Zeit vom Beginn bis zum Ende der Arbeit abzüglich der Ruhepausen an. Die Arbeitszeit beginne demnach mit dem Zeitpunkt, ab dem der Arbeitnehmer dem Arbeitgeber vereinbarungsgemäß zur Verfügung steht. Der Anspruch auf Arbeitsentgelt entfällt, soweit der Arbeitnehmer seine Arbeit nicht leistet und weder Gesetz noch Kollektivvertrag Entgeltfortzahlung vorsehen.

---

[150] OGH 27. 11. 2014, 9 ObA 134/14t.
[151] OGH 26. 4. 1995, 9 ObA 48/95.
[152] OGH 6. 10. 2005, 8 ObA 83/04w.
[153] OGH 28. 4. 2015, 8 ObA 23/15p.

§ 1152 ABGB besitzt jedoch noch eine weitere Bedeutung. Wird der Arbeitnehmer nur geringfügig in Anspruch genommen und erfasst die getroffene Entgeltabrede einzelne solcher Verpflichtungen nicht, die in die Gestaltung der Freizeit des Arbeitnehmers eingreifen, dann erweist sich die Entgeltabrede als unvollständig. Da § 1152 ABGB auf dem Grundsatz aufbaut, dass für Leistungen, für die üblicherweise Entgelt bezahlt wird, auch ohne vertragliche Regelung angemessenes Entgelt zusteht, wendet der OGH diese Bestimmung auch bei Verträgen mit unvollständigen Entgeltabreden analog an und spricht angemessenes Entgelt zu.[154] **47**

B. Überstunden

Für Überstunden gebührt entweder ein Zuschlag oder Zeitausgleich.[155] **48** Da leitende Angestellte, ihnen Gleichgestellte und freie Dienstnehmer nicht dem AZG unterliegen, besitzen sie keinen derartigen gesetzlichen Anspruch. Der Anspruch setzt voraus, dass der Arbeitgeber entweder die Leistung von Überstunden ausdrücklich oder stillschweigend angeordnet oder aber Arbeitsleistungen vorbehaltlos entgegengenommen hat, von denen er wusste oder wissen musste, dass sie Überstunden erforderlich machen.[156] Ob die Überstundenleistung erlaubt oder unzulässig war, ist für den Anspruch auf den Überstundenzuschlag jedoch unerheblich.[157] Wurde die Normalarbeitszeit zulässigerweise verlängert, steht für die Verlängerung kein Zuschlag, sondern nur der Normallohn zu.[158]

Der **Überstundenzuschlag beträgt 50 %** des auf die einzelne Arbeitsstunde entfallenden Normallohnes. Bei seiner Berechnung sind alle Entgeltsbestandteile zu berücksichtigen, die für die während der normalen Arbeitszeit erbrachte und während der Überstunden fortgesetzte Arbeitsleistung, gebühren, wie etwa Zulagen oder Zuschläge.[159] Nicht einzubeziehen sind hingegen Zahlungen, die in wesentlich längeren Zeiträumen und losgelöst vom laufenden Entgelt gewährt werden (wie etwa Sonderzahlungen oder Jubiläumsgelder).[160] Bei Akkord-, Stück- und Gedinglöhnen ist der Normallohn nach dem Durchschnitt der letzten 13 Wochen zu bemessen; diesbezüglich kann der Kollektivvertrag jedoch eine abweichende Berechnungsart vorsehen.[161]

Mit dem Arbeitnehmer kann eine **Überstundenpauschale** vereinbart werden, und zwar entweder durch Festlegung einer ganz bestimmten Anzahl von dadurch abgegoltenen Überstunden (echte Überstundenpauschale) oder durch

---

[154] OGH 26. 6. 2007, 1 Ob 219/06x.
[155] § 10 AZG.
[156] OGH 4. 3. 2013, 8 ObA 12/13t; OGH 30. 5. 2017, 8 ObA 21/17x.
[157] OGH 12. 7. 1989, 9 ObA 113/89.
[158] OGH 25. 2. 1998, 9 ObA 425/97h.
[159] OGH 21. 9. 2006, 8 ObA 28/06k.
[160] OGH 6. 4. 1994, 9 ObA 604/93.
[161] Ebenso *Felten* in *Auer-Mayer/Felten/Pfeil*, AZG⁴ § 10 Rz 18.

Zusage einer Zuzahlung, die ausdrücklich als Überstundenentlohnung dienen soll.[162] Dem Arbeitnehmer muss jedenfalls erkennbar sein, dass mit dem gewährten Entgelt auch die Überstundenvergütung (Normallohn und Zuschlag) abgegolten sein soll. Sowohl die Zahl der durchschnittlich zu leistenden Normalstunden als auch die Zahl der erfassten Überstunden muss von vornherein bestimmbar sein. Die Pauschale muss der Höhe nach die vom Arbeitnehmer geleisteten Überstunden zuzüglich der Zuschläge im Durchschnitt für einen längeren Zeitraum abdecken.[163] Mangels Vereinbarung eines kürzeren Zeitraums hält der OGH ein Jahr für angemessen.[164] Es kann aber auch vereinbart werden, dass für die gesamte Arbeitszeit (einschließlich der Überstunden) ein einheitliches Entgelt zustehen soll (All-In Vereinbarung).[165] Nichtig wäre jedoch die Einbeziehung auch der Urlaubsersatzleistung in eine All-In-Vereinbarung.[166] Haben die Parteien keinen Durchrechnungszeitraum festgesetzt, gilt ein Zeitraum von einem Jahr als angemessen.[167] Hat der Arbeitnehmer mehr Überstunden geleistet, muss der Arbeitgeber diese zusätzlich vergüten. Nur bei der echten Überstundenpauschale besitzt der Arbeitnehmer einen Anspruch auf entsprechende Erhöhung, wenn der Normalstundenlohn steigt.[168] Ohne Vereinbarung einer Widerrufsmöglichkeit kann eine unbefristete Pauschale nicht einseitig beendet werden.[169]

Unter **Zeitausgleich** ist eine bezahlte Freistellung von der Arbeitspflicht zu verstehen.[170] Ob Zuschlag oder Zeitausgleich gebührt, hängt von der mit dem Arbeitnehmer getroffenen Vereinbarung ab. Nur wenn zwischen den Parteien des Arbeitsvertrags keine solche Vereinbarung abgeschlossen wurde, kann der Kollektivvertrag festlegen, ob Überstunden durch Zuschlag oder durch Zeitausgleich abzugelten sind. Ist kein Kollektivvertrag anwendbar, kann dies auch die Betriebsvereinbarung tun. Fehlt sowohl eine individuelle wie auch eine kollektive Vereinbarung, sind die Überstunden in Geld abzulösen. Für Überstunden, die zehn Stunden pro Tag oder 50 Stunden pro Woche übersteigen, kann der Arbeitnehmer jedoch in jedem Fall selbst entscheiden, ob er den Zuschlag oder Zeitausgleich in Anspruch nehmen möchte.

Bei der **Berechnung des Zeitausgleichs** ist der Zuschlag zu berücksichtigen. Eine Überstunde mit 50 %-igem Zuschlag ist daher mit 1,5 Stunden Freizeit auszugleichen. Über die Abgeltung von Mehrarbeit s Rz 26.

---

[162] VwGH 21. 12. 2005, 2004/08/0228.
[163] OGH 27. 9. 2017, 9 ObA 28/17h; VwGH 21. 4. 2004, 2001/08/0048.
[164] OGH 29. 3. 2012, 9 ObA 160/11m.
[165] Vgl *Heilegger*, Zur rechtlichen Zulässigkeit und Interpretation von All-In-Vereinbarungen, DRdA 2012, 17 ff.
[166] OGH 27. 6. 2013, 8 ObA 32/13h.
[167] OGH 2. 6. 2009, 9 ObA 65/09p DRdA 2009, 534.
[168] VwGH 21. 12. 2005, 2004/08/0228.
[169] *Felten* in *Auer-Mayer/Felten/Pfeil*, AZG⁴ § 10 Rz 40.
[170] OGH 29. 4. 1998, 9 ObA 77/98h.

C. Abgeltung von Zeitguthaben

Wenn das Dienstverhältnis oder die Überlassung eines Arbeitnehmers an einen Beschäftiger endet, können noch unverbrauchte Freizeitansprüche aus Normalarbeitszeit oder Überstunden bestehen. Diese sind primär in natura auszugleichen. Ist dies nicht mehr möglich, sind sie zum Beendigungszeitpunkt mit dem zu diesem Zeitpunkt gebührenden Entgelt für Normalstunden in Geld abzugelten.[171] Für Guthaben an Normalarbeitszeit gebührt ein Zuschlag von 50 %. Der Anspruch auf den Zuschlag entfällt jedoch, wenn der Arbeitnehmer ohne wichtigen Grund vorzeitig ausgetreten ist. Der Zuschlag gebührt auch für alle Arbeiten, die zwar im Zeitpunkt ihrer Leistung nicht als Überstunden anzusehen waren, die aber durch die Beendigung des Arbeitsverhältnisses zu einem Guthaben an Normalarbeitszeit geführt haben. Dies ist etwa bei vorzeitiger Beendigung des Arbeitsverhältnisses während einer laufenden Altersteilzeitvereinbarung oder bei Mehrarbeit von Teilzeitarbeitskräften der Fall.[172] Ob allerdings der bei Altersteilzeit gewährte Lohnausgleich bei der Berechnung der Abgeltung des Zeitguthabens bei Fehlen einer ausdrücklichen Klausel in der Altersteilzeitvereinbarung zu berücksichtigen ist, hat der OGH offengelassen.[173] Es wird wohl darauf ankommen, wie der Entgeltanspruch in der Altersteilzeitvereinbarung formuliert wurde. Der Kollektivvertrag kann Abweichungen vom Anspruch auf den Zuschlag und damit auch seinen Entfall vorsehen oder eine Verlängerung der Kündigungsfrist im Ausmaß des bestehenden Zeitguthabens, vorsehen.

Zeitguthaben können am **Ende eines Durchrechnungszeitraums** auftreten. Der Zeitpunkt ihrer Abgeltung ist im Vorhinein festzulegen. Ist dies nicht geschehen, gelten für den Ausgleich von Normalarbeitsstunden und von Überstunden unterschiedliche Regelungen.[174] Beträgt der Durchrechnungszeitraum bei **Normalarbeitsstunden** zwischen 27 und 52 Wochen und ist bereits die Hälfte dieses Zeitraums (bei einem längeren Durchrechnungszeitraum bereits 26 Wochen) vergangen, sieht das Gesetz (Abweichungen können durch Kollektivvertrag oder Betriebsvereinbarung festgelegt werden) vor, dass die Abgeltung innerhalb von 13 Wochen vorzunehmen ist, wenn es nicht gelungen ist, innerhalb von vier Wochen einen Abrechnungszeitpunkt zu vereinbaren.

Die Regelungen zur Abgeltung von noch nicht vergüteten **Überstunden** durch Zeitausgleich sind unnötig kompliziert, können jedoch durch den Kollektivvertrag, nicht jedoch durch eine Betriebsvereinbarung, verändert werden. Sie setzen voraus, dass Überstunden nicht durch Geld sondern durch Zeitausgleich abzugelten sind (s Rz 48) und keine Vereinbarung über den Zeitpunkt

49

---

[171] § 19e AZG.
[172] OGH 6. 4. 2005, 9 ObA 96/04i.
[173] Gegen die Berücksichtigung *Schrank* in *Jungwirth/Risak/Schrank*, Pensionsreform 2003 – Altersteilzeit aktuell (2003) Rz 250 ff; für die Berücksichtigung *Anzenberger,* Altersteilzeit und Insolvenz, ZIK 2002, 5.
[174] § 19f AZG.

der Abgeltung vorliegt. Sind die noch nicht ausgeglichenen Überstunden im Rahmen der Durchrechnung der Normalarbeitszeit oder bei gleitender Arbeitszeit entstanden, sind sie binnen sechs Monaten nach dem Ende des Durchrechnungszeitraums (der Gleitzeitperiode) abzugelten. Sind Freizeitansprüche aus sonstigen Überstunden offen, sind sämtliche in einem Kalendermonat geleisteten Überstunden innerhalb von sechs Monaten nach dem Ende dieses Kalendermonats auszugleichen.

Ist **kein fristgerechter Ausgleich** erfolgt, kann der Arbeitnehmer sowohl bei Normal- als auch bei Überstunden entweder die Auszahlung verlangen oder einseitig einen Ausgleichszeitpunkt, dem keine zwingenden betrieblichen Erfordernisse entgegenstehen, mit einer Vorankündigungsfrist von vier Wochen bestimmen.

Keine Regelung sieht das AZG für Zeitschulden vor. Ihr Ausgleich (allfällige Rückzahlung) müsste vereinbart werden.[175]

D. Rufbereitschaft

50   Rufbereitschaft (s Rz 11) muss speziell vereinbart werden. Sie gilt nicht als Arbeitszeit iSd AZG. Da der Arbeitgeber bei Rufbereitschaft jedoch eine Leistung vom Arbeitnehmer verlangt, ist sie grundsätzlich zu entlohnen. Diese Leistung unterscheidet sich jedoch von der eigentlichen Arbeitsleistung. Daher kann für sie ein geringeres Entgelt als für die eigentliche Arbeitsleistung und unter Umständen sogar Unentgeltlichkeit vereinbart werden.[176] Wenn keine Vereinbarung vorliegt, spricht der OGH dem Arbeitnehmer folglich nicht das normale Arbeitsentgelt, sondern nur das ortsübliche bzw angemessene Entgelt zu.[177] Für jene Zeiten, in denen von der Rufbereitschaft Gebrauch gemacht wird und der Arbeitnehmer die vorgesehene Arbeit erbringt, gebührt hingegen das volle Arbeitsentgelt.

> **Musterklausel: Rufbereitschaft**
>
> Zwischen XY als Arbeitgeber und AB als Arbeitnehmer wird folgende Vereinbarung über Rufbereitschaft getroffen:
>
> 1. Der Arbeitnehmer verpflichtet sich, am ... zwischen ... und ... Uhr für den Arbeitgeber ständig über Mobiltelefon erreichbar zu sein und seinen Aufenthaltsort so zu wählen, dass er über IT-Fernzugang innerhalb von ... Minuten erreichbar ist und zur Arbeitsleistung am Arbeitsplatz innerhalb von ... Minuten erscheinen kann. (Diese Vereinbarung kann für höchstens zehn

---

[175] Näher dazu *Felten* in *Auer-Mayer/Felten/Pfeil,* AZG⁴ § 19e Rz 14.
[176] OGH 28. 4. 2015, 8 ObA 23/15p ZAS 2016, 236 *(Wolf)*; OGH 6. 4. 2005, 9 ObA 71/04p; OGH 29. 8. 2002, 8 ObA 321/01s. Siehe auch *Gauglhofer,* Rufbereitschaft: Entgeltlichkeit und Dienstverhinderungen, DRdA 2011, 296.
[177] Der OGH verweist auf die § 1152 ABGB und § 6 AngG.

Fälle pro Monat, davon jedoch nur für zwei Fälle während der wöchentlichen Ruhezeit abgeschlossen werden).

2. Der Arbeitnehmer verpflichtet sich, dem Arbeitgeber rechtzeitig bekannt zu geben, wo er sich zu Zeiten der Rufbereitschaft aufhält.

3. Für die Dauer der Rufbereitschaft steht dem Arbeitnehmer ein Entgelt in Höhe von Euro ... pro Stunde zu. (Kann niedriger als der normale Stundensatz sein).[178]) Zeiten des Arbeitseinsatzes einschließlich der Wegzeit vom Aufenthaltsort zum Arbeitsplatz (im Fall eines betrieblichen Einsatzes) werden als gewöhnliche Arbeitszeit vergütet.

E. Arbeitsbereitschaft

51 Da der Arbeitnehmer während der Phase der bloßen Bereitschaft (s Rz 10) nicht die im Arbeitsvertrag vereinbarte normale Arbeitsleistung erbringt, kann auch für sie eine geringere Entlohnung vereinbart werden.[179]) Anders als bei der Rufbereitschaft fällt die Zeit der Arbeitsbereitschaft jedoch in die mit dem Arbeitnehmer vereinbarte Arbeitszeit. Daher nimmt der OGH bei Fehlen einer entsprechenden Entgeltregelung ein Recht des Arbeitnehmers auf Normallohn und nicht nur auf angemessenes Entgelt an.[180])

F. Reisezeiten

52 Dienstreisen (s Rz 13) sind zu entlohnende Arbeitszeiten.[181]) Da die Intensität der Inanspruchnahme der Arbeitskraft des Arbeitnehmers auf einer Dienstreise jedoch schwanken kann, können Arbeitsvertrag und Kollektivvertrag bei geringerer Belastung als bei der üblichen Arbeit vorsehen, dass diese Reisezeiten mit einem geringeren als dem sonstigen Entgelt zu vergüten sind.[182]) Daher kann auch vereinbart werden, dass die Zuschläge für Überstunden auf Dienstreisen verringert werden.[183]) Fehlt eine Vereinbarung über die Vergütung von Reisezeiten, gebührt jedoch volles Entgelt.[184]) Zur Vollarbeitszeit zählt eine Reisezeit, wenn sie Gegenstand der eigentlichen Arbeitsleistung oder mit dieser gleichwertig ist. Sie liegt daher vor und ist voll zu entlohnen, wenn sie zum ständigen Aufgabenkreis des Arbeitnehmers gehört.[185]) Ordnet der Arbeitgeber das Lenken eines Privatfahrzeugs an, wird zwar grundsätzlich eine aktive Reisezeit (s Rz 13) vorliegen und die Vereinbarung eines geringeren Entgelts unzulässig sein, doch deutet der OGH an, dass dies nicht notwendiger-

---

[178]) Siehe Rz 11, 50.
[179]) OGH 6. 10. 2005, 8 ObA 83/04w.
[180]) OGH 30. 3. 2011, 9 ObA 25/11h; OGH 29. 8. 2002, 8 ObA 321/01s.
[181]) OGH 17. 3. 2004, 9 ObA 109/03z.
[182]) OGH 29. 8. 2002, 8 ObA 321/01s.
[183]) *Schrank*, Arbeitszeit⁵ § 10 AZG Rz 8.
[184]) OGH 29. 8. 2002, 8 ObA 321/01s.
[185]) OGH 8. 11. 1989, 9 ObA 281/89.

weise der Fall sein müsse.[186] In dem zugrunde liegenden Fall wurden Einsatzkräfte der Bahn aus ihrer Rufbereitschaft zur Behebung von Störungen im Bahnverkehr abberufen und hatten den Weg von ihrem Wohnort zum Bahnhof mit dem eigenen PKW zurückzulegen. Dort stiegen sie in einen Hilfszug, der sie dann zum Ort der Störung beförderte. Der OGH qualifizierte sowohl das Lenken des PKW als auch die Fahrt im Hilfszug als Vollarbeitszeit. Die Fahrt im Hilfszug wäre deshalb keine echte Reisezeit gewesen, weil der Hilfseinsatz die Arbeitnehmer unvorbereitet getroffen, sie der bevorstehende Einsatz einer besonderen Stress- und Belastungssituation ausgesetzt hatte, und sie sich schon während der Reisebewegung gedanklich mit dem Einsatz beschäftigen und die Fahrt auch zur Informationsaufnahme bzw zur Abklärung der Lage nützen mussten. Diese Sondersituation gemeinsam mit dem unmittelbaren Zusammenhang mit der eigentlichen Arbeitsverrichtung würden dafür sprechen, die gesamte Reisetätigkeit als Vollzeitarbeit zu qualifizieren.

G. Wegzeiten

53   Die für Fahrten vom Betrieb zu einer außerhalb des Betriebes gelegenen Arbeitsstätte oder umgekehrt erforderlichen Zeiten sind auch dann entgeltpflichtige Arbeitszeit, wenn die Arbeitnehmer während ihrer Beförderung zu den außerhalb des Betriebes gelegenen Arbeitsstätten oder auf dem Weg zurück keiner Tätigkeit nachgehen müssen.[187] In einem Fall, in dem der Arbeitnehmer die Fahrt zu Kunden nicht vom Betrieb, sondern mit einem ihm zur Verfügung gestellten Firmenwagen von seiner Wohnung aus anzutreten und nach dem letzten Kunden wieder zu seiner Wohnung zurückzukehren hatte, hielt der OGH jedoch sowohl die Strecken von der Wohnung zum ersten Kunden als auch vom letzten Arbeitseinsatz zur Wohnung für entgeltpflichtige Arbeitszeit.[188] In einer älteren Entscheidung hatte der OGH jedoch die Fahrtzeiten zum ersten Kunden und nach dem letzten Kunden als Wegzeiten und nicht als Arbeitszeiten angesehen, weil er den Wohnsitz nicht als den regelmäßigen Mittelpunkt des tatsächlichen Tätigwerdens der Arbeitnehmer und damit nicht als deren Arbeitsstätte ansah. In dem Umstand, dass die Arbeitnehmer auf diesen Wegen das Firmenfahrzeug zu benutzen hatten, erblickte er auch keine Einschränkung ihrer Freiheit.[189] In der neueren Entscheidung[190] vertrat er jedoch die gegenteilige Auffassung und begründete sie damit, dass die Kundendienstmitarbeiter die für die konkreten Kundeneinsätze in den Firmenfahrzeugen jeweils hergerichteten Betriebsmittel des Arbeitgebers zu verwenden hatten, ihnen erst am Morgen elektronisch bekannt gegeben wurde, wo

---

[186] OGH 26. 5. 2010, 9 ObA 34/10f.
[187] Vgl etwa VwGH 3. 12. 1990, 90/19/0293.
[188] OGH 24. 7. 2018, 9 ObA 8/18v.
[189] OGH 29. 3. 2012, 9 ObA 148/11x.
[190] OGH 24. 7. 2018, 9 ObA 8/18v.

der erste Kunde ist. Weiters seien über die Fahrten Aufzeichnungen geführt und punktuell kontrolliert worden. Dadurch seien die Arbeitnehmer in der Möglichkeit der Wahl ihrer Nächtigungsorte eingeschränkt und während der Zeiten vom und zum Wohnort nicht autonom verfügungsbefugt gewesen. Den maßgeblichen Grund hatte er offensichtlich jedoch darin gesehen, dass der Arbeitgeber von seinen Arbeitnehmern verlangt hatte, die jeweils kürzesten Wege einzuschlagen und dies auch kontrollierte. Dem lagen jedoch Sonderverhältnisse zugrunde. Der Arbeitgeber war nämlich davon ausgegangen, dass die Fahrten von und nach der Wohnung keine entgeltpflichtigen Arbeitszeiten sind, war aber dennoch bereit, sie freiwillig zu bezahlen, wenn dabei der kürzeste Weg eingehalten wurde und höchstens kurze Unterbrechungen eingeschaltet wurden. Um diese Kundendiensttechniker gegenüber den Bürokräften nicht zu privilegieren, denen die An- und Abfahrt von ihrer Wohnung nicht bezahlt wurden, zog er bei den Kundendiensttechnikern 30 Minuten von den bezahlten Fahrten ab. In der Sache war die Verpflichtung zur Einhaltung der kürzesten Wege und die Kontrolle ihrer Einhaltung daher nur die zwangsläufige Konsequenz der Bereitschaft des Arbeitgebers, auch Zeiten zu bezahlen, für die er sich nicht verpflichtet fühlte. Zudem glaubte der OGH sich an einer Entscheidung des EuGH[191]) orientieren zu müssen, der jedoch ein anderer spezieller Sachverhalt zugrunde lag. Ob der OGH in Fällen, in denen der Arbeitgeber nur bereit ist, die Zeiten ab Arbeitsbeginn beim ersten Kunden bzw die Rückfahrt vom letzten Kunden als Arbeitszeit anzuerkennen und zu bezahlen, an dieser Entscheidung[192]) festhalten oder wieder zur früheren Entscheidung zurückkehren wird, bleibt abzuwarten.

Die in einem Kollektivvertrag vorgesehene Vergütung für Wegzeiten bezog der OGH nur auf die regelmäßige Wegstrecke zwischen einem ständigen Betrieb und einem nichtständigen Arbeitsplatz, die der Arbeitnehmer zurücklegen muss, um überhaupt mit der eigentlichen Arbeit beginnen zu können; nicht erfasst sei hingegen der Weg von der Wohnung zum ständigen Betrieb. Der Kollektivvertrag habe nur Wegzeiten betroffen, die auf betrieblichen Erfordernissen, nämlich der Verrichtung der Arbeit auf entfernter liegenden Baustellen, beruhen.[193])

H. Sonstige beachtliche Zeiten

Ob für sonstige Zeiten ein Anspruch auf Entgelt besteht, leitet der OGH überzeugend nicht aus den Bestimmungen des AZG, sondern aus den arbeitsvertraglichen Verpflichtungen ab. Entscheidend ist, ob dem Arbeitgeber während dieser Zeiten eine Verfügungsgewalt über den Arbeitnehmer zusteht. Ein

---

[191]) EuGH C-266/14, *Tyco*.
[192]) Zu ihr kritisch *Tomandl*, Arbeitszeit – Wegzeit – sonstige Zeiten, ZAS 2019, 73 (81).
[193]) OGH 18. 3. 1992, 9 ObA 59/92.

Beispiel dafür sind die sogenannten **Stehzeiten** bei Kraftfahrern oder **Wartezeiten** beim Verkaufspersonal. Solche Unterbrechungen, die sich zwangsläufig aus dem Arbeitsablauf ergeben und in denen sich der Arbeitnehmer zur jederzeitigen Arbeitsaufnahme bereithalten muss, sind keine Ruhepausen, sondern Arbeitszeit.[194]) Dagegen zählt es zur Freizeit, wenn sich der Arbeitnehmer während solcher Zeiten in keiner Weise für seinen Arbeitgeber bereithalten muss und beliebigen Freizeitaktivitäten nachgehen kann.[195])

Die Zeit, die ein Arbeitnehmer vor seinem Eintreffen an der Arbeitsstätte zum **Anlegen seiner Arbeitskleidung** benötigt, ist grundsätzlich keine Arbeitszeit.[196]) Muss der Arbeitnehmer jedoch die Dienstkleidung im Betrieb an- und ablegen, (etwa in einem Krankenhaus), sind die dafür aufzuwendende Zeit und die damit verbundenen Wegstrecken zwischen Umkleidestelle – bzw dem Ort, an dem die Kleidung wieder abzugeben ist – und der eigentlichen Arbeitsstelle entgeltpflichtige Arbeitszeit. Habe der Arbeitnehmer derartige Aufgaben für den Arbeitgeber zu erbringen, bestehe für die dafür erforderliche Zeit Anspruch auf volles Entgelt.[197])

VII. Ruhepausen

55 Das AZG enthält auch Bestimmungen über die einzuhaltenden Ruhepausen[198]) und die Ruhezeiten zwischen zwei Arbeitstagen, dagegen finden sich die Vorschriften über die wöchentliche Ruhezeit und die Feiertagsruhe im später zu besprechenden (s Rz 75 ff) ARG. Beträgt die Gesamtdauer der Tagesarbeitszeit mehr als sechs Stunden, so ist die Arbeitszeit durch eine **unbezahlte Ruhepause** (zum Begriff s Rz 9) von mindestens einer halben Stunde zu unterbrechen. Es besteht auch dann keine gesetzliche Pflicht zur Entlohnung, wenn eine längere Pause gewährt wird.[199]) Die zeitliche Lage der Pausen kann im Einzelvertrag oder durch eine Betriebsvereinbarung festgelegt werden.[200]) Die vorgeschriebene Ruhepause kann in zwei Teilen zu je 15 Minuten oder in drei Teilen zu je zehn Minuten gewährt werden, wenn dies im Interesse der Arbeitnehmer des Betriebes gelegen oder aus betrieblichen Gründen notwendig ist. In Betrieben mit Betriebsrat ist dazu allerdings dessen Zustimmung erforderlich. Die Betriebsvereinbarung (in Betrieben ohne Betriebsrat das Arbeitsinspektorat) kann eine andere Teilung (ein Teil muss dann mindestens zehn Minuten betragen) oder eine Verkürzung der Ruhepause auf mindestens 15 Minuten zulassen, wenn dies im Interesse der Arbeitnehmer gelegen oder aus betrieblichen

---

[194]) OGH 17. 3. 2004, 9 ObA 102/03w.
[195]) OGH 25. 4. 2001, 9 ObA 28/01k.
[196]) OGH 4. 9. 2002, 9 ObA 89/02g.
[197]) OGH 17. 5. 2018, 9 ObA 29/18g.
[198]) § 11 AZG.
[199]) OGH 24. 2. 1993, 9 ObA 308/92.
[200]) *Schrank*, Arbeitszeit[5] § 11 AZG Rz 10.

Gründen notwendig ist; bei geteilter Ruhepause muss ein Teil jedoch mindestens 15 Minuten betragen.

Bestimmte **Kurzpausen** gelten jedoch als Arbeitszeit. Das ist einmal bei Schichtarbeit der Fall, wenn bei durchlaufender mehrschichtiger Arbeitsweise an Stelle der normalen Pausen Kurzpausen von angemessener Dauer gewährt werden. Zum anderen gilt auch die 10-minütige Pause, die Nachtschichtschwerarbeitern zusätzlich eingeräumt werden muss, als Arbeitszeit. Auf sie ist jedoch eine mit dem Arbeitsablauf üblicherweise verbundene Unterbrechung von zehn Minuten anzurechnen, wenn sie zur Erholung verwendet werden kann.

VIII. Ruhezeiten

Nach Beendigung der Tagesarbeitszeit ist den Arbeitnehmern eine ununterbrochene Ruhezeit von mindestens elf Stunden zu gewähren.[201]) Der Kollektivvertrag kann sie zwar bis auf acht Stunden verkürzen, doch muss er bei jeder Verkürzung unter zehn Stunden weitere Maßnahmen zur Sicherstellung der Erholung der Arbeitnehmer vorsehen. Jede Verkürzung ist innerhalb der nächsten zehn Kalendertage durch eine entsprechende Verlängerung der täglichen oder wöchentlichen Ruhezeit auszugleichen. Sieht der Kollektivvertrag Maßnahmen zur Sicherstellung der Erholung der Arbeitnehmer vor, kann er die Ruhezeit noch weiter verkürzen. Beträgt die tägliche Normalarbeitszeit mehr als zwölf Stunden, gebührt eine ununterbrochene Ruhezeit von mindestens 23 Stunden.

56

Zu den speziellen Regelungen für **Nachtarbeitnehmer** s Rz 42.

Sonderbestimmungen gelten **bei geteilten Diensten** des Küchen- und Servicepersonals im **Gast-, Schank- und Beherbergungsgewerbe**:[202]) In diesen Fällen kann die tägliche Ruhezeit bis auf acht Stunden verkürzt werden. Ein geteilter Dienst liegt vor, wenn die Tagesarbeitszeit durch eine Ruhepause von mindestens drei Stunden unterbrochen wird. Die Verkürzung ist innerhalb von vier Wochen durch Verlängerung einer anderen täglichen Ruhezeit auszugleichen. In Betrieben, die nur zu bestimmten Zeiten im Jahr geöffnet sind oder in denen höchstens zweimal im Jahr eine deutlich verstärkte Geschäftstätigkeit entfaltet wird (Saisonbetriebe), kann der Ausgleich spätestens im Anschluss an die Saison gewährt werden. Hat das Arbeitsverhältnis ohne Ausgleich geendet, gebührt eine Geldleistung in Höhe des Normallohns samt jenen Zuschlägen, auf die der Arbeitnehmer für die während der Ruhezeit geleistete Tätigkeit Anspruch hatte.

57

---

[201]) § 12 AZG.
[202]) § 12 Abs 2a AZG. Dazu *Obereder*, Verkürzte tägliche Ruhezeit in der Gastronomie und bei Rufbereitschaft, in *Köck* (Hrsg), Arbeitszeit neu: Die Arbeitszeitnovelle 2018 (2018) 71.

58 Bei ununterbrochener **Schichtarbeit** kann die tägliche Ruhezeit beim Schichtwechsel auf mindestens acht Stunden verkürzt werden. Dies ist jedoch nur einmal pro Schichtturnus zulässig. Zusätzlich ist eine entsprechende Verlängerung einer anderen täglichen Ruhezeit in diesem Schichtturnus erforderlich.[203])

IX. Sonder- und Ausnahmebestimmungen

59 In den im folgenden Abschnitt dargestellten Bereichen gelten grundsätzlich die allgemeinen Bestimmungen des AZG. Dabei werden insbesondere auch die dort gebrauchten Begriffe verwendet. Der Abschnitt ist daher im Zusammenhang mit den bisherigen Ausführungen zu lesen, wobei zur Erleichterung Verweise angebracht wurden.

A. Arbeitszeit für bestimmte Berufe

1. Übersicht über Bestimmungen für Fahrzeuglenker

60 Auch für Lenker von Kraftfahrzeugen gelten grundsätzlich die allgemeinen Bestimmungen über die zulässigen Arbeitszeiten, Ruhepausen und Ruhezeiten sowie Nachtarbeit. Einzelne Bestimmungen werden jedoch durch ein kompliziertes Zusammenspiel von zwingenden EU-Verordnungen, der Umsetzung einer EU-Richtlinie und ergänzenden autonomen österreichischen Vorschriften verdrängt.[204]) Grundsätzlich ist zwischen der Lenkung von sogenannten VO-Fahrzeugen und von sonstigen Fahrzeugen zu unterscheiden. Für **VO-Fahrzeuge** sind die Bestimmungen der **EG-VO 561/2006** über die Harmonisierung bestimmter Sozialvorschriften im Straßenverkehr (s § 13 Abs 1 Z 2 AZG) **unmittelbar anzuwenden**.[205]) Als VO-Fahrzeug gilt ein Schwerfahrzeug zur Güterbeförderung mit einem zulässigen Gesamtgewicht (einschließlich Anhänger oder Sattelanhänger) von mehr als 3,5 Tonnen oder ein Fahrzeug zur Personenbeförderung, das mehr als neun Personen einschließlich des Fahrers befördern kann. Bestimmte Fahrzeuge (vor allem im Linienverkehr bis zu 50 km mit Höchstgeschwindigkeit 40 km, Einsatzfahrzeuge der Streitkräfte, der Polizei, der Feuerwehr sowie des Rettungs- oder Pannendienstes) sind jedoch ausgenommen.[206]) Für Fragen die nicht in der VO 561/2006 geregelt sind, sind auch für VO-Fahrzeuge die Fahrtenschreiber-VO 165/2014 und die

---

[203]) § 12 Abs 2c AZG.
[204]) Eine Übersicht, welche Bestimmungen für welche Fahrzeuge gelten, enthält § 13a AZG.
[205]) Siehe *Thomann*, Europäische Arbeitszeitregelung für Lenker im Kraftverkehr. Die Verordnung (EG) Nr 561/2006 über die Harmonisierung bestimmter Sozialvorschriften im Straßenverkehr, ASoK 2010, 14.
[206]) Art 3 VO oder durch österreichische Verordnung.

§§ 13b–14 sowie §§ 15e–17c AZG anzuwenden. Sie werden im weiteren Text als gemeinsame Bestimmungen bezeichnet. Ausschließlich für **sonstige Lenker** gelten die §§ 14a–15d AZG. Ergänzend können durch Verordnung[207]) für den innerstaatlichen Verkehr weitere Ausnahmen von wesentlichen Bestimmungen des AZG sowie der Fahrtenschreiber-VO zugelassen werden.[208]) In der Folge werden zuerst die gemeinsamen Bestimmungen, dann die für sonstige Lenker geltenden Vorschriften und abschließend die davon abweichenden Regeln für VO-Fahrzeuge dargestellt.

Zu erinnern ist daran, dass die dem Kollektivvertrag erteilte Ermächtigung zur Abweichung von gesetzlichen Regelungen durch eine Betriebsvereinbarung wahrgenommen werden kann, wenn kein Kollektivvertrag anwendbar ist.

2. Für alle Kraftfahrzeuge geltende Bestimmungen

Die sowohl für VO-Fahrzeuge als auch für sonstige Fahrzeuge geltenden Vorschriften beziehen sich auf das Lenken von Kraftfahrzeugen auf sämtlichen **öffentlichen Straßen**. Als **Lenker** kommen nicht nur dauernd in dieser Eigenschaft beschäftigte Personen, sondern auch Arbeitnehmer in Betracht, die nur gelegentlich zum Lenken herangezogen werden.[209])

Zur zulässigen **Höchstarbeitszeit** von Lenkern s Rz 17.

Die **Einsatzzeit** von Lenkern darf zwölf Stunden nicht überschreiten, der Kollektivvertrag kann jedoch eine Verlängerung bis auf 14 Stunden zulassen.[210]) Der Begriff der Einsatzzeit ist weiter als jener der Arbeitszeit. Als Einsatzzeit gilt die zwischen zwei (täglichen oder wöchentlichen) Ruhezeiten anfallende Arbeitszeit einschließlich von Unterbrechungen. Sie umfasst daher neben den Lenkzeiten auch alle sonstigen Arbeitszeiten des Lenkers, Zeiten der Arbeitsbereitschaft (etwa als Beifahrer[211])), Lenk- und sonstige Ruhepausen, auch wenn diese länger oder kürzer als vorgeschrieben sind, sowie vorgezogene Teile einer geteilten Ruhezeit.[212]) Eine Einsatzzeit liegt nicht nur während der Beförderung von Fahrgästen vor, sondern auch dann, wenn mit einem Taxifahrzeug auf einem Standplatz aufgefahren wird.[213]) Wird die tägliche Ruhezeit geteilt (oder wird die tägliche Ruhezeit bei kombinierter Beförderung unterbrochen s Rz 17) beginnt eine neue Einsatzzeit nach Ablauf der gesamten Ruhezeit, im regionalen Kraftfahrlinienverkehr jedoch erst nach Ablauf eines

---

[207]) Siehe dazu die Lenker/innen-Ausnahme-Verordnung BGBl II 2010/10.
[208]) § 17e Abs AZG.
[209]) *Pfeil* in ZellKomm³ § 17c AZG Rz 15; *Auer-Mayer* in *Auer-Mayer/Felten/Pfeil*, AZG⁴ §§ 13,13a Rz 5.
[210]) § 16.
[211]) VwGH 8. 7. 1993, 93/18/0022.
[212]) OGH 25. 4. 2001, 9 ObA 28/01k.
[213]) VwGH 27. 1. 2017, Ra 2017/03/0006.

Ruheteils von mindestens acht Stunden.[214] Diese Beschränkungen gelten jedoch nicht für Lenker, bei denen das Lenken eines Kraftfahrzeuges nicht im Vordergrund steht.

Der Arbeitgeber hat den Lenker spätestens vor seinem erstmaligen Einsatz schriftlich aufzufordern, ihm schriftliche Aufzeichnungen über alle bei einem anderen Arbeitgeber geleisteten Arbeitszeiten vorzulegen.[215]

Der Kollektivvertrag kann eine **durchschnittliche wöchentliche Höchstarbeitszeit** bis zu 55 Stunden gestatten, wenn die über 48 Stunden hinausgehende Arbeitszeit in Form von Arbeitsbereitschaft geleistet wird.[216] Zudem kann er auch zusätzliche **Überstunden** zulassen, doch dürfen dabei 60 Stunden in der Einzelwoche und 48 Stunden im Durchschnitt von 17 Wochen (verlängerbar bis 26 Wochen) nicht überschritten werden. Die Begrenzung der Lenkzeit und die Ruhepausen müssen jedoch nicht eingehalten werden, soweit es für den Lenker erforderlich ist, einen geeigneten Halteplatz zu finden, um die Sicherheit der Fahrgäste, des Fahrzeugs oder seiner Ladung zu gewährleisten.[217] Diese Ausnahme gilt auch für mit der Begleitung von Sondertransporten beauftragte beeidete Straßenaufsichtsorgane, wenn dies für die Sicherung der Ladung erforderlich ist. Art und Grund dieser Abweichungen müssen auf den zu führenden Unterlagen vermerkt werden.

Spätestens nach einer Tagesarbeit von sechs Stunden ist eine **Ruhepause** einzulegen.[218] Dabei muss der Dienst am Steuer des Kraftfahrzeuges unterbrochen werden und die Erholung des Lenkers gewährleistet sein. Das ist etwa nicht der Fall, wenn der Lenker andere Arbeitsleistungen zu erbringen hat. Kürzere als die gesetzlich angeordneten oder kollektivvertraglich zugelassenen Unterbrechungen der Lenkzeit sind keine Lenkpausen.[219] Bei einer gesamten Tagesarbeitszeit von sechs bis neun Stunden beträgt die Ruhepause mindestens 30 Minuten, bei einer Gesamtdauer von mehr als neun Stunden mindestens 45 Minuten. Die Pause kann in Teile zu je 15 Minuten aufgeteilt werden.

Für den **regionalen Kraftfahrlinienverkehr** gelten Sonderbestimmungen. Hier kann der Kollektivvertrag verschiedene Abweichungen zulassen:[220] Er kann eine Teilung der Ruhepause in einen Teil von 20 Minuten und weitere Teile von zehn Minuten gestatten.[221] Bei einer täglichen Ruhezeit von mindestens zwölf Stunden kann er auch eine Teilung in einem Teil von mindestens acht zusammenhängenden Stunden und in weitere Teile von mindestens einer Stunde zulassen. Wird davon Gebrauch gemacht, beginnt eine neue Tagesarbeitszeit nach Ablauf des mindestens achtstündigen Teiles. Schließlich kann

---

[214] § 16 AZG.
[215] § 13b Abs 4 AZG.
[216] § 13b AZG.
[217] §§ 15d, 22c AZG, Art 12 VO 561/2006.
[218] § 13c AZG.
[219] OGH 28. 3. 1995, 10 ObS 289/9.
[220] § 13c Abs 3, § 15a AZG.
[221] § 13c AZG.

er auch zulassen, dass die tägliche Ruhezeit drei Mal pro Woche auf mindestens neun zusammenhängende Stunden verkürzt wird. In diesem Fall ist dem Lenker anschließend bis zum Ende der folgenden Woche eine zusätzliche Ruhezeit im Ausmaß der Verkürzung zu gewähren.

Als **Nachtarbeit** gilt im Hinblick auf das Recht auf Versetzung, Information und Untersuchung wie allgemein die Zeit zwischen 22.00 und 5.00 Uhr, hinsichtlich der Arbeitszeit und der Ruhezeiten jedoch zwischen 0.00 und 4.00 Uhr. An Nachtarbeitstagen darf die Arbeitszeit zehn Stunden nicht überschreiten. Anstelle der üblichen zusätzlichen Ruhezeiten sind Nachtarbeitsstunden durch eine Verlängerung einer täglichen oder wöchentlichen Ruhezeit im Ausmaß der geleisteten Stunden binnen 14 Tagen auszugleichen. Der Kollektivvertrag kann aus objektiven, technischen oder arbeitsorganisatorischen Gründen Abweichungen von diesen Bestimmungen zulassen.[222]

Die EU-VO 165/2006 enthält Vorschriften für die Verwendung von Kontrollgeräten, Schaublättern, Ausdrucken und Fahrerkarten. Sie gilt für alle VO-Fahrzeuge und für jene im regionalen Kraftfahrlinienverkehr eingesetzten Fahrzeuge, die mit einem (digitalen oder analogen) **Kontrollgerät** iSd EWG-Kontrollgeräte-VO 3821/85 ausgestattet sind. Für alle übrigen Kraftfahrzeuge gelten diese Bestimmungen nur, wenn das Kraftfahrzeug mit keinem Kontrollgerät ausgestattet ist oder wenn der Lenker an Stelle des Kontrollgerätes ein **Fahrtenbuch** führt. Dieses Fahrtenbuch haben sie im Dienst bei sich zu führen und Kontrollorganen vorzuweisen. Der Arbeitgeber hat darüber ein Verzeichnis anzulegen und zudem Aufzeichnungen über sämtliche geleistete Arbeitsstunden von Lenkern zu führen, diese mindestens 24 Monate lang aufzubewahren und dem Arbeitsinspektorat zur Verfügung zu stellen.

Sind die Fahrzeuge mit einem **digitalen Kontrollgerät** ausgestattet, treffen den Arbeitgeber besondere Informations-, Aufsichts-, Aufzeichnungs- und Aufbewahrungspflichten, zudem ist er für die ordnungsgemäße Handhabung des Geräts verantwortlich (s dazu die äußerst detaillierten Bestimmungen der §§ 17a bis 17c AZG im Anhang).[223] Der Arbeitgeber ist für die Einhaltung dieser Verpflichtungen nicht erst aufgrund konkreter Anlassfälle verantwortlich. Er hat vielmehr von vornherein sicherzustellen, dass sie eingehalten werden.[224] Der Arbeitgeber muss auch dafür sorgen, dass die Daten aus dem digitalen Kontrollgerät und der Fahrerkarte des Lenkers rechtzeitig auf einen externen Datenträger übertragen und davon unverzüglich Sicherungskopien gemacht werden. Diese Daten sind dem Arbeitsinspektorat in elektronischer Form und auf Verlangen als Ausdruck zu übermitteln.

In seinem **Dienstzettel** ist der Lenker auf die arbeitszeitrechtlichen Vorschriften hinzuweisen und anzugeben, wo diese eingesehen werden können.[225]

---

[222] § 13c Abs 3, § 14 AZG.
[223] *Schrank*, Arbeitszeit⁵ §§ 17a bis 17c AZG.
[224] VwGH 18. 8. 2015, Ro 2015/11/0003.
[225] § 17c AZG.

Im Hinblick auf die **Schadenersatz- und Regresspflicht** von Lenkern wird die Anwendung des Dienstnehmerhaftpflichtgesetzes konkretisiert. Nach diesem Gesetz ist bei der Haftungsentlastung der Arbeitnehmer neben dem Verschuldensgrad auch auf die Bedingungen Bedacht zu nehmen, unter denen die Dienstleistung erbracht wird und auch darauf, ob mit der Dienstleistung ein Schadenseintritt nur schwer vermeidbar war. Bei Lenkern ist in diesem Zusammenhang zu berücksichtigen, ob eine zulässige Entgeltvereinbarung getroffen wurde und Verstöße gegen die besondere Informationspflicht oder die Arbeitszeitbestimmungen für Lenker vorlagen, sofern diese Verstöße Einfluss auf den Schaden haben konnten.[226]

3. Sonstige Fahrzeuge

62 Zwischen zwei Ruhezeiten darf die **tägliche Lenkzeit** acht Stunden und die **Wochenlenkzeit** 48 Stunden nicht überschreiten. Durch Kollektivvertrag kann jedoch eine tägliche Lenkzeit bis zu neun Stunden – zweimal wöchentlich sogar bis zu zehn Stunden – oder eine Ausdehnung der Wochenlenkzeit auf 56 Stunden zugelassen werden, doch darf innerhalb von zwei aufeinanderfolgenden Wochen die Lenkzeit 90 Stunden nicht überschreiten.[227]

63 Nach einer Lenkzeit von vier Stunden muss eine **Lenkpause** von mindestens 30 Minuten gewährt werden.[228] Auf sie können Zeiten angerechnet werden, die der Lenker, ohne es zu lenken oder andere Arbeiten auszuüben, im fahrenden Fahrzeug zubringt. Die Lenkpause ist ein Sonderfall der allgemeinen Ruhepause, daher ist bei ihrer Einhaltung diese Ruhepause konsumiert.[229] Der Kollektivvertrag kann gestatten, dass an Stelle dieser Lenkpause eine Lenkpause, wie sie für VO-Fahrzeuge gilt, eingelegt wird. Lenkpausen können nicht auf die tägliche Ruhezeit angerechnet werden.

Für Lenker im **regionalen Kraftfahrlinienverkehr** kann der Kollektivvertrag zulassen, dass erst nach einer Lenkdauer von viereinhalb Stunden eine ununterbrochene Pause von wenigstens 45 Minuten (oder geteilt einmal 15 und einmal 30 Minuten) einzulegen ist,[230] dass die tägliche Ruhezeit dreimal wöchentlich auf mindestens neun zusammenhängende Stunden (gegen Ausgleich durch eine zusätzliche Ruhezeit in der nächsten Woche) verkürzt wird[231] oder dass Zeiten, in denen ein Lenker ein Fahrzeug auf einem Fährschiff oder der Eisenbahn begleitet, als Ruhepausen oder Ruhezeiten gelten.[232]

64 Arbeitgebern von Lenkern obliegen **besondere Entgeltpflichten**. Lenker dürfen nur nach der aufgewendeten Zeit entlohnt werden. Unzulässig ist die

---

[226] § 15f AZG.
[227] § 14a AZG.
[228] § 15 AZG.
[229] VwGH 22. 4. 1997, 94/11/0108.
[230] § 15a AZG.
[231] § 15a AZG.
[232] § 15b AZG.

Entlohnung daher nach gefahrenen Kilometern, nach der Menge der beförderten Güter, durch Prämien oder Zuschläge. Eine leistungsbezogene Entlohnung ist nur zulässig, wenn sie nicht geeignet ist, die Sicherheit im Straßenverkehr zu beeinträchtigen oder Verstöße gegen das AZG zu begünstigen.[233])

4. VO-Fahrzeuge

Die VO 561/2006 gilt nach österreichischem Recht für Fahrten von VO-Fahrzeugen auf sämtlichen öffentlichen Straßen auch in Drittstaaten.[234]) Sie enthält Bestimmungen über die zulässigen Lenkzeiten, Ruhepausen und Ruhezeiten. In den übrigen, die Arbeitszeit betreffenden Fragen sind die allgemeinen Regeln des AZG bzw die gemeinsamen Bestimmungen für Lenker anzuwenden. Nicht anwendbar sind dagegen die oben dargestellten speziellen Bestimmungen für das Lenken sonstiger Fahrzeuge (§§ 14a bis 15d AZG).

Die Fahrzeuge müssen gemäß Art 3 der VO 165/2014 mit einem digitalen oder analogen **Kontrollgerät** ausgestattet sein.

Die **tägliche Lenkzeit** darf höchstens neun Stunden, zweimal in der Woche jedoch zehn Stunden betragen. **In einer Woche** kann die Lenkzeit bis zu 56 Stunden betragen, wenn die durchschnittliche wöchentliche Arbeitszeit 48 Stunden nicht übersteigt. Die summierte Gesamtlenkzeit während zweier aufeinander folgender Wochen darf jedoch 90 Stunden nicht überschreiten.[235]) Der Kollektivvertrag kann eine **Verlängerung der Einsatzzeit** soweit zulassen, dass die vorgeschriebene tägliche Ruhezeit eingehalten wird.[236])

Nach einer Lenkzeit von höchstens viereinhalb Stunden ist eine **Fahrtunterbrechung** von mindestens 45 Minuten einzulegen; die ausschließlich der Erholung dient.[237]) Der Kollektivvertrag kann ihre Ersetzung durch einige kürzere Pausen oder eine 30 Minutenpause nach viereinhalb Lenkstunden gestatten.[238])

Der Lenker muss innerhalb von 24 Stunden (im Mehrfahrerbetrieb jedoch innerhalb von 30 Stunden) nach dem Ende seiner letzten Ruhezeit eine **tägliche Ruhezeit** einhalten. Für Alleinfahrer beträgt die Ruhezeit mindestens elf Stunden, sie können diese aber auch verlängern oder zwischen zwei wöchentlichen Ruhezeiten bis zu dreimal auf neun oder zehn Stunden verkürzen. Im Mehrfahrerbetrieb (s Rz 65) beträgt die tägliche Ruhezeit neun Stunden.

Innerhalb von jeweils zwei aufeinanderfolgenden Wochen hat der Fahrer entweder zwei regelmäßige **wöchentliche Ruhezeiten** von je 45 Stunden oder eine regelmäßige und eine bis auf 24 Stunden verkürzte wöchentliche Ruhezeit

---

[233]) § 15c AZG.
[234]) § 13 Abs 2 AZG.
[235]) Art 6 der VO.
[236]) § 16 Abs 4 AZG.
[237]) Art 7 der VO. Sonderbestimmungen für den Mehrfahrerbetrieb bei Tourneetransporten mit Spezialkraftwagen zur Personenbeförderung s § 13c AZG.
[238]) § 15a Abs 4 AZG.

einzuhalten.[239]) Die Verkürzung muss durch eine gleichwertige ununterbrochene Ruhepause ausgeglichen werden, die innerhalb von drei Wochen genommen werden muss. Verfügt das Fahrzeug über Schlafmöglichkeiten, können die tägliche und die reduzierte wöchentliche Ruhezeit auch im stehenden Fahrzeug genommen werden. Für Mehrfahrerbetrieb (zwischen zwei Ruhezeiten müssen mindestens zwei Lenker vorhanden sein) mit Spezialkraftwagen[240]) und kombinierte Beförderung (s Rz 17) gelten Sonderbestimmungen.[241])

5. Arbeitnehmer in Betrieben des öffentlichen Verkehrs

66 Weitere, die allgemein geltenden Bestimmungen ergänzende, Regelungen gelten für Arbeitnehmer im öffentlichen Verkehr.[242]) Erfasst ist grundsätzlich das Personal von Eisenbahn-, Straßenbahn-, Oberleitungsomnibus-, Seilbahn-, Hafen- und Schifffahrtsunternehmen sowie das fliegende und das Flughafen- und Flugsicherungspersonal (s § 18 im Anhang), und zwar auch dann, wenn die Arbeitnehmer kurzfristig andere Tätigkeiten ausüben. Für diese Arbeitnehmer kann der Kollektivvertrag (sofern keiner anwendbar ist, die Betriebsvereinbarung) verschiedene Modifikationen der allgemein geltenden Bestimmungen zulassen. Für einen mehrwöchentlichen Zeitraum kann er eine abweichende Verteilung der täglichen und wöchentlichen Normalarbeitszeit gestatten, sofern die gesetzliche Normalarbeitszeit im Durchschnitt nicht überschritten wird. Soweit dies zur Aufrechterhaltung des Verkehrs erforderlich ist, kann er dabei eine Tagesarbeitszeit von mehr als zehn Stunden bzw bei regelmäßiger Arbeitsbereitschaft in erheblichem Umfang (s Rz 31) oder bei erhöhtem Arbeitsbedarf sogar von mehr als zwölf Stunden gestatten. Für Arbeitsleistungen, die Warte- und Bereitschaftszeiten einschließen, kann der Kollektivvertrag besondere Regelungen über das Ausmaß der Wochenarbeitsleistung, sowie über die Bewertung der Warte- und Bereitschaftszeiten als Arbeitszeit vorsehen. Als Obergrenze dürften dabei 60 Stunden gelten.[243]) Er kann auch Abweichungen von den gesetzlichen Pausenregelungen gestatten, soweit dies im Arbeitnehmerinteresse liegt oder betrieblich notwendig ist.

67 Für Arbeitnehmer in **Straßenbahn-, Oberleitungsomnibus- und Seilbahnunternehmen** kann der Kollektivvertrag eine Verkürzung der täglichen Ruhezeit bis auf acht Stunden zulassen, wenn sie innerhalb der nächsten 21 Tage durch entsprechende Verlängerung einer täglichen oder wöchentlichen Ruhezeit ausgeglichen wird. An höchstens zwei Tagen pro Woche kann er eine weitere Verkürzung bis auf sechs Stunden gestatten, wobei die erste Verkürzung innerhalb von sieben, die zweite innerhalb von 14 Tagen ausgeglichen

---

[239]) Art 8 der VO.
[240]) § 13c Abs 6 AZG.
[241]) Dazu *Schrank*, Arbeitszeit[5] Art 9 der VO.
[242]) §§ 18 ff AZG. Details s bei *Pfeil* in *Auer-Mayer/Felten/Pfeil,* AZG[4] §§ 18 ff.
[243]) *Pfeil* in *Auer-Mayer/Felten/Pfeil,* AZG[4] § 18 Rz 12.

werden muss.²⁴⁴) Für Lenker in Oberleitungsomnibusunternehmen gelten neben diesen Bestimmungen auch jene über Ruhepausen und Nachtarbeit für sonstige Lenker.²⁴⁵)

Für das **Zugpersonal** (Triebfahrzeugführer und Zugbegleiter) von Haupt- und Nebenbahnen gelten Sonderbestimmungen.²⁴⁶) Die Fahrtzeit von Triebfahrzeugführern darf zwischen zwei Ruhezeiten neun Stunden – werden jedoch mindestens drei Stunden zwischen 22.00 und 5.00 Uhr gefahren, acht Stunden – nicht überschreiten. Arbeiten sie grenzüberschreitend, darf die Fahrzeit innerhalb von zwei aufeinander folgenden Wochen höchstens 80 Stunden betragen.²⁴⁷) Für das gesamte Zugpersonal sind die allgemeinen Bestimmungen über die Ruhepausen, und damit auch die Teilungsmöglichkeiten, nicht anwendbar. Beträgt die Arbeitszeit des Zugpersonals mehr als sechs Stunden, ist eine Pause von 30 Minuten einzulegen. Beträgt sie mehr als acht Stunden, verlängert sich die Pause für Triebwagenführer auf 45 Minuten. Die zeitliche Lage und die Länge der Ruhepause müssen eine effektive Erholung des Zugpersonals ermöglichen.²⁴⁸) Die Literatur deutet diese unklare Bestimmung in der Weise, dass die Pause erforderlichenfalls zu verlängern ist.²⁴⁹) Für nur im Inland eingesetzte Arbeitnehmer kann der Kollektivvertrag Abweichungen bei den Fahrzeiten der Triebwagenführer und den Ruhepausen des Zugpersonals vorsehen.²⁵⁰)

Die tägliche Ruhezeit für das gesamte **grenzüberschreitend** eingesetzte Personal beträgt zwölf Stunden, kann jedoch verkürzt werden.²⁵¹) Eine Verkürzung bis auf neun Stunden ist einmal pro Woche bei einer entsprechenden Verlängerung der nächstfolgenden Ruhezeit am Wohnort zulässig, darf jedoch nicht zwischen zwei Ruhezeiten außerhalb des üblichen Wohnortes gelegt werden. Wird die Ruhezeit außerhalb des üblichen Wohnortes genommen, kann sie zwar ohne Ausgleich bis auf acht Stunden gekürzt werden, doch muss ihr dann eine tägliche Ruhezeit am Wohnort folgen.

Die **Arbeitszeitaufzeichnungen** für das Zugpersonal hat der Arbeitgeber mindestens ein Jahr aufzubewahren.²⁵²)

Für Arbeitnehmer in Unternehmen der **Binnenschifffahrt** kann die Tagesarbeitszeit zehn Stunden und bei regelmäßiger Arbeitsbereitschaft in erheblichem Umfang (s Rz 31) zwölf Stunden überschreiten, wenn dies die Aufrechterhaltung des Verkehrs erfordert. Maximal sind jedoch nur 14 Stunden erlaubt. Zudem müssen zwei weitere Bedingungen eingehalten werden. Die Arbeitneh-

---

²⁴⁴) § 18a AZG.
²⁴⁵) §§ 13a, 18a AZG.
²⁴⁶) § 18f AZG.
²⁴⁷) § 18i AZG.
²⁴⁸) § 18h AZG.
²⁴⁹) *Schrank*, Arbeitszeit⁵ § 18h AZG Rz 4; *Pfeil* in ZellKomm³ § 18k AZG Rz 5.
²⁵⁰) § 18j AZG.
²⁵¹) § 18g AZG.
²⁵²) § 18k AZG.

mer dürfen innerhalb einer Kalenderwoche in den Nachtstunden zwischen 23.00 und 6.00 Uhr höchstens 42 Stunden beschäftigt werden. Und innerhalb einer Kalenderwoche muss die wöchentliche Ruhezeit zusammen mit den täglichen Ruhezeiten mindestens 84 Stunden betragen. Der Kollektivvertrag kann eine Zweiteilung der Ruhezeit gestatten, wobei ein Teil mindestens sechs Stunden betragen muss. Er kann aber auch eine Verkürzung der täglichen Ruhezeit zulassen, wenn die Verkürzung innerhalb der nächsten zehn Kalendertag durch eine verlängerte Tages- oder Wochenruhezeit ausgeglichen wird. Der Aushang der Arbeitszeiteinteilung und die Führung der Arbeitszeitaufzeichnungen haben an Bord zu erfolgen. Die Aufzeichnungen sind spätestens bis zum Ende des Durchrechnungszeitraums aufzubewahren und gemeinsam vom Arbeitgeber und Arbeitnehmer bis zum nächsten Wochenende zu prüfen und zu bestätigen. Jeder Arbeitnehmer hat eine Kopie zu erhalten und muss sie ein Jahr mitführen.[253])

Für Arbeitnehmer in **Hafenunternehmen** kann der Kollektivvertrag eine Verkürzung der täglichen Ruhezeit bis auf acht Stunden gestatten, doch muss er bei jeder Verkürzung unter zehn Stunden weitere Maßnahmen zur Sicherstellung der Erholung der Arbeitnehmer vorsehen. Ruhezeiten von weniger als zehn Stunden dürfen nicht geteilt werden, bei längeren Ruhezeiten muss einer von zwei Teilen mindestens sechs Stunden betragen. Jede Verkürzung ist innerhalb der nächsten zehn Kalendertage durch eine entsprechende Verlängerung der täglichen oder wöchentlichen Ruhezeit auszugleichen.[254])

Arbeitnehmern in Unternehmen der **Seeschifffahrt** muss nach Beendigung der Tagesarbeitszeit eine ununterbrochene Ruhezeit von zehn Stunden gewährt werden. Der Kollektivvertrag kann ihre Teilung in zwei Abschnitte zulassen, zwischen denen jedoch höchstens 14 Stunden liegen dürfen. Ein Teil muss mindestens sechs Stunden umfassen. Innerhalb von sieben aufeinanderfolgenden Tagen müssen die gesamten Ruhezeiten mindestens 72 Stunden betragen. Die erforderlichen Aufzeichnungen sind auch in Englisch zu verfassen, zu bestätigen und in Kopien an den Arbeitnehmer auszuhändigen.[255])

69 Für das **fliegende Personal** von Luftverkehrsunternehmen gelten die allgemeinen Bestimmungen des AZG über Arbeitszeit, Ruhepausen, Ruhezeiten, zusätzliche Ruhezeiten bei Nachtarbeit, Rufbereitschaft und Reisezeiten nicht. Auf diese Arbeitnehmer sind vielmehr für gewerbliche Flüge oder Flüge mit Lufttaxis die Teilabschnitte FTL und Q der EU-VO 965/2012 und bei allen anderen Flügen die Anhänge 1 und 2 der österreichischen Verordnung über die Voraussetzungen für die Erteilung des Luftverkehrsbetreiberzeugnisses (AOCV)[256]) anzuwenden. Das AZG legt für diese Arbeitnehmer auch keine Normalarbeitszeit fest, sondern begrenzt die zulässige Zeit ab dem erstmaligen

---

[253]) § 18b Abs 3–9 AZG.
[254]) § 18b Abs 1 AZG.
[255]) § 18c AZG.
[256]) BGBl II 2008/254.

IX. Sonder- und Ausnahmebestimmungen

Anrollen des Flugzeuges bis zu seinem Stillstand (Blockzeit) mit 900 Stunden und die gesamte Arbeitszeit mit 2000 Stunden jeweils pro Kalenderjahr, wobei die Jahresarbeitszeit möglichst gleichmäßig verteilt werden soll. Zudem ist der Arbeitsrhythmus den Bedürfnissen des Arbeitnehmers anzupassen.[257]) Für das **Flughafen- und Flugsicherungspersonal** kann der Kollektivvertrag zulassen, dass die tägliche Ruhezeit bis auf zehn Stunden verkürzt wird, wenn spätestens sechs Stunden nach dieser Ruhezeit eine zusätzliche Ruhepause von 30 Minuten gewährt wird.[258])

6. Apotheker in öffentlichen Apotheken

Sonderbestimmungen gibt es auch für berufsberechtigte Apotheker in öffentlichen Apotheken. Entgegen der Überschrift des Abschnittes 6 des AZG gelten diese Bestimmungen jedoch nicht für Anstaltsapotheken, da Apotheker die dem Krankenanstalten-Arbeitszeitgesetz (s Rz 113) unterliegen, nicht in den Geltungsbereich des AZG fallen.[259])

70

Für Apotheker in öffentlichen Apotheken, in deren Arbeitszeit wegen des Bereitschaftsdienstes der Apotheken regelmäßig und in erheblichem Umfang Arbeitsbereitschaft fällt, kann der Kollektivvertrag **verlängerte Arbeitszeiten** gestatten. Dieser verlängerte Dienst kann entweder bis zu 25 Stunden betragen oder innerhalb eines Durchrechnungszeitraums von 17 bis 26 Wochen so gestaltet werden, dass sich eine durchschnittliche Wochenarbeitszeit von höchstens 48 Stunden ergibt. Der Kollektivvertrag kann zudem gestatten, dass die Wochenarbeitszeit in einzelnen Wochen dieses Durchrechnungszeitraums bis zu 72 Stunden beträgt, doch sind mehr als 60 Wochenstunden höchstens in vier aufeinanderfolgenden Wochen zulässig. Die Arbeitgeber haben ein aktuelles Verzeichnis dieser Apotheker zu führen.

Für Apotheker, in deren Arbeitszeit keine oder nur unerhebliche Arbeitsbereitschaft fällt, kann der Kollektivvertrag zusätzlich zu den 20 allgemein bei erhöhtem Bedarf zulässigen weitere zehn Überstunden pro Woche gestatten.

Eine **Verlängerung auf 48 bis 60 Wochenstunden** setzt voraus, dass ihr der Apotheker schriftlich zugestimmt hat. Die Zustimmung muss jedoch außerhalb eines Zusammenhanges mit der Begründung des Dienstverhältnisses erfolgen. Die Arbeitgeber haben ein Verzeichnis jener Arbeitnehmer zu führen, die zugestimmt haben. Die Zustimmung kann jeweils acht Wochen vor dem nächsten Durchrechnungszeitraum widerrufen werden; diese Frist verlängert sich auf 17 Wochen, wenn der Durchrechnungszeitraum mehr als 17 Wochen beträgt. Apotheker, die keine Zustimmung erteilt oder diese widerrufen haben, dürfen deshalb nicht benachteiligt werden. Dieses **Diskriminierungsverbot** bezieht sich auf sämtliche Arbeitsbedingungen, die Verlängerung und

---

[257]) § 18e AZG.
[258]) § 18d AZG.
[259]) § 1 Abs 2 Z 10 AZG.

71 Apotheken, die innerhalb eines Kalenderjahres an mindestens 80 Tagen Bereitschaftsdienst leisten, dürfen diesen in **Ruferreichbarkeit**[260] **verrichten**.[261] Diese darf allerdings nur an 15 Tagen pro Monat, bei Zulassung durch den Kollektivvertrag an 45 Tagen innerhalb von 13 Kalenderwochen (höchstens allerdings an 30 aufeinanderfolgenden Tagen) vereinbart werden. Leistet der Apotheker während dieses Bereitschaftsdienstes Arbeiten, kann die tägliche Ruhezeit im Ausgleich gegen die Verlängerung späterer Ruhezeiten unterbrochen werden. Für Vertreter alleinarbeitender Apothekenleiter ist ununterbrochene Ruferreichbarkeit höchstens in vier aufeinanderfolgenden Wochen zulässig. Nach jeder von ihnen sind zwei Tage pro Vertretungswoche arbeitsfrei zu geben.

B. Ausnahmen

1. Unvorhergesehene und nicht zu verhindernde Gründe

72 Liegen unvorhergesehene und nicht zu verhindernde Gründe vor und können andere zumutbare Maßnahmen nicht getroffen werden, dürfen **unaufschiebbare Arbeiten vorübergehend** vorgenommen werden.[262] Das Gesetz erwähnt zwei solcher Gründe: Die Arbeiten müssen zur Abwendung einer unmittelbaren Gefahr für die Sicherheit des Lebens oder die Gesundheit von Menschen bzw bei Notstand (s Rz 85) sofort vorgenommen werden. Oder sie sind zur Behebung einer Betriebsstörung, zur Verhütung des Verderbens von Gütern oder eines sonstigen unverhältnismäßigen wirtschaftlichen Sachschadens erforderlich. Die Judikatur wendet diese Ausnahmebestimmung restriktiv an.[263] Es müsse sich um Ereignisse handeln, die außerhalb des gewöhnlichen Betriebsablaufes liegen und nur nach strengsten Maßstäben zu einer vorübergehenden Durchbrechung der gesetzlichen Schutzvorschriften berechtigen. Daher hält sie der VwGH weder bei bloßer Personalknappheit,[264] noch bei Kapazitätsproblemen wegen eines Großauftrags,[265] noch dann für gegeben, wenn eine bereits angekündigte Betriebseröffnung nicht zeitgerecht erfolgen kann und Pönale in beträchtlicher Höhe fällig werden.[266] Die Umstände, die zusätzliche Arbeit erforderlich machen, dürfen zudem weder regelmäßig auftreten noch vorhersehbar sein.[267]

---

[260] § 8 Abs 5a Apothekengesetz.
[261] § 19a Abs 7 AZG.
[262] § 20 AZG
[263] Vgl etwa VwGH 14. 11. 2018, Ra 2017/11/0263.
[264] VwGH 30. 9. 1993, 92/18/0118.
[265] OGH 9 ObA 63/95 RdW 1996, 27.
[266] VwGH 15. 12. 1995, 95/11/0372.
[267] VwGH 30. 9. 1993, 92/18/0118.

IX. Sonder- und Ausnahmebestimmungen

Diese Bestimmung gestattet Ausnahmen hinsichtlich der Höchstarbeitszeit, der Begrenzung der Normalarbeitszeit, der Ruhezeiten, der Nachtarbeit und der Sonderbestimmungen für Lenker und für Betriebe des öffentlichen Verkehrs.

Liegen besonders schwerwiegender Umstände des öffentlichen Interesses vor, können durch Verordnung weitere Ausnahmen hinsichtlich der Dauer der Ruhepausen zugelassen oder abweichende Regelungen getroffen werden.[268]

2. Reisezeiten

Auf passiven Reisezeiten (s Rz 13) kann die tägliche Ruhezeit verkürzt werden, wenn während der Reisezeit ausreichende Erholungsmöglichkeiten bestehen.[269] Das Gesetz gibt dafür keine Grenze an. Der Kollektivvertrag kann jedoch festlegen, in welchen Fällen dies der Fall ist. Bestehen während der Reisezeit keine ausreichenden Erholungsmöglichkeiten, kann der Kollektivvertrag die tägliche Ruhezeit jedoch nur bis auf acht Stunden verkürzen. Ergibt sich als Folge am nächsten Arbeitstag ein späterer Arbeitsbeginn, ist die Differenz zum normalen Beginn auf die Arbeitszeit anzurechnen. Beide Formen der Verkürzung können nur zweimal pro Kalenderwoche vorgenommen werden. **73**

3. Gefährliche Arbeiten

Für Arbeiten, die mit einer besonderen Gefährdung der Gesundheit verbunden sind, kann durch Verordnung eine kürzere Arbeitszeit oder die Einhaltung längerer Ruhepausen oder Ruhezeiten angeordnet werden.[270] Diese angeordneten zusätzlichen Arbeitspausen gelten als Arbeitszeit. **74**

Bei **Reparaturarbeiten** (Zustellungen) in heißen Öfen oder Konvertern in Eisen- oder Stahlhüttenbetrieben mit einer Innentemperatur von mehr als 30° C sowie in heißen Kokereiöfen darf die Wochenarbeitszeit 40 Stunden nicht überschreiten.[271] Dies gilt auch für Reparaturarbeiten (Zustellungen) in Hochöfen, in denen mit Kohlenstoffsteinen gearbeitet wird. Wird die Arbeitszeit an einzelnen Werktagen regelmäßig verkürzt, darf sie an den übrigen Tagen der Woche acht Stunden nicht überschreiten.

---

[268] § 23 AZG.
[269] § 20b AZR
[270] § 21 AZG.
[271] § 22 AZG.

Teil 2
Arbeitsruhegesetz

I. Wöchentliche und Feiertagsruhe

A. Wochenendruhe

Die Regelungen über die wöchentlichen Ruhezeiten finden sich im ARG. **75** Darunter ist Freizeit des AN zu verstehen, die dieser zur Erholung oder zu anderen beliebigen Zwecken verwenden kann. Wie das AZG ist auch das ARG grundsätzlich auf alle Arbeitnehmer (nicht jedoch leitende Angestellte) anwendbar. Der Geltungsbereich entspricht mit geringfügigen Abweichungen jenem des AZG (ausgenommen sind Arbeitnehmer, die unter das KJBG,[272]) TAG[273]) oder das Seeschifffahrtsgesetz[274]) fallen, bzw Arbeitnehmer von Kraftfahrlinienunternehmungen[275]) für die zwingende dienstrechtliche Vorschriften über die wöchentliche Ruhezeit gelten). Zusätzlich unterliegen nicht in Betrieben beschäftigte Arbeitnehmer gesetzlich anerkannter Kirchen und Religionsgesellschaften dem ARG, wenn für diese keine gleichwertige interne Regelung besteht.

Während der Wochenend- und Ersatzruhe darf der Arbeitnehmer nur in Ausnahmefällen beschäftigt werden (s Rz 84). **Rufbereitschaft** während dieser Zeiten darf jedoch vereinbart werden, jedoch nur während zwei wöchentlicher Ruhezeiten pro Monat.[276])

Unter dem Oberbegriff wöchentliche Ruhezeit versteht das ARG sowohl die Wochenendruhe als auch die Wochenruhe. Die **Wochenendruhe** muss eine ununterbrochene Ruhezeit von 36 Stunden umfassen, in die der Sonntag fällt.[277]) Sie muss für alle Arbeitnehmer am Samstag spätestens um 13.00 Uhr bzw für Arbeitnehmer, die mit unbedingt notwendigen Abschluss-, Reinigungs-, Instandhaltungs- oder Instandsetzungsarbeiten beschäftigt sind, spätestens um 15.00 Uhr beginnen. Werden Fenstertage eingearbeitet, kann die Einarbeitung der Wochenendruhe auch am Samstagnachmittag erfolgen,[278]) wobei ihr Beginn bis nach 18.00 Uhr aufgeschoben werden darf. Wird ein Arbeitnehmer während der Wochenendruhe beschäftigt, hat er auf Verlangen

---

[272]) BGBl 1987/599.
[273]) BGBl I 2010/100.
[274]) BGBl 1981/174.
[275]) BGBl I 1999/203.
[276]) § 6a ARG.
[277]) § 3 ARG.
[278]) VwGH 4. 9. 1992, 92/18/0245.

Anspruch auf die zur Erfüllung seiner religiösen Pflichten notwendige Freizeit, wenn diese Pflichten nicht außerhalb der Arbeitszeit erfüllt werden können und die Freistellung von der Arbeit mit den Erfordernissen des Betriebes vereinbar ist. Dieser Anspruch muss spätestens zwei Tage vorher, wenn die Vereinbarung jedoch erst später erfolgt, sofort geltend gemacht werden.[279]

B. Wochenruhe

76 Werden Arbeitnehmer während der Wochenendruhe in zulässiger Weise beschäftigt, haben sie zum Ausgleich an Stelle der Wochenendruhe in jeder Kalenderwoche Anspruch auf eine ununterbrochene Ruhezeit von 36 Stunden, in die ein ganzer Wochentag fallen muss (**Wochenruhe**). Wurden sie jedoch rechtswidrig beschäftigt, bleibt es beim Anspruch auf Wochenendruhe.[280]

C. Sonderregelungen

1. Schichtarbeit

77 Das Ausmaß der wöchentlichen Ruhezeit kann im Schichtplan bei Schichtwechseln[281] bis auf 24 Stunden verkürzt werden, doch muss dem Arbeitnehmer innerhalb von jeweils vier Wochen eine durchschnittliche wöchentliche Ruhezeit von 36 Stunden gesichert sein.[282] Zur Berechnung dürfen nur mindestens 24-stündige Ruhezeiten herangezogen werden. Der zuständige Bundesminister kann auf Antrag des Arbeitgebers für die Schichtpläne Abweichungen genehmigen. Die Wochenendruhe hat bei nicht durchlaufender mehrschichtiger Arbeitsweise spätestens Samstag um 24.00 Uhr, bei einer werktags durchlaufenden mehrschichtigen Arbeitsweise, dh bei Schichten mit voller Dauer von 24 Stunden pro Tag,[283] spätestens mit Ende der Nachtschicht zum Sonntag zu beginnen und darf frühestens mit Beginn der Nachtschicht zum Montag enden.[284]

2. Lenker von Kraftfahrzeugen

78 Sonstige Fahrzeuglenker (s Rz 62) haben in jeder Woche Anspruch auf eine ununterbrochene wöchentliche Ruhezeit von mindestens 45 Stunden, die auf 36 zusammenhängende Stunden verkürzt werden kann. Eine weitere Verkürzung auf 24 zusammenhängende Stunden kann der Kollektivvertrag außerhalb des Standortes des Fahrzeuges oder des Heimatortes des Lenkers gestat-

---

[279] § 8 ARG.
[280] VwGH 17. 6. 1993, 91/19/0265.
[281] So Art 17 Abs 4 lit a der RL 2003/88/EG und *Pfeil* in ZellKomm³ § 6a ARG Rz 11.
[282] § 5 ARG.
[283] VwGH 19. 4. 1994, 93/11/0246.
[284] § 3 ARG.

ten. Jede Verkürzung muss jedoch durch eine zusammenhängende Ruhezeit innerhalb der nächsten drei Wochen ausgeglichen werden. Zwischen zwei wöchentlichen Ruhezeiten dürfen höchstens sechs Tage liegen. Der Ausgleich ist – über Verlangen des Lenkers – zusammen mit einer anderen mindestens achtstündigen Ruhezeit am Aufenthaltsort des Fahrzeugs oder am Heimatort des Lenkers zu gewähren.[285]) Endet eine wöchentliche Ruhezeit erst in der nächsten Woche, kann sie auch dieser zugerechnet werden. Für den grenzüberschreitenden Personenverkehr kann der Kollektivvertrag gestatten, dass zwischen zwei wöchentlichen Ruhezeiten höchstens zwölf Tage liegen und beide in einem Durchrechnungszeitraum von zwei Wochen spätestens am Ende der zweiten Woche zusammen gewährt werden.

Für VO-Lenker beträgt die wöchentliche Ruhezeit in zwei aufeinanderfolgenden Wochen entweder zwei Ruhezeiten zu mindestens 45 Stunden oder jeweils eine Ruhezeit zu 45 und eine andere zu 24 Stunden. Die wöchentliche Ruhezeit hat spätestens am Ende von sechs 24-Stunden-Zeiträumen nach dem Ende der vorangegangenen wöchentlichen Ruhezeit zu beginnen.[286])

3. Großbaustellen

Für Arbeitnehmer auf Großbaustellen, die im öffentlichen Interesse betrieben werden, oder auf Baustellen der Wildbach- und Lawinenverbauung in Gebirgsregionen kann der Kollektivvertrag die wöchentliche Ruhezeit für einzelne Wochen kürzen oder zur Gänze streichen, wenn in einem vierwöchigen Durchrechnungszeitraum eine durchschnittliche wöchentliche Ruhezeit von 36 Stunden gesichert ist.[287]) Zur Berechnung dürfen nur mindestens 24-stündige Ruhezeiten herangezogen werden.

79

4. Tageszeitungen

Für Arbeitnehmer, die bei der Herstellung oder beim Vertrieb von Tageszeitungen und Montagsfrühblättern beschäftigt sind, kann der Kollektivvertrag die wöchentliche Ruhezeit bis auf 24 Stunden verkürzen, wenn in einem vierwöchigen Durchrechnungszeitraum eine durchschnittliche wöchentliche Ruhezeit von 36 Stunden gesichert ist.[288]) Zur Berechnung dürfen nur Ruhezeiten von mindestens 24-stündiger Dauer herangezogen werden.

80

D. Ersatzruhe

Hat der Arbeitnehmer während der wöchentlichen Ruhezeit gearbeitet, besteht in der nächsten Arbeitswoche Anspruch auf Ersatzruhe, die auf die

81

---

[285]) § 22b ARG mit Sonderbestimmungen für den grenzüberschreitenden Personenverkehr.
[286]) Art 8 VO (EG) 561/2006.
[287]) § 5 Abs 5 ARG.
[288]) § 5 Abs 6 ARG.

Arbeitszeit anzurechnen ist.[289]) Sie hat so viele Stunden zu dauern, wie der Arbeitnehmer in den letzten 36 Stunden während der Ruhezeit gearbeitet hat. Der Arbeitgeber kann die Lage der Ersatzruhe nicht einseitig festsetzen. Hat er mit dem Arbeitnehmer vor der Aufnahme der Arbeit keinen anderen Zeitpunkt vereinbart, ist die Ersatzruhe unmittelbar vor dem Beginn der nächsten wöchentlichen Ruhezeit zu gewähren. Wird der Arbeitnehmer während der Ersatzruhe beschäftigt, steht ihm eine weitere Ersatzruhe zu, deren Lage einvernehmlich festzulegen ist. Auch während dieser nachgeholten Ersatzzeit kann der Arbeitnehmer nur zur Abwendung einer unmittelbaren Gefahr für die Sicherheit des Lebens oder für die Gesundheit von Menschen oder bei Notstand beschäftigt werden. Eine nochmalige Ersatzruhe gebührt dann jedoch nicht.

E. Feiertagsruhe

82 An den gesetzlichen Feiertagen ist Arbeitnehmern eine ununterbrochene Ruhezeit von mindestens 24 Stunden zu gewähren, die frühestens um 0.00 Uhr und spätestens um 6.00 Uhr des Feiertages beginnt.[290]) Fällt der Feiertag auf einen Sonntag oder eine wöchentliche Ruhezeit, sind die für diese Fälle geltenden allgemeinen Bestimmungen anzuwenden. Wurde für die Normalarbeitszeit an Feiertagen Zeitausgleich vereinbart, muss dieser mindestens einen Kalendertag oder 36 Stunden umfassen. Bei werktags durchlaufender mehrschichtiger Arbeitsweise hat die Feiertagsruhe spätestens mit Ende der Nachtschicht zum Feiertag zu beginnen und darf frühestens mit Beginn der Nachtschicht zum nächsten Werktag enden.

Früher galt der **Karfreitag** kraft Gesetzes und Kollektivvertrag für Angehörige von drei Kirchen als Feiertag. Da der EuGH[291]) diese Bestimmungen als europarechtswidrig erkannt hat, wurden sie aufgehoben.[292]) Nunmehr besitzt jeder Arbeitnehmer einmal im Jahr Anspruch auf einen persönlichen Feiertag, der jedoch als Urlaubstag gilt. Anders als andere Urlaubstage, deren Lage einvernehmlich festgelegt werden muss, kann der Arbeitnehmer diesen persönlichen Feiertag einseitig festlegen, muss dies jedoch schriftlich mindestens drei Monate im Vorhinein tun. Macht der Arbeitnehmer auf Ersuchen des Arbeitgebers von seiner Freistellung an diesem Tag keinen Gebrauch, steht ihm neben dem für die geleistete Arbeit gebührenden Entgelt zusätzlich Urlaubsentgelt zu und behält er zudem den Anspruch auf diesen Urlaubstag.

Wird ein Arbeitnehmer während der Feiertagsruhe beschäftigt, kann er die zur **Erfüllung seiner religiösen Pflichten** notwendige Freizeit verlangen, wenn diese Pflichten nicht außerhalb der Arbeitszeit erfüllt werden können

---

[289]) § 6 AZG.
[290]) § 7 ARG.
[291]) EuGH 20. 1. 2019, C-193/17, *Cresco*.
[292]) BGBl I 2019/22.

und die Freistellung von der Arbeit mit den Erfordernissen des Betriebes vereinbar ist. Der Anspruch muss jedoch zwei Tage vorher, wenn die Vereinbarung jedoch später erfolgt, sofort geltend gemacht werden.[293])

F. Feiertagsentgelt

Während der Feiertags- oder der Ersatzruhe behält der Arbeitnehmer den Anspruch auf jenes Entgelt, das er für die Arbeit an diesem Tag verdient hätte (Ausfallsprinzip).[294]) Nach diesem Prinzip soll der Arbeitnehmer während der Nichtarbeitszeiten so gestellt werden, als hätte er die ausgefallene Arbeit tatsächlich erbracht, und soll daher weder einen wirtschaftlichen Nachteil noch einen Vorteil erfahren.[295]) Zu berücksichtigen sind alle Entgelte für die regelmäßig während der letzten 13 Wochen erbrachten Leistungen, wie etwa Überstunden.[296]) Bei schwankendem Entgelt (zB bei Provisionen), ist das Durchschnittsentgelt für die letzten 13 Wochen heranzuziehen.[297]) Fällt der Feiertag auf einen Arbeitstag, ist auch das Entgelt bei Erkrankung fortzuzahlen.[298]) Für Leistungslöhne oder leistungsbezogene Prämien berechnet sich das fortzuzahlende Entgelt nach dem Durchschnitt der letzten 13 voll gearbeiteten Wochen (bei kürzerer Beschäftigungsdauer der bisher zurückgelegten Zeit), wobei jedoch das Entgelt für nur ausnahmsweise geleistete Arbeiten unberücksichtigt bleibt. Nur ein Generalkollektivvertrag[299]) könnte festlegen, **welche** Leistungen als Entgelt anzusehen sind. Dagegen kann jeder Branchenkollektivvertrag die **Berechnungsart** und damit auch den Berechnungszeitraum[300]) abweichend vom Gesetz regeln. Wird der Arbeitnehmer während der Feiertagsruhe beschäftigt, steht ihm zusätzlich zum Feiertagsentgelt das Entgelt für die geleistete Arbeit oder ein vereinbarter Zeitausgleich zu.

83

G. Ausnahmen von der Wochenend- und Feiertagsruhe

Die Liste der zulässigen Ausnahmen vom Beschäftigungsverbot während der Wochenend- und Feiertagsruhe ist lang. So dürfen branchenunabhängig Arbeitnehmer mit folgenden Arbeiten beschäftigt werden:[301])

84

- **Reinigung, Instandhaltung oder Instandsetzung** soweit sich diese Arbeiten während des regelmäßigen Arbeitsablaufes nicht ohne Unterbrechung oder erhebliche Störung ausführen lassen und nicht bis

---

[293]) § 7a ARG.
[294]) § 9 ARG.
[295]) VwGH 14. 2. 2013, 2011/08/0074.
[296]) VwGH 11. 12. 2013, 2011/08/0327.
[297]) VwGH 14. 2. 2013, 2011/08/0074.
[298]) VwGH 23. 4. 2003, 98/08/0287.
[299]) § 18 Abs 4 ArbVG.
[300]) VwGH 20. 2. 2002, 97/08/0521.
[301]) § 10 ARG.

Samstag 15.00 Uhr abgeschlossen werden können. Diese Arbeiten müssen an Betriebsanlagen oder Betriebseinrichtungen vorgenommen werden, etwa an Maschinen, die nur während des Stillstandes gereinigt werden können.[302])

- **Bewachung oder Wartung** von Betriebsanlagen (Bergbauanlagen) oder Wartung von Tieren.
- **Brandschutzarbeiten.**
- **Beförderung** zur und von der Arbeitsstätte.
- **Gesundheitliche Betreuung** und Versorgung mit Speisen und Getränken von Arbeitnehmern, die während der Wochenend- oder Feiertagsruhe beschäftigt werden dürfen.
- **Betreuung**, Beaufsichtigung und Versorgung mit Speisen und Getränken in **Internaten und Heimen**, die während der Wochenend- oder Feiertagsruhe betrieben werden.
- **Be- und Entlüftung, Beheizung oder Kühlung** der Arbeitsräume.
- **Umbauarbeiten** an Betriebsanlagen (Bergbauanlagen), die aus technischen Gründen nur während des Betriebsstillstandes durchgeführt werden können, wenn ein Betriebsstillstand außerhalb der Ruhezeiten mit einem erheblichen Schaden verbunden wäre. Der Schaden muss größer sein als der bei bloßem Ruhen der Betriebstätigkeit regelmäßig auftretende wirtschaftliche Nachteil.[303])

85 **Außergewöhnliche Fälle:** Während der Wochenend- und Feiertagsruhe dürfen Arbeitnehmer in bestimmten Fällen unabhängig von der Art des Betriebes mit **vorübergehenden und unaufschiebbaren Arbeiten** beschäftigt werden.[304]) Es muss sich dabei einmal um Tätigkeiten handeln, die wegen eines **Notstandes** oder zur Abwehr einer unmittelbaren Gefahr für die Sicherheit von Leben oder Gesundheit von Menschen sofort vorzunehmen sind. Der VwGH[305]) versteht den Begriff Notstand iSd § 6 VStG als eine Situation, in der jemand sich oder einen anderen aus schwerer unmittelbarer Gefahr einzig und allein dadurch retten kann, dass er eine im Allgemeinen strafbare Handlung begeht.[306]) Ein weiterer Ausnahmsfall betrifft die **Behebung einer Betriebsstörung**. Ihr ist die Verhütung des Verderbens von Gütern oder des Eintritts eines sonstigen unverhältnismäßigen wirtschaftlichen Schadens gleichgestellt. Bei Vorliegen dieser Umstände wird ein außergewöhnlicher Fall jedoch nur dann anerkannt, wenn der Schadensfall weder vorhersehbar noch zu verhindern ist und andere zumutbare Maßnahmen nicht möglich sind. Der Arbeit-

---

[302]) VwGH 4. 7. 1989, 88/08/0114.
[303]) VwGH 1. 10. 1996, 96/11/0098.
[304]) § 11 ARG.
[305]) VwGH 24. 10. 2000, 99/11/0325.
[306]) Etwa VwGH 24. 7. 2001, 97/21/0622.

geber kann zur Sicherstellung dieser Arbeiten Bereitschaftsdienste oder Rufbereitschaften einrichten, muss dem Arbeitsinspektorat aber die Aufnahme dieser Arbeiten bzw die Anordnung von Bereitschaftsdiensten schriftlich unter Angabe der Gründe und der Anzahl der benötigten Arbeitnehmer anzeigen. Beabsichtigt der Arbeitgeber einen Bereitschaftsdienst einzurichten, hat er dies unter Angabe der Gründe und der Anzahl der benötigten Arbeitnehmer sofort, die tatsächliche Aufnahme der Arbeiten hingegen binnen zehn Tagen nach ihrem Beginn anzuzeigen.

86 Auf **Reisezeiten** (s Rz 13) muss die Wochenend- und Feiertagsruhe nicht eingehalten werden, wenn dies zur Erreichung des Reiseziels notwendig ist oder im Interesse des Arbeitnehmers liegt.[307] Es besteht jedoch grundsätzlich Anspruch auf Ersatzruhe.[308]

87 Arbeitnehmer in **Verkaufsstellen**[309] dürfen an Samstagen bis zum Ende der zulässigen Öffnungszeiten und für unbedingt notwendige Abschluss-, Reinigungs-, Instandhaltungs- oder Instandsetzungsarbeiten noch eine weitere Stunde beschäftigt werden.[310] In vergleichbaren Dienstleistungsbetrieben darf an Samstagen bis 18.00 Uhr, mit Abschlussarbeiten bis 19.00 Uhr gearbeitet werden. Für beide Fälle kann der Kollektivvertrag weitere Ausnahmen vorsehen.

Fällt der **8. Dezember** auf einen Werktag, können Arbeitnehmer in Verkaufsstellen beschäftigt werden, haben aber das Recht, die Beschäftigung auch ohne Angabe von Gründen abzulehnen und dürfen deshalb nicht benachteiligt werden.[311] Einen besonderen Kündigungsschutz wie nach dem AZG (s Rz 45) sieht das ARG jedoch nicht vor.

88 **Generelle Ausnahmen durch Kollektivvertrag:**[312] Der Kollektivvertrag kann weitere Ausnahmen von der Wochenend- und Feiertagsruhe zulassen, wenn dies zur Verhinderung eines wirtschaftlichen Nachteils sowie zur Sicherung der Beschäftigung erforderlich ist. Dabei liegt es im Ermessen der Kollektivvertragsparteien, auch die zulässigen Arbeiten einzeln anzuführen und das für die Durchführung notwendige Zeitausmaß festzulegen.

89 **Ausnahmen durch Betriebsvereinbarung:**[313] Pro Arbeitnehmer und Jahr können durch Betriebsvereinbarung bei vorübergehend auftretendem besonderem Arbeitsbedarf weitere Ausnahmen für vier Wochenenden (nicht jedoch zusammenhängend) oder Feiertage zugelassen werden. In Betrieben

---

[307] § 10a ARG.
[308] *Pfeil* in ZellKomm³ § 10a ARG Rz 6; *Pfeil* in *Auer-Mayer/Felten/Pfeil*, AZG⁴ § 20b Rz 7.
[309] Das sind gemäß § 1 Öffnungszeitengesetz, BGBl I 2003/48, alle für den Kleinverkauf von Waren bestimmte Läden und sonstige Verkaufsstellen von Unternehmungen, die der Gewerbeordnung 1994 unterliegen.
[310] § 22f ARG.
[311] § 13a ARG.
[312] § 12a ARG.
[313] § 12b ARG.

ohne Betriebsrat kann diese Arbeit schriftlich mit jedem einzelnen Arbeitnehmer vereinbart werden, doch kann er sie ohne Angabe von Gründen ablehnen und darf wegen dieser Ablehnung nicht benachteiligt werden. Würde er deshalb gekündigt, steht ihm der oben (s Rz 45) dargestellte besondere Kündigungsschutz zu.

90 Ausnahmen durch **Verordnungen**:[314] Eine detaillierte Auflistung der bundesweit von Ausnahmen erfassten Branchen und Tätigkeiten enthält die Arbeitsruhegesetz-Verordnung, BGBl 1984/149 (s im Anhang). Weitere Verordnungen können im öffentlichen Interesse Ausnahmen für bestimmter Betriebe zulassen.[315] Für den Bereich eines Bundeslandes können die Landeshauptleute im Falle eines außergewöhnlichen regionalen Bedarfs für Versorgungsleistungen entsprechende Verordnungen erlassen.[316]

91 Ausnahmen in **Einzelfällen**: Der zuständige Bundesminister kann auf Antrag des Arbeitgebers und nach Anhörung der gesetzlichen Interessenvertretungen der Arbeitgeber und Arbeitnehmer Ausnahmen für bestimmte Arbeitnehmer eines Betriebes bewilligen, wenn dies wegen der Neuerrichtung oder Änderung einer Betriebsanlage oder der Einführung eines neuen Verfahrens erforderlich ist. Für Bergbaubetriebe ist dies auch in weiteren Fällen möglich.[317]

92 Auf **Märkten und marktähnlichen Veranstaltungen**[318] kann während der Wochenend- oder Feiertagsruhe im örtlich und zeitlich bewilligten Rahmen dieser Veranstaltung im unbedingt notwendigen Ausmaß gearbeitet werden.[319]

93 Dasselbe gilt für **Messen und messeähnliche Veranstaltungen**.[320] Darunter werden entweder regelmäßig wiederkehrende Fach- und Publikumsmessen oder unregelmäßig stattfindende Veranstaltungen verstanden, die eher der Information als dem Verkauf dienen. Es muss sich jedenfalls um Veranstaltungen handeln, die von den Ausstellern nicht selbst bewältigt werden können und außerhalb der Betriebsstätten der Aussteller stattfinden. Während der Messe sind von 9.00 bis 18.00 (im Sommer bis 19.00) Uhr die zur Durchführung der Messe sowie zur Betreuung und Beratung der Messebesucher erforderlichen Arbeiten gestattet. Ab zwei Wochen vor Beginn der Messe sind Vorbereitungsarbeiten zulässig, Abschlussarbeiten jedoch nur dann, wenn diese nicht durch zumutbare organisatorische Maßnahmen außerhalb der Ruhezeiten möglich sind.

---

[314] §§ 12, 13 ARG.
[315] § 14 ARG.
[316] § 13 ARG.
[317] Details s in § 15 ARG.
[318] ISd §§ 286–294 GewO.
[319] § 16 ARG.
[320] § 17 ARG.

I. Wöchentliche und Feiertagsruhe

In **Verkaufsstellen in Bahnhöfen**, Autobusbahnhöfen, Flughäfen und Schiffslandeplätzen dürfen Lebensmittel, Reiseandenken, Reisebedarf und Trafikwaren auch während der Wochenend- und Feiertagsruhe verkauft werden. Die Verkaufsstelle darf grundsätzlich höchstens 80 m² groß und nicht von außerhalb der Einrichtung zugänglich sein.[321]   **94**

Für folgende **Berufsgruppen** kann der Kollektivvertrag in einzelnen Wochen eine Unterschreitung der wöchentlichen Ruhezeit von 36 Stunden oder ihren völligen Ausfall gestatten, wenn in einem von ihm festgelegten Zeitraum eine durchschnittliche Ruhezeit von 36 Stunden erreicht wird (herangezogen dürfen nur 24-stündige Ruhezeiten werden), wobei auch die Ersatzruhe abweichend festgelegt werden kann: **95**

Für Arbeitnehmer in **Verkehrsbetrieben**, im **Schiffsdienst**,[322] für angestellte allgemein berufsberechtigte **Apotheker** in öffentlichen Apotheken oder Anstaltsapotheken,[323] sowie für Arbeitnehmer im **Bewachungsgewerbe**.[324]

Das **grenzüberschreitend eingesetzte Zugpersonal** hat zusätzlich zur 36-stündigen wöchentlichen Ruhezeit Anspruch auf die Verlängerung von je zwölf dieser Ruhezeiten pro Jahr auf 60 Wochenstunden, die Samstage und Sonntage einschließen müssen, und auf weitere zwölf Ruhezeiten ohne Einbeziehung von Samstagen und Sonntagen. Zusätzlich stehen ihnen 28 weitere 24-stündige Ruhezeiten zu.[325]

Für das **fliegende Personal** von Luftfahrunternehmen verdrängen kollektivvertragliche Regelungen über die wöchentliche Ruhezeit die gesetzlichen Bestimmungen. Ansonsten stehen die wöchentlichen Ruhezeiten im Sinne der unter Rz 69 für gewerbliche Flüge (Lufttaxis) genannten europäischen Regeln zu. Für sämtliche Flüge gebühren jedoch jedenfalls in jedem Kalenderjahr in jedem Kalendermonat im Durchschnitt mindestens acht, pro Kalendermonat jedoch mindestens sieben arbeitsfreie Kalendertage am Wohnsitzort.[326]

---

[321] § 118 ARG.
[322] § 19 ARG. Siehe die Sonderbestimmung hinsichtlich der Durchrechnung für die Binnenschifffahrt in Abs 6.
[323] § 21 ARG.
[324] § 22 ARG.
[325] § 19a ARG.
[326] § 19 Abs 4 ARG.

Teil 3
Gemeinsame Bestimmungen

I. Spezielle Arbeitgeberpflichten

A. Aushangpflicht

Der Arbeitgeber ist verpflichtet, an einer für den Arbeitnehmer leicht zugänglicher Stelle einen Aushang über den Beginn und das Ende der Normalarbeitszeit, die Zahl und Dauer von Ruhepausen und der wöchentlichen Ruhezeit, sowie die regelmäßige Lage von Ruhepausen, gut sichtbar anzubringen. Als Alternative kann er sich geeigneter sonstiger Datenträger, elektronischer Datenverarbeitung oder Telekommunikationsmittel bedienen. Wurde Gleitzeit eingeführt, genügt die Angabe des Gleitzeitrahmens, der Übertragungsmöglichkeiten sowie der Dauer und Lage der wöchentlichen Ruhezeit.[327]   **96**

B. Aufzeichnungs- und Auskunftspflicht

Der Arbeitgeber hat in der Betriebsstätte Aufzeichnungen über die geleisteten Arbeitsstunden, über Ort, Dauer und Art der Beschäftigung aller während der Wochenend-, Wochen-, Ersatz- oder Feiertagsruhe beschäftigten Arbeitnehmer und über die gewährte Ersatzruhe zu führen sowie Beginn und Dauer eines Durchrechnungszeitraums festzuhalten.[328] Für die Bordbesatzung sind Dienstpläne und Arbeitszeitaufzeichnungen an Bord der Schiffe zu führen; auf Seeschiffen in den Arbeitssprachen und in Englisch.[329] Die Arbeitnehmer können einmal monatlich die kostenfreie Übermittlung ihrer Arbeitszeitaufzeichnungen verlangen.   **97**

Wurde eine fixe Arbeitszeiteinteilung schriftlich festgehalten, muss der Arbeitgeber deren Einhaltung am Ende jeder Entgeltzahlungsperiode oder auf Verlangen des Arbeitsinspektorates bestätigen; laufend aufzuzeichnen sind nur Abweichungen von dieser Einteilung. Auf ihr Verlangen muss der Arbeitgeber den Arbeitnehmern einmal monatlich ihre Arbeitszeitaufzeichnungen kostenfrei übermitteln.   **98**

Mit dem Arbeitnehmer kann vereinbart werden, dass der Arbeitnehmer die Arbeitszeitaufzeichnungen selbst zu führen hat (in Saisonbetrieben mit verkürzter Ruhezeit jedoch nicht zulässig). In diesem Fall trifft den Arbeitgeber   **99**

---

[327] § 25 AZG, § 24 ARG.
[328] § 26 AZG, § 25 ARG.
[329] § 25a ARG.

die Verpflichtung, den Arbeitnehmer zur ordnungsgemäßen Führung dieser Aufzeichnungen anzuleiten. Diese Bestimmung erscheint jedoch europarechtlich bedenklich. Der EuGH[330]) verlangt von den Mitgliedstaaten, die Arbeitgeber zur Einrichtung eines Systems zu verpflichten, mit dem die von jedem Arbeitnehmer geleistete tägliche Arbeitszeit objektiv und verlässlich gemessen werden kann, da nur dadurch die tatsächliche Einhaltung der Höchstarbeitszeit und Mindestruhezeiten sichergestellt werden könne. Die Ausnahme für den Fall, dass die Arbeitszeit von den Arbeitnehmern selbst bestimmt werden kann, komme nur wegen besonderer Merkmale der ausgeübten Tätigkeit in Betracht. Diese Einschränkung enthält das AZG nicht. Es wird daher bei den Gerichten liegen, diese Bestimmung im Sinne der Richtlinie einzuschränken.

Werden die Aufzeichnungen bei Gleitzeitarbeit durch Zeiterfassungssystem geführt, hat der Arbeitgeber dem Arbeitnehmer nach dem Ende einer Gleitzeitperiode Einsicht zu gewähren oder ihm auf sein Verlangen eine Abschrift zu übermitteln. Können Arbeitnehmer die Lage ihrer Arbeitszeit und ihren Arbeitsort weitgehend selbst bestimmen oder üben sie ihre Tätigkeit überwiegend in ihrer Wohnung aus, sind ausschließlich Aufzeichnungen über die Dauer der Tagesarbeitszeit erforderlich. Verpflichtet die Betriebsvereinbarung diese Arbeitnehmer dazu, die Aufzeichnungen selbst zu führen, hat sie der Arbeitgeber anzuleiten und muss sich die Aufzeichnungen regelmäßig aushändigen lassen und kontrollieren.

100 **Keine Verpflichtung** zur Aufzeichnung von Ruhepausen besteht, wenn eine Betriebsvereinbarung (in Betrieben ohne Betriebsrat eine schriftliche Einzelvereinbarung) Beginn und Ende der Ruhepausen festlegt oder wenn sie es dem Arbeitnehmer überlässt, innerhalb eines festgelegten Zeitraums die Ruhepausen selbst zu nehmen und dies auch tatsächlich eingehalten wird.

101 Der Arbeitgeber hat dem **Arbeitsinspektorat** die erforderlichen Auskünfte zu erteilen und auf Verlangen Einsicht in die Aufzeichnungen über die geleisteten Arbeitsstunden zu geben.

C. Kontrollsystem

102 In ständiger Rechtsprechung hält der VwGH den Arbeitgeber für verpflichtet, ein dem konkreten Betrieb entsprechendes **wirksames Kontrollsystem** zur Einhaltung der Arbeitszeitvorschriften einzurichten und darüber hinaus alle sonstigen im konkreten Betrieb möglichen und zumutbaren Maßnahmen zu treffen, die erforderlich sind, die Einhaltung der Arbeitszeit zu gewährleisten. Dazu gehört auch, dass er die Arbeitsbedingungen und Entlohnungsmethoden so gestaltet, dass sie keinen Anreiz zur Verletzung der Arbeits-

---

[330]) EuGH C-55/18, *Federación de Servicios de Comisiones Obreras (CCOO)*.

zeitvorschriften darstellen.[331]) Das Kontrollsystem muss auch ein geeignetes Sanktionssystem bei Verstößen des Arbeitnehmers enthalten.[332])

II. Strafbestimmungen

Viele Bestimmungen des AZG richten sich nach ihrer Formulierung an den Arbeitnehmer und tragen diesem etwa die Einhaltung von Ruhepausen und Ruhezeiten sowie von Höchstarbeitszeiten auf. Kommt es jedoch zu Verstößen, ist nicht der Arbeitnehmer, sondern – sofern ihn ein Verschulden daran trifft – der Arbeitgeber verwaltungsstrafrechtlich verantwortlich.[333]) Die Verantwortung für die Führung persönlicher Fahrtenbücher liegt jedoch bei den Lenkern und Beifahrern.[334]) Nur wenn der Arbeitgeber glaubhaft machen kann, dass ein Arbeitnehmer trotz des bestehenden Kontrollsystems ohne sein Wissen und ohne seinen Willen gegen die Arbeitszeitvorschriften verstoßen hat, kann ihm dieser Verstoß verwaltungsstrafrechtlich nicht zugerechnet werden.[335]) Im Speziellen hat der an der Spitze der Unternehmenshierarchie stehende Anordnungsbefugte zu gewährleisten, dass die auf der jeweils übergeordneten Ebene erteilten Anordnungen (Weisungen) zur Einhaltung arbeitszeitrechtlicher Vorschriften auch bis zur untersten Hierarchieebene gelangen und dort tatsächlich befolgt werden.[336]) Die bloß stichprobenartige Überprüfung der Einhaltung von Weisungen genügt nicht.[337]) Der Arbeitgeber macht sich allerdings nicht strafbar, wenn sich Verstöße durch das Kontrollsystem nicht hätten verhindern lassen oder wenn ein an sich taugliches Kontrollsystem im Einzelfall versagt hat.[338])

Der Arbeitgeber kann sich von seiner strafrechtlichen Verantwortlichkeit durch die Bestellung eines **verantwortlichen Beauftragten** für räumlich oder sachlich abgegrenzte Bereiche eines gegliederten Unternehmens[339]) entlasten. Bestellt er jedoch lediglich einen Bevollmächtigten iSd § 28 AZG oder § 27 ARG, ist dies nur dann der Fall, wenn er den Nachweis erbringen kann, dass er Maßnahmen getroffen hat, die unter den vorhersehbaren Verhältnissen die Einhaltung der gesetzlichen Vorschrift mit gutem Grund erwarten lassen.[340])

Ausgenommen von Sonderfällen, in denen strengere (gerichtliche) Strafen vorgesehen sind, werden Übertretungen des AZG und ARG als Verwaltungs-

103

---

[331]) VwGH 29. 1. 2004, 2003/11/0289.
[332]) VwGH 19. 9. 2016, Ra 2016/11/0112.
[333]) VwGH 15. 3. 1994, 93/11/0263.
[334]) VwGH 22. 10. 1990, 90/19/0341.
[335]) VwGH 29. 1. 2004, 2003/11/0289.
[336]) VwGH 17. 6. 2013, 2010/11/0079.
[337]) VwGH 9. 7. 1992, 91/19/0270.
[338]) VwGH 23. 4. 1996, 95/11/0411.
[339]) § 9 Abs 2 und 4 VStG.
[340]) VwGH 27. 9. 1988, 88/08/0088.

übertretungen in Form von Geldstrafen bestraft. Die Höhe dieser Strafen ist je nach Delikt gestaffelt und erhöht sich für den Wiederholungsfall. Verstöße gegen die Aufzeichnungspflichten sind hinsichtlich jedes einzelnen Arbeitnehmers gesondert zu bestrafen, wenn durch das Fehlen der Aufzeichnungen die Feststellung der tatsächlich geleisteten Arbeitszeit unmöglich oder unzumutbar wird. Werden Schutzvorschriften im Hinblick auf mehrere Arbeitnehmer verletzt, liegen mehrere Übertretungen vor. Liegen zwischen Tathandlungen gleicher Art und im Hinblick auf denselben Arbeitnehmer nicht mehr als zwei Wochen, ist von einem fortgesetzten Delikt auszugehen.[341] Wurden die Verwaltungsübertretungen im Ausland begangen, gelten sie als an jenem Ort begangen, an dem sie festgestellt wurden.

Im Folgenden wird ein Überblick gegeben, die detaillierten Straftatbestände finden sich im Anhang (§ 28 AZG und § 27 ARG).

A. Strafbestimmungen nach § 28 AZG

1. Geldstrafen zwischen 20,– und 436,– Euro

104 Diese Strafen können gegen Arbeitgeber verhängt werden,[342] die keine zusätzlichen Ruhezeiten bei Nachtarbeit (s Rz 42) gewähren, die Bestimmungen über Ruferreichbarkeit und Rufbereitschaft, über Melde-, Auskunfts- und Einsichtspflichten gegenüber dem Arbeitsinspektorat, über Aufzeichnungspflichten, über Pflichten zur Untersuchung von Nachtarbeitnehmern (s Rz 42) oder über Informationspflichten gegenüber Teilzeitarbeitnehmern bzw Bescheide des Arbeitsinspektorats verletzen. Erhöhte Strafen für Wiederholungsfälle sind bei diesen Tatbeständen nicht vorgesehen.

2. Geldstrafen zwischen 72,– und 1.815,– Euro, im Wiederholungsfall zwischen 145,– und 1.815,– Euro

105 Diese Strafen können gegen Arbeitgeber verhängt werden, die gegen die Bestimmungen über die tägliche und wöchentliche Höchstarbeitszeit, Höchstgrenzen von Fahrzeiten, Ruhepausen, tägliche Ruhezeit (samt Ausgleichsmaßnahmen), Aufzeichnungs- und Aufbewahrungspflichten, gegen Verordnungen über Ausnahmegenehmigungen oder gegen Bescheide des Arbeitsinspektorats zu Ruhepausen verstoßen.[343] Die Überschreitung der zulässigen täglichen und der zulässigen Wochenarbeitszeit sind ebenso wie die Überschreitung der zulässigen Tages- bzw Wochenarbeitszeit einerseits und die Nichtgewährung der täglichen bzw wöchentlichen Mindestruhezeit andererseits zwei verschiedene Delikte.[344]

---

[341] VwGH 22. 2. 2018, Ra 2017/11/0066.
[342] § 28 Abs AZG.
[343] § 28 Abs 2 AZG.
[344] VwGH 22. 2. 2018, Ra 2017/11/0066.

II. Strafbestimmungen

106 Arbeitgeber sind in diesem Ausmaß auch strafbar, wenn sie die gesetzlichen und in Verordnungen enthaltenen Schutzbestimmungen für **Lenker von Kraftfahrzeugen** (s Rz 17, 60 ff) bezüglich von Höchstarbeitszeit, Ruhepausen, tägliche Ruhezeit, Aufzeichnung von Arbeitszeitdaten und Führung des Fahrtenbuches nicht einhalten.[345]) Die Strafe erhöht sich auf 145,- Euro bis 2.180,- Euro, im Wiederholungsfall von 200,- bis 3.600,- Euro, wenn die Arbeitgeber ihre Pflichten betreffend das digitale Kontrollgerät oder Aufzeichnungen und Aufbewahrung verletzen.

3. Geldstrafen zwischen 218,- und 3.600,- Euro

107 Diese Strafen können verhängt werden, wenn die Höchstgrenze der täglichen oder wöchentlichen Arbeitszeit um mehr als 20 % überschritten wurde oder die tägliche Ruhezeit rechtswidrig weniger als acht Stunden betragen hat.[346]) Erhöhte Strafen für den Wiederholungsfall sind nicht vorgesehen.

4. Geldstrafen für VO-Fahrzeuge

108 Werden die für diese Fahrzeuge geltenden Bestimmungen (s Rz 65) verletzt, hängt die Strafe vom Schuldausmaß ab. Bei **leichten** Übertretungen der Bestimmungen über das Kontrollgerät, das Schaublatt, den Ausdruck oder die Fahrerkarte beträgt das Strafausmaß 145,- bis 2.180,- Euro, im Wiederholungsfall 200,- bis 3.600,- Euro. Bei Nichteinhaltung der sonstigen Arbeitgeberpflichten verringert sich der Strafsatz auf 72,- bis 1.815,- Euro, im Wiederholungsfall auf 145,- bis 1.815,- Euro. Bei **schwerwiegenden** Übertretungen drohen Strafen von 200,- bis 2.180,- Euro, im Wiederholungsfall von 250,- bis 3.600,- Euro, bei **sehr schwerwiegenden** Übertretungen von 300,- bis 2.180,- Euro, im Wiederholungsfall von 350,- bis 3.600,- Euro und bei **schwersten** Übertretungen von 400,- bis 2.180,- Euro, im Wiederholungsfall von 450,- bis 3.600,- Euro. Die Einstufung als leichte, schwerwiegende oder sehr schwerwiegende Übertretung soll sich nach Anhang III der Richtlinie 2006/22/EG richten,[347]) der jedoch nur aufzählt, was als Verstoß anzusehen ist, ohne die verschiedenen Verstöße jedoch zu gewichten.

5. Geldstrafen für das fliegende Personal

109 Für Verstöße gegen die für das fliegende Personal geltenden Bestimmungen (s Rz 69) sind Strafen in der Höhe von 218,- bis 2.180,- Euro, im Wiederholungsfall von 360,- bis 3.600,- Euro vorgesehen.

---

[345]) § 28 Abs 3 AZG.
[346]) § 28 Abs 4 AZG.
[347]) § 28 Abs 6 AZG.

3. Gemeinsame Bestimmungen

B. Geldstrafen nach § 27 ARG

110 Arbeitgeber sind mit Geldstrafen von 72,- bis 2.180,- Euro, im Wiederholungsfall von 145,- bis 2.180,- Euro zu bestrafen, wenn sie gegen die Bestimmungen über die Wochen- und Wochenendruhe, wöchentliche Ruhezeit, Rufbereitschaft, Feiertagsruhe, Freizeit zur Erfüllung religiöser Pflichten oder Entgelt für Feiertage und Ersatzruhe verstoßen.

Geldstrafen von 218,- bis 3.600,- Euro sind zu verhängen, wenn die wöchentliche Ruhezeit rechtswidrig weniger als 24 Stunden betragen hat.

111 Bei Verstößen gegen die wöchentliche Ruhezeit gemäß der VO 561/2006 (s Rz 65) sind leichte Übertretungen mit 72,- bis 1.815,- Euro, im Wiederholungsfall von 145,- bis 1.815,- Euro, schwerwiegende Übertretungen mit 200,- bis 2.180,- Euro, im Wiederholungsfall von 250,- bis 3.600,- Euro und sehr schwerwiegende Übertretungen mit 300,- bis 2.180,- Euro, im Wiederholungsfall von 350,- bis 3.600,- Euro zu bestrafen.

Teil 4
Sonstige Gesetze

I. Allgemeines

Im Folgenden wird ein Überblick über andere Gesetze geboten, die Arbeitszeitbestimmungen enthalten. Dabei wird auf die grundlegenden Bestimmungen, nicht jedoch auf viele Details eingegangen. Gemeinsam ist diesen Gesetzen, dass sie grundsätzlich die wesentlichen Begriffe des AZG (Arbeitszeit, Ruhepause, Ruhezeit usw) verwenden.

112

II. Krankenanstalten-Arbeitszeitgesetz

Dieses Gesetz[348] verdrängt in seinem Geltungsbereich die Bestimmungen des AZG. Sachlich ist es auf Krankenanstalten im weitesten Sinn anzuwenden, dh auf Einrichtungen, die vorwiegend der Behandlung und ärztlichen Betreuung dienen. Unbeachtlich ist, wer Rechtsträger der Krankenanstalt ist, es gilt also für private ebenso wie für öffentliche Anstalten. Persönlich erfasst es Arbeitnehmer und Beamte, die als Angehörige von Gesundheitsberufen (vor allem also als Ärzte, Apotheker oder Pflegepersonal) beschäftigt werden. Zusätzlich gilt es auch für weiteres Personal, das zur Aufrechterhaltung des Betriebes ununterbrochen, also auch zur Nachtzeit und an Sonn- und Feiertagen, nötig ist. Ausgenommen sind leitende Dienstnehmer, denen maßgebliche Führungsaufgaben selbstverantwortlich übertragen wurden (s Rz 3) sowie jugendliche Arbeitnehmer, für die das KJBG gilt (s Rz 122). Zu den Details des Geltungsbereichs s § 1 KA-AZG im Anhang.

113

Das Gesetz übernimmt die Begriffe **Arbeitszeit, Tages- und Wochenarbeitszeit** aus dem AZG. Die Arbeitszeit kann pro Tag 13 Stunden und in der einzelnen Woche 60 Stunden betragen, wenn sie im Durchschnitt von 17 Wochen 48 Stunden nicht übersteigt. Die Betriebsvereinbarung (in Anstalten von Gebietskörperschaften eine Vereinbarung mit der Personalvertretung) kann für Dienstnehmer, die nicht durchgehend in Anspruch genommen werden, bei denen die Arbeit also durch Zeiten der bloßen Arbeitsbereitschaft unterbrochen wird, Verlängerungen wegen wichtiger organisatorischer Gründe gestat-

114

---

[348] BGBl I 1997/8. Siehe dazu im Detail *Stärker*, Krankenanstalten-Arbeitszeitgesetz – KA-AZG⁷ (2017); *H. Binder*, Krankenanstalten-Arbeitszeitrecht² (2016).

ten (**verlängerter Dienst**).³⁴⁹) So kann die Tagesarbeitszeit auf 25 Stunden und die durchschnittliche Wochenarbeitszeit innerhalb von 17 Wochen auf 48 Stunden ausgedehnt werden, darf in der Einzelwoche jedoch 72 Stunden nicht überschreiten. Es sind jedoch Übergangsbestimmungen zu beachten. Für Ärzte und Apotheker kann noch bis Ende 2020 eine Tagesarbeitszeit von 29 Stunden zugelassen werden. Für alle Dienstnehmer kann die Betriebsvereinbarung befristet bis 30. 6. 2021 eine Verlängerung der durchschnittlichen Wochenarbeitszeit auf 55 Stunden gestatten; weitere Voraussetzung ist jedoch, dass jeder Dienstnehmer einer solchen Verlängerung im Vorhinein schriftlich zugestimmt hat. Innerhalb von 17 Wochen dürfen nicht mehr als sechs verlängerte Dienste geleistet werden, durch Betriebsvereinbarung oder Einigung mit der Personalvertretung auf acht Dienste ausdehnbar.

Hat die Betriebsvereinbarung keine Verlängerung der Wochenarbeitszeit vorgesehen, darf die durchschnittliche Wochenarbeitszeit zwar 48 Stunden übersteigen, doch sind verlängerte Dienste nur zulässig, wenn den Dienstnehmern während des verlängerten Dienstes ausreichende Erholungsmöglichkeiten zur Verfügung stehen; die zulässige Anzahl der verlängerten Dienste ist in diesem Fall nicht auf sechs begrenzt. Die Betriebsvereinbarung (Einigung mit der Personalvertretung) kann als Wochenarbeitszeit für alle Dienstnehmer mit verlängerten Diensten auch eine andere Stundenanzahl als 168 Stunden (= 7 × 24 Stunden) festlegen.

115 Als **Überstunde**³⁵⁰) gilt eine Überschreitung von acht Stunden, bei ungleichmäßiger Verteilung der Arbeitszeit auf die einzelnen Wochentage jedoch von neun Stunden täglich oder eine Überschreitung von 40 Wochenstunden. Der Kollektivvertrag (wenn kein kollektivvertragsfähiger Arbeitgeberverband besteht, die Betriebsvereinbarung) kann die Überstunde abweichend definieren. Die Dienstnehmer können außerhalb der festgelegten Arbeitszeiteinteilung zu Überstunden nur herangezogen werden, wenn dem keine berücksichtigungswürdigen Gründe entgegenstehen. Wie nach dem AZG gebührt für Überstunden ein Zuschlag von 50 %. In Krankenanstalten von Gebietskörperschaften gelten jedoch davon abweichend die dienstrechtlichen Bestimmungen.

116 Die Bestimmungen über **Nachtarbeit** (Untersuchungen, Versetzungsanspruch, Informationen) entsprechen jenen des AZG (s Rz 42).

117 Ein Anspruch auf **Ruhepausen** besteht ab einer Arbeitszeit von über sechs Stunden. Die Ruhepause hat mindestens 30 Minuten, bei verlängerten Diensten von mehr als 25 Stunden jedoch zweimal mindestens 30 Minuten zu betragen. Können Ruhepausen aus organisatorischen Gründen nicht gewährt werden, ist innerhalb der nächsten zehn Tage die Ruhezeit entsprechend zu verlängern. Nach Beendigung der Tagesarbeitszeit ist den Dienstnehmern eine ununterbrochene **Ruhezeit** von elf Stunden zu gewähren.³⁵¹) Hat die Tagesarbeitszeit

---

³⁴⁹) § 4 KA-AZG.
³⁵⁰) § 5 KA-AZG.
³⁵¹) § 7 KA-AZG.

zwischen 8 und 13 Stunden gedauert, ist die Ruhezeit innerhalb der nächsten zehn Kalendertage um 4 Stunden zu verlängern. Nach dem Ende eines verlängerten Dienstes verlängert sich die Ruhezeit um so viele Stunden, als der verlängerte Dienst 13 Stunden überstiegen hat, beträgt jedoch mindestens 11 Stunden. Für alle dem ARG unterliegenden Dienstnehmer gelten dessen Bestimmungen über die wöchentliche Ruhe, Ersatzruhe und Feiertagsruhe, können durch den Kollektivvertrag (besteht kein solcher durch die Betriebsvereinbarung oder durch Einvernehmen mit der Personalvertretung oder durch das Dienstrecht) jedoch verändert werden; wurde dadurch eine durchschnittliche Ruhezeit von mindestens 36 Stunden innerhalb eines festzulegenden Zeitraums erreicht, kann in einzelnen Wochen die Ruhezeit auch zur Gänze entfallen.[352])

In **außergewöhnlichen und unvorhergesehenen Fällen** finden die Arbeitszeitbestimmungen keine Anwendung, wenn die Patientenbetreuung nicht unterbrochen werden kann oder eine sofortige Betreuung notwendig wird und andere organisatorische Maßnahmen nicht zur Verfügung stehen;[353]) eine Verlängerung der durchschnittlichen Wochenarbeitszeit ist jedoch nur mit schriftlicher Zustimmung des Dienstnehmers zulässig, die nicht im Zusammenhang mit der Begründung des Dienstverhältnisses stehen darf und schriftlich widerrufen werden kann. Die Dienstgebe haben darüber Verzeichnisse zu führen.[354]) Dienstnehmer dürfen wegen der Verweigerung der Zustimmung oder wegen des Widerrufs nicht benachteiligt werden. Für den verlängerten Dienst kann die Betriebsvereinbarung (Einvernehmen mit der Personalvertretung) vorübergehend Ausnahmen im Interesse der Patienten oder zur Aufrechterhaltung des Betriebes vorsehen, wenn Sicherheit und Gesundheitsschutz der Dienstnehmer eingehalten werden und sichergestellt ist, dass einzelnen Dienstnehmern keine Nachteile entstehen, wenn sie nicht bereit sind, diese zusätzlichen Arbeitszeiten zu leisten. Dem Arbeitsinspektorat sind solche Arbeitszeitverlängerungen binnen vier Tagen anzuzeigen; es kann diese Arbeitszeiten verbieten, wenn die erforderlichen Voraussetzungen nicht vorliegen.[355])

Die Arbeitgeber sind verpflichtet, entsprechende Aufzeichnungen über die geleistete Arbeitszeit zu führen und Aushänge über die Diensteinteilung anzubringen.[356])

Bei Verletzung dieser Bestimmungen können **Verwaltungsstrafen** von 218,- bis 2.180,- Euro (im Wiederholungsfall von 360,- bis 3.600,- Euro) ver-

---

[352]) § 7b KA-AZG.
[353]) § 8 KA-AZG. Siehe dazu die Sonderregelungen für den Bereich des BM für Landesverteidigung und Sport (§ 8 Abs 2 im Anhang).
[354]) § 11b KA-AZG.
[355]) § 8 KA-AZG.
[356]) §§ 10, 11 KA-AZG.

hängt werden.[357]) Jede Verletzung der Aufzeichnungspflichten ist gesondert zu bestrafen.

III. Bäckereiarbeiter/innengesetz

121 Dieses Bundesgesetz[358]) gilt[359]) für alle Arbeitnehmer, die überwiegend bei der Erzeugung von Backwaren verwendet werden. Ausgenommen sind Jugendliche, Gastgewerbebetriebe, Konditoreien ohne räumliche und organisatorische Trennung und private Haushalte. Das Gesetz sieht eine **Normalarbeitszeit** von höchstens acht Stunden für den Arbeitstag und höchstens 40 Stunden für die Woche vor. Der Kollektivvertrag kann allerdings eine abweichende Verteilung der Wochenarbeitszeit oder eine Verlängerung der Arbeit an einzelnen Wochen auf 43 Stunden zulassen, wenn die durchschnittliche Wochenarbeitszeit innerhalb des festgelegten Durchrechnungszeitraums 40 Stunden nicht übersteigt. In beiden Fällen kann er neun Stunden Tagesarbeitszeit gestatten. Bei mehrschichtiger Arbeit ist das auch ohne Zulassung durch den Kollektivvertrag gestattet. Ist dies zum Schichtwechsel nötig, kann die Tagesarbeitszeit auf zwölf Stunden verlängert werden.[360])

Bei Vorliegen eines **erhöhten Arbeitsbedarfes** können zwei Überstunden pro Tag, jedoch höchstens zehn Überstunden pro Woche geleistet werden. Die Wochenarbeitszeit kann dabei innerhalb eines Durchrechnungszeitraums von vier Monaten durchschnittlich bis zu 48 Stunden und in der Einzelwoche 50 Stunden betragen. Eine darüber hinaus gehende Ausdehnung der Arbeitszeiten ist nur für vorübergehende und unaufschiebbare Arbeiten zur Behebung einer Betriebsstörung oder zur Verhütung des Verderbens von Gütern zulässig, sofern unvorhergesehene und nicht zu verhindernde Gründe vorliegen und die Verlängerung durch andere zumutbare Maßnahmen nicht vermieden werden könnte. Die verlängerten Arbeitszeiten sind dem Arbeitsinspektorat mit Angabe der Gründe unverzüglich anzuzeigen.[361]) Die Überstunden sind mit einem **Zuschlag** von 50 % zu entlohnen.[362]) Für die Arbeit zwischen 20.00 und 4.00 Uhr gebührt ein **Nachtzuschlag** von 75 %, für die Zeit zwischen 4.00 und 6.00 Uhr ein Zuschlag von 50 %[363]) und für die Arbeit an **Sonntagen** ein Zuschlag von 100 %.[364])

Die Arbeitszeit ist durch eine **Ruhepause** von 30 Minuten zu unterbrechen, von denen jedoch 15 Minuten auf die Arbeitszeit anzurechnen und daher

---

[357]) Details s unter § 12 im Anhang.
[358]) BGBl 1996/410.
[359]) Vgl § 1 im Anhang.
[360]) § 2.
[361]) § 3.
[362]) § 4.
[363]) § 5.
[364]) § 13.

zu bezahlen sind. Das Gesetz enthält keinen Hinweis, ob dieser Anspruch erst nach einer Arbeitszeit von sechs Stunden gebührt, wie dies andere Gesetze vorsehen. Nach dem Wortlaut wäre er unabhängig von der Dauer der Arbeitszeit. Viel spricht jedoch dafür, die Pausenverpflichtung in Analogie zum AZG erst nach einer 6-stündigen Arbeitszeit anzunehmen.[365] Nach jedem Arbeitstag gebührt eine ununterbrochene **Ruhezeit** von elf Stunden.[366]

Jugendliche **Bäckerlehrlinge** über 15 Jahren dürfen ab 4.00 Uhr mit Arbeiten beschäftigt werden, die ihrer Ausbildung dienen. Regelmäßig dürfen sie jedoch vor 6.00 Uhr nur arbeiten, wenn sie vor dem ersten Mal und anschließend in jährlichen Abständen einer Gesundheitsuntersuchung unterzogen werden.[367]

Die Bestimmungen über **Nachtarbeit**[368] **entsprechen jenen des AZG (s Rz 42) und die Regelungen über Wochenendruhe, Ersatzruhe** und **Feiertagsruhe** jenen des ARG (s Rz 75ff, 81f). Zur Ermöglichung von Schichtarbeit kann die wöchentliche Ruhezeit jedoch durch Betriebsvereinbarung (wenn kein Betriebsrat vorhanden, durch schriftliche Vereinbarung) verkürzt werden.[369]

Ausgenommen von der Wochenend- und Feiertagsruhe sind die verschiedenen Backvorgänge und die unaufschiebbare Reinigung und Instanthaltung der Betriebsanlagen.[370] Zur Behebung von Betriebsstörungen oder zur Vermeidung des Verderbens von Gütern sowie wegen Bauarbeiten oder Reparaturen, die den Backvorgang behindern, kann zudem an fünf Wochenenden oder zwei Feiertagen pro Kalenderjahr gearbeitet werden, doch darf dazu nur die unbedingt erforderliche Anzahl von Arbeitnehmern herangezogen werden.[371] Arbeitnehmer, die während der Wochenendruhe beschäftigt wurden, haben zum Ausgleich pro Kalenderwoche Anspruch auf eine ununterbrochene Wochenruhe von 36 Stunden, darunter ein ganzer Wochentag.[372]

Die Verpflichtungen zum Aushang und zur Aufzeichnung der Arbeitszeit[373] entsprechen jenen nach dem AZG und ARG (s Rz 96f).

Die Straftatbestände entsprechen sinngemäß jenen des AZG, die Strafen können einheitlich 20,- bis 1.090,- Euro, im Wiederholungsfall 145,- bis 2.180,- Euro betragen.[374]

---

[365] So auch *Schrank*, Arbeitszeit⁵ § 6 BäckAG Rz 7.
[366] § 7.
[367] § 8.
[368] §§ 8a bis 8d.
[369] Details s § 11 im Anhang.
[370] Details s § 17 im Anhang.
[371] § 17.
[372] § 10.
[373] §§ 18, 19.
[374] § 20.

IV. Kinder- und Jugendlichen-Beschäftigungsgesetz

122 Dieses Gesetz[375] gilt für die Beschäftigung von Kindern und Jugendlichen unter 18 Jahren.[376] Die Bestimmungen über die Normalarbeitszeit und Überstunden entsprechen jenen des AZG (s Rz 21ff, 43), doch ist eine Verlängerung der Arbeitszeit nur nach Zulassung durch den Kollektivvertrag und unter Einhaltung einer durchschnittlichen 40 Stundenwoche zulässig. Fenstertage (s Rz 35) müssen binnen sieben Tagen eingearbeitet werden. Die Tagesarbeitszeit darf bei diesen flexiblen Verteilungen bis auf neun Stunden, die Wochenarbeitszeit bis auf 45 Stunden ausgedehnt werden.

123 Den Jugendlichen muss die zur Erfüllung ihrer **Berufsschulpflicht** erforderliche Freizeit unter Anrechnung der Unterrichtszeit auf die wöchentliche Arbeitszeit bei Lohnfortzahlung gewährt werden. Eine Beschäftigung an diesem Tag ist unzulässig, wenn die Unterrichtszeit[377] mindestens acht Stunden beträgt. Ist sie kürzer, dürfen Unterrichtszeit, Wegzeiten zwischen Betrieb und Schule und Beschäftigung im Betrieb höchstens acht Stunden betragen. Während der Teilnahme an einer lehrgangsmäßigen oder saisonmäßigen Berufsschule darf der Jugendliche nicht beschäftigt werden. Wird ein Jugendlicher zum Berufskraftfahrer ausgebildet, darf seine Lenkzeit (einschließlich in der Fahrschule) höchstens täglich vier und wöchentlich zehn Stunden betragen.[378] Schülervertretern ist die Teilnahme an Schülervertretungssitzungen während der Arbeitszeit unter Lohnfortzahlung zu gewähren.[379] Sonderregeln gelten bei Ferial- oder Pflichtpraktika von unter 15-Jährigen.[380]

124 Jugendliche können aus zwingenden betrieblichen Gründen zu Vor- und Abschlussarbeiten (s dazu Rz 34) bis zu einer halben Stunde täglich und drei Stunden wöchentlich herangezogen werden. Diese Zeit ist spätestens in der folgenden Kalenderwoche durch späteren Beginn oder früheres Ende der Arbeit auszugleichen.

125 Der Anspruch auf eine halbstündige **Ruhepause**[381] besteht bereits ab viereinhalb Stunden und muss spätestens nach sechs Stunden gewährt werden. Während der Ruhepausen, für die nach Möglichkeit eigene Räume bereitzustellen sind, dürfen Jugendliche auch nicht zur Arbeitsbereitschaft verpflichtet werden. Während der Ausbildung zum Berufskraftfahrer muss bei Lenkzeiten ab zwei Stunden eine halbstündige Lenkpause eingelegt werden. Jugendlichen

---

[375] BGBl 1987/599.
[376] Details s § 1 im Anhang.
[377] Siehe § 11 im Anhang.
[378] § 11.
[379] § 11a.
[380] Siehe § 13 im Anhang.
[381] § 15.

ist eine tägliche **Ruhezeit** von zwölf Stunden, unter 15-Jährigen jedoch von 14 Stunden innerhalb von 24 Stunden nach Arbeitsbeginn zu gewähren.[382]

126 Für Jugendliche besteht ein grundsätzliches **Verbot der Nachtarbeit** zwischen 20.00 und 6.00 Uhr. Davon gibt es Ausnahmen:[383] 16-Jährige dürfen im Gastgewerbe bis 23.00 Uhr arbeiten. In Mehrschichtbetrieben dürfen 15-Jährige ab 5.00 Uhr, bzw bei wöchentlichem Schichtwechsel 16-Jährige bis 22.00 Uhr beschäftigt werden. Bis 23.00 Uhr ist eine Beschäftigung bei Theater- oder sonstigen Aufführungen oder bei Foto-, Film-, Fernseh- und Tonaufnahmen zulässig. 15-jährige Bäckerlehrlinge, die nicht unter das BäckAG fallen, können ab 4.00 Uhr zur Berufsausbildung herangezogen werden. Jugendliche, die für den gehobenen Pflegedienst ausgebildet werden, können im letzten Ausbildungsjahr monatlich zu fünf bzw im Ausbildungsjahr zu 30 nicht aufeinander folgenden Nachtdiensten unter Aufsicht diplomierter Fachkräfte verpflichtet werden; nach jedem Nachtdienst ist eine Ruhezeit von zwölf Stunden zu gewähren. Vor Aufnahme einer regelmäßigen Nachtarbeit und anschließend jährlich ist eine Gesundenuntersuchung vorzunehmen.

127 Die generelle **Sonn- und Feiertagsruhe** (s Rz 82) gilt nicht für das Gastgewerbe, für Krankenanstalten und Pflegeheime, Musik- oder sonstige Aufführungen und Arbeiten auf Sport und Spielplätzen, doch muss jeder zweite Sonntag arbeitsfrei sein (abänderbar durch Kollektivvertrag). Der Anspruch auf Feiertagsentgelt entspricht jenem nach dem ARG (s Rz 83).

128 Jugendlichen ist wöchentlich eine ununterbrochene **Wochenfreizeit** von zwei Kalendertagen einzuräumen, die am Samstag um 13.00 Uhr (15.00 Uhr bei Vor- und Abschlussarbeiten) beginnen und den Sonntag einschließen muss. Wenn dies im Interesse der Jugendlichen liegt oder organisatorisch notwendig ist, kann die Wochenfreizeit geteilt werden: der Teil, in den der Sonntag fällt muss jedoch mindestens 43 Stunden betragen (Abweichungen durch Kollektivvertrag möglich). Werden Jugendliche am Samstag beschäftigt, dürfen sie am folgenden Montag, werden sie am Samstag und Sonntag beschäftigt, an den beiden folgenden Tagen nicht eingesetzt werden. Sonderregelungen gibt es für das Gastgewerbe und für Lehrlinge, die frische Lebensmittel be- oder verarbeiten.[384]

129 Müssen in **Notstandssituationen** Arbeiten vorübergehend vorgenommen werden, sind Ausnahmen für über 16-Jährige vorgesehen, wenn keine erwachsenen Arbeitnehmer zur Verfügung stehen: Die Bestimmungen über Nachtarbeit sind nicht anzuwenden, die regelmäßige Arbeitszeit darf überschritten und die Ruhepausen und Ruhezeiten können verkürzt werden, doch hat ein Ausgleich binnen drei Wochen stattzufinden. Diese Arbeiten sind dem Arbeitsinspektorat unverzüglich zu melden.[385]

---

[382] § 16.
[383] § 17.
[384] Siehe § 19 im Anhang.
[385] § 20.

130 Für Verletzungen der Bestimmungen über die zulässigen Arbeitszeiten, Ruhepausen und Ruhezeiten, Nachtarbeit und Wochenfreizeit sind **Geldstrafen** in der Höhe von 72,- bis 1.090,- Euro, im Wiederholungsfall von 218,- bis 2.180,- Euro vorgesehen.[386] Bei wiederholten Verstößen kann die Beschäftigung von Jugendlichen auf bestimmte Zeit oder auf Dauer untersagt werden.[387]

V. Theaterarbeitsgesetz

131 Sämtliche Arbeitnehmer von Theaterunternehmen sind vom ARG und damit auch vom Verbot der Sonn- und Feiertagsarbeit ausgenommen. Für das künstlerische Personal (die Mitglieder) gilt das AZG, doch sieht das Theaterarbeitsgesetz[388] eine geringfügige Abweichung vor.[389] So dürfen die Mitglieder zwischen dem Beginn zweier Abendvorstellungen durch höchstens acht Stunden beschäftigt werden. Der Arbeitgeber kann wegen einer erforderlichen Programmänderung die vorgesehene Lage der **Arbeitszeit** verändern, wenn dem nach einer Interessenabwägung keine berücksichtigungswürdigen Interessen des Mitglieds entgegenstehen.

Jedem Mitglied ist jedenfalls innerhalb von jeweils 14 Tagen eine durchschnittliche **Ruhezeit** von 36 Stunden zu gewähren. Der Kollektivvertrag kann diesen Durchrechnungszeitraum bis zu einem Jahr verlängern oder die Betriebsvereinbarung dazu ermächtigen. Besteht auf Arbeitgeberseite kein Kollektivvertragspartner, kann die Betriebsvereinbarung den Durchrechnungszeitraum bis auf 13 Wochen verlängern. Ist ein Dienstverhältnis auf höchstens sechs Monate befristet, kann vereinbart werden, dass die gesamten Ruhezeiten erst vor Ende der Vertragsdauer gewährt werden; vor Ablauf dieser Ruhezeiten ist die Auflösung des Arbeitsverhältnisses unzulässig.

Während der **wöchentlichen Ruhezeit** darf das Mitglied nur beschäftigt werden, wenn es einer Vertretung für ein verhindertes Mitglied zustimmt oder eine Programmänderung unbedingt erforderlich ist. Als Ausgleich hat es dafür in der folgenden Arbeitswoche Anspruch auf **Ersatzruhe**, die auf seine Wochenarbeitszeit anzurechnen ist und nach dem Ausmaß der in den letzten 36 Stunden vor der nächsten Arbeitswoche geleisteten Arbeitsstunden zu berechnen ist. Vor Antritt der Arbeit, für die Ersatzruhe gebührt, kann ein anderer Zeitpunkt für die Ersatzruhe vereinbart werden.

Bei Nichteinhaltung der Ruhezeitbestimmungen können Verwaltungsstrafen von 72,- bis 2.180,- Euro, im Wiederholungsfall von 145,- bis 2.180,- Euro verhängt werden.

---

[386] § 30.
[387] § 31.
[388] BGBl I 2010/100.
[389] § 17.

Für das **nichtkünstlerische Personal** gilt uneingeschränkt das AZG. Die **132**
Bestimmungen[390]) über Ruhezeiten entsprechen ebenso wie die Strafbestimmungen jenen, die für das künstlerische Personal gelten, und die Bestimmungen über erlaubte Arbeiten während der wöchentlichen Ruhezeit dem ARG.

VI. Mutterschutz- und Väter-Karenzgesetz

Für werdende und stillende Mütter (im Folgenden kurz Mütter genannt) **133**
gelten spezielle Arbeitsverbote nach dem Mutterschutzgesetz.[391]) So dürfen Mütter weder während der 8-wöchigen Schutzfrist vor und nach der Entbindung noch während der Nacht oder an Sonn- und Feiertagen arbeiten. Mütter dürfen auch keine schweren oder Arbeiten leisten, die für sie oder das werdende Kind schädlich sind.[392]) In unserem Zusammenhang ist jedoch nur auf Arbeitszeitfragen einzugehen.[393])

Soweit Mütter Arbeit leisten dürfen, ist die tägliche Arbeitszeit mit neun Stunden (oder durch eine kürzere im Kollektivvertrag festgesetzte tägliche Normalarbeitszeit) und die wöchentliche Arbeitszeit mit 40 Stunden begrenzt.[394]) Werden sie in Arbeitsstätten (Baustellen) beschäftigt, muss der Arbeitgeber dafür sorgen, dass sie sich niederlegen und ausruhen können. Auf Verlangen ist ihnen die zum Stillen der Kinder erforderliche Zeit (je nach Dauer der Tagesarbeitszeit 45 bis 90 Minuten) freizugeben.

Detaillierte Sonderbestimmungen bestehen für **Teilzeitbeschäftigung**.[395]) Mütter (Adoptiv- und Pflegemütter) besitzen in Betrieben mit mindestens 20 Arbeitnehmern Anspruch auf eine Reduktion ihrer wöchentlichen Normalarbeitszeit um 20 % (höchstens jedoch auf zwölf Stunden), wenn sie bereits drei Jahre beschäftigt sind und das Kind im gemeinsamen Haushalt mit ihnen lebt oder sie für das Kind obsorgeberechtigt sind. Dieser Anspruch besteht bis zum 7. Lebensjahr oder bis zum späteren Schuleintritt des Kindes. In kleineren Betrieben mit Betriebsrat kann die Betriebsvereinbarung diesen Anspruch vorsehen. Die Details zur Gestaltung der Teilzeit sind mit dem Arbeitgeber zu vereinbaren.

Väter haben unter den gleichen Voraussetzungen wie Mütter Anspruch **134**
auf Teilzeitbeschäftigung.[396])

---

[390]) § 44.
[391]) BGBl 1979/221.
[392]) So die §§ 3 ff.
[393]) Eingehende Kommentierungen des MSchG s bei *Marat*, Mutterschutzgesetz (2015); *Burger-Ehrnhofer/Schrittwieser/Thomasberger*, Mutterschutzgesetz und Väter-Karenzgesetz² (2013); *Wolfsgruber-Ecker* in ZellKomm³ MSchG.
[394]) § 8.
[395]) Siehe die §§ 15h bis 15p im Anhang.
[396]) §§ 8 ff Väter-Karenzgesetz BGBl 1989/651.

Anhang

Arbeitszeitgesetz – AZG
BGBl 1969/461 idF BGBl I 2018/100

(Auszug)

Abschnitt 1

Geltungsbereich

§ 1. (1) Die Bestimmungen dieses Bundesgesetzes gelten für die Beschäftigung von Arbeitnehmern (Lehrlingen), die das 18. Lebensjahr vollendet haben.

(2) Ausgenommen vom Geltungsbereich dieses Bundesgesetzes sind:
1. Arbeitnehmer, die in einem Arbeitsverhältnis zu einer Gebietskörperschaft, zu einer Stiftung, zu einem Fonds oder zu einer Anstalt stehen, sofern diese Einrichtungen von Organen einer Gebietskörperschaft oder von Personen verwaltet werden, die hiezu von Organen einer Gebietskörperschaft bestellt sind; die Bestimmungen dieses Bundesgesetzes gelten jedoch für Arbeitnehmer, die nicht im Bereich der Hoheitsverwaltung tätig sind, sofern für ihr Arbeitsverhältnis ein Kollektivvertrag wirksam ist;
2. Arbeitnehmer im Sinne des Landarbeitsgesetzes 1984, BGBl. Nr. 287;
3. Arbeitnehmer, für die die Vorschriften des Bäckereiarbeiter/innengesetzes 1996, BGBl. Nr. 410, gelten;
4. Arbeitnehmer, für die die Vorschriften des Hausgehilfen- und Hausangestelltengesetzes, BGBl. Nr. 235/1962, gelten;
5. Arbeitnehmer,
    a) für die die Vorschriften des Hausbesorgergesetzes, BGBl. Nr. 16/1970, gelten;
    b) denen die Hausbetreuung im Sinne des § 23 Abs. 1 Mietrechtsgesetz, BGBl. Nr. 520/1981, obliegt und die in einem Arbeitsverhältnis stehen
        aa) zum Hauseigentümer oder zu einer im mehrheitlichen Eigentum des Hauseigentümers stehenden juristischen Person, soweit sich die zu betreuenden Häuser im Eigentum des Hauseigentümers befinden;
        bb) zu einer im Sinne des § 7 Abs. 4b Wohnungsgemeinnützigkeitsgesetz, BGBl. Nr. 139/1979, gegründeten Gesellschaft.
Für diese Arbeitnehmer ist jedoch § 19 anzuwenden.
6. Lehr- und Erziehungskräfte an Unterrichts- und Erziehungsanstalten, soweit sie nicht unter Z 1 fallen;
7. nahe Angehörige der Arbeitgeberin bzw. des Arbeitgebers (Eltern, volljährige Kinder, im gemeinsamen Haushalt lebende Ehegattin oder Ehegatte, eingetragene Partnerin oder Partner, sowie Lebensgefährtin oder Lebens-

gefährte, wenn seit mindestens drei Jahren ein gemeinsamer Haushalt besteht), deren gesamte Arbeitszeit auf Grund der besonderen Merkmale der Tätigkeit
   a) nicht gemessen oder im Voraus festgelegt wird, oder
   b) von diesen Arbeitnehmerinnen bzw. Arbeitnehmern hinsichtlich Lage und Dauer selbst festgelegt werden kann;
8. leitende Angestellte oder sonstige Arbeitnehmerinnen und Arbeitnehmer, denen maßgebliche selbständige Entscheidungsbefugnis übertragen ist und deren gesamte Arbeitszeit auf Grund der besonderen Merkmale der Tätigkeit
   a) nicht gemessen oder im Voraus festgelegt wird, oder
   b) von diesen Arbeitnehmerinnen bzw. Arbeitnehmern hinsichtlich Lage und Dauer selbst festgelegt werden kann;
9. Heimarbeiter im Sinne des Heimarbeitsgesetzes, 1960, BGBl. Nr. 105/1961;
10. Dienstnehmer, die unter das Krankenanstalten-Arbeitszeitgesetz, BGBl. I Nr. 8/1997, fallen.

Regelungen durch Betriebsvereinbarung

§ 1a. Soweit im Folgenden nicht Anderes bestimmt wird, können Regelungen, zu denen der Kollektivvertrag nach diesem Bundesgesetz ermächtigt ist, durch Betriebsvereinbarung zugelassen werden, wenn
1. der Kollektivvertrag die Betriebsvereinbarung dazu ermächtigt, oder
2. für die betroffenen Arbeitnehmer mangels Bestehen einer kollektivvertragsfähigen Körperschaft auf Arbeitgeberseite kein Kollektivvertrag abgeschlossen werden kann.

Abschnitt 2
Arbeitszeit

Begriff der Arbeitszeit

§ 2. (1) Im Sinne dieses Bundesgesetzes ist:
1. Arbeitszeit die Zeit vom Beginn bis zum Ende der Arbeit ohne die Ruhepausen;
2. Tagesarbeitszeit die Arbeitszeit innerhalb eines ununterbrochenen Zeitraumes von vierundzwanzig Stunden;
3. Wochenarbeitszeit die Arbeitszeit innerhalb des Zeitraumes von Montag bis einschließlich Sonntag.

(2) Arbeitszeit im Sinne des Abs. 1 Z 1 ist auch die Zeit, während der ein im übrigen im Betrieb Beschäftigter in seiner eigenen Wohnung oder Werkstätte oder sonst außerhalb des Betriebes beschäftigt wird. Werden Arbeitnehmer von mehreren Arbeitgebern beschäftigt, so dürfen die einzelnen Beschäftigungen zusammen die gesetzliche Höchstgrenze der Arbeitszeit nicht überschreiten.

(3) Soweit in diesem Bundesgesetz personenbezogene Bezeichnungen noch nicht geschlechtsneutral formuliert sind, gilt die gewählte Form für beide Geschlechter.

Normalarbeitszeit

§ 3. (1) Die tägliche Normalarbeitszeit darf acht Stunden, die wöchentliche Normalarbeitszeit vierzig Stunden nicht überschreiten, soweit im folgenden nicht anderes bestimmt wird.

(2) Aus Anlaß der mit dem Inkrafttreten dieses Bundesgesetzes eintretenden Arbeitszeitverkürzung darf das Entgelt der betroffenen Arbeitnehmer nicht gekürzt werden (Lohnausgleich). Ein nach Stunden bemessenes Entgelt ist dabei in dem gleichen Verhältnis zu erhöhen, in dem die Arbeitszeit verkürzt wird. Akkord-, Stück- und Gedinglöhne sowie auf Grund anderer Leistungslohnarten festgelegte Löhne sind entsprechend zu berichtigen. Durch Kollektivvertrag kann eine andere Regelung des Lohnausgleiches vereinbart werden.

Andere Verteilung der Normalarbeitszeit

§ 4. (1) Der Kollektivvertrag kann eine tägliche Normalarbeitszeit von bis zu zehn Stunden zulassen, soweit nach diesem Bundesgesetz eine kürzere Normalarbeitszeit vorgesehen ist. Darüber hinaus gehende Verlängerungsmöglichkeiten bleiben unberührt.

(2) Zur Erreichung einer längeren Freizeit, die mit der wöchentlichen Ruhezeit oder einer Ruhezeit gemäß § 12 zusammenhängen muss, kann die Normalarbeitszeit an einzelnen Tagen regelmäßig gekürzt und die ausfallende Normalarbeitszeit auf die übrigen Tage der Woche verteilt werden. Die Betriebsvereinbarung, für Arbeitnehmer in Betrieben, in denen kein Betriebsrat errichtet ist, das Arbeitsinspektorat, kann eine andere ungleichmäßige Verteilung der Normalarbeitszeit innerhalb der Woche zulassen, soweit dies die Art des Betriebes erfordert. Die tägliche Normalarbeitszeit darf neun Stunden nicht überschreiten.

(3) Fällt in Verbindung mit Feiertagen die Arbeitszeit an Werktagen aus, um den Arbeitnehmern eine längere zusammenhängende Freizeit zu ermöglichen, so kann die ausfallende Normalarbeitszeit auf die Werktage von höchstens 13 zusammenhängenden, die Ausfallstage einschließenden Wochen verteilt werden. Der Kollektivvertrag kann den Einarbeitungszeitraum verlängern. Die tägliche Normalarbeitszeit darf
 1. bei einem Einarbeitungszeitraum von bis zu 13 Wochen zehn Stunden
 2. bei einem längeren Einarbeitungszeitraum neun Stunden
nicht überschreiten.

(4) Die wöchentliche Normalarbeitszeit des Personals von Verkaufsstellen im Sinne des Öffnungszeitengesetzes 2003, BGBl. I Nr. 48/2003, und sonstiger Arbeitnehmer des Handels kann in den einzelnen Wochen eines Durchrechnungszeitraumes von vier Wochen bis auf 44 Stunden ausgedehnt werden, wenn innerhalb dieses Zeitraumes die durchschnittliche wöchentliche Normalarbeitszeit 40 Stunden bzw. die durch Kollektivvertrag festgelegte Normalarbeitszeit nicht überschreitet. Der Kollektivvertrag kann eine Verlängerung des Durchrechnungszeitraumes zulassen. Die tägliche Normalarbeitszeit darf neun Stunden nicht überschreiten.

(5) Der zur Erreichung der durchschnittlichen Normalarbeitszeit nach Abs. 4 im Durchrechnungszeitraum erforderliche Zeitausgleich ist unter Berücksichtigung der jeweiligen Betriebserfordernisse zusammenhängend zu gewähren. Ein

Zeitausgleich von mehr als vier Stunden kann in zwei Teilen gewährt werden, wobei ein Teil mindestens vier Stunden zu betragen hat.

(6) Für Arbeitnehmer, die nicht unter Abs. 4 fallen, kann der Kollektivvertrag zulassen, dass in einzelnen Wochen eines Durchrechnungszeitraumes von bis zu einem Jahr die Normalarbeitszeit
1. bei einem Durchrechnungszeitraum von bis zu acht Wochen auf höchstens 50 Stunden,
2. bei einem längeren Durchrechnungszeitraum auf höchstens 48 Stunden,

ausgedehnt wird, wenn sie innerhalb dieses Zeitraumes im Durchschnitt 40 Stunden bzw. die durch Kollektivvertrag festgelegte Normalarbeitszeit nicht überschreitet. Der Kollektivvertrag kann einen längeren Durchrechnungszeitraum unter der Bedingung zulassen, dass der zur Erreichung der durchschnittlichen Normalarbeitszeit erforderliche Zeitausgleich jedenfalls in mehrwöchigen zusammenhängenden Zeiträumen verbraucht wird. Die tägliche Normalarbeitszeit darf neun Stunden nicht überschreiten.

(7) Der Kollektivvertrag kann bei einer Arbeitszeitverteilung gemäß Abs. 4 und 6 eine mehrmalige Übertragung von Zeitguthaben und Zeitschulden in die nächsten Durchrechnungszeiträume zulassen.

(8) Die Betriebsvereinbarung kann eine tägliche Normalarbeitszeit von bis zu zehn Stunden zulassen, wenn die gesamte Wochenarbeitszeit regelmäßig auf vier Tage verteilt wird. In Betrieben, in denen kein Betriebsrat errichtet ist, kann eine solche Arbeitszeitverteilung schriftlich vereinbart werden.

(9) Für Arbeitnehmer in Betrieben gemäß § 2 Abs. 2a des Bauarbeiter-Urlaubs- und Abfertigungsgesetzes, BGBl. Nr. 414/1972, gilt Abs. 3 mit der Maßgabe, dass die tägliche Normalarbeitszeit bei Verlängerung des Einarbeitungszeitraumes durch Kollektivvertrag zehn Stunden nicht überschreiten darf. Abs. 8 ist nicht anzuwenden.

Normalarbeitszeit bei Schichtarbeit

§ 4a. (1) Bei mehrschichtiger Arbeitsweise ist ein Schichtplan zu erstellen. Die wöchentliche Normalarbeitszeit darf
1. innerhalb des Schichtturnusses oder
2. bei Durchrechnung der Normalarbeitszeit gemäß § 4 Abs. 6 innerhalb des Durchrechnungszeitraumes

im Durchschnitt 40 Stunden bzw. die durch Kollektivvertrag festgelegte Normalarbeitszeit nicht überschreiten.

(2) Die tägliche Normalarbeitszeit darf neun Stunden nicht überschreiten, soweit nicht nach § 4 eine längere Normalarbeitszeit zulässig ist.

(3) Bei durchlaufender mehrschichtiger Arbeitsweise mit Schichtwechsel kann die tägliche Normalarbeitszeit bis auf zwölf Stunden ausgedehnt werden,
1. am Wochenende (Beginn der Nachtschicht zum Samstag bis zum Ende der Nachtschicht zum Montag), wenn dies durch Betriebsvereinbarung geregelt ist, oder
2. wenn dies mit einem Schichtwechsel in Verbindung steht.

(4) Der Kollektivvertrag kann zulassen, dass
1. die Normalarbeitszeit in einzelnen Wochen bis auf 56 Stunden ausgedehnt wird;

2. die tägliche Normalarbeitszeit bis auf zwölf Stunden unter der Bedingung ausgedehnt wird, dass die arbeitsmedizinische Unbedenklichkeit dieser Arbeitszeitverlängerung für die betreffenden Tätigkeiten durch einen Arbeitsmediziner festgestellt wird. Auf Verlangen des Betriebsrates, in Betrieben ohne Betriebsrat auf Verlangen der Mehrheit der betroffenen Arbeitnehmer, ist ein weiterer, einvernehmlich bestellter Arbeitsmediziner zu befassen.

Gleitende Arbeitszeit

§ 4b. (1) Gleitende Arbeitszeit liegt vor, wenn der Arbeitnehmer innerhalb eines vereinbarten zeitlichen Rahmens Beginn und Ende seiner täglichen Normalarbeitszeit selbst bestimmen kann.

(2) Die gleitende Arbeitszeit muß durch Betriebsvereinbarung, in Betrieben, in denen kein Betriebsrat errichtet ist, durch schriftliche Vereinbarung geregelt werden (Gleitzeitvereinbarung).

(3) Die Gleitzeitvereinbarung hat zu enthalten:
1. die Dauer der Gleitzeitperiode,
2. den Gleitzeitrahmen,
3. das Höchstausmaß allfälliger Übertragungsmöglichkeiten von Zeitguthaben und Zeitschulden in die nächste Gleitzeitperiode und
4. Dauer und Lage der fiktiven Normalarbeitszeit.

(4) Die tägliche Normalarbeitszeit darf zehn Stunden nicht überschreiten. Eine Verlängerung der täglichen Normalarbeitszeit auf bis zu zwölf Stunden ist zulässig, wenn die Gleitzeitvereinbarung vorsieht, dass ein Zeitguthaben ganztägig verbraucht werden kann und ein Verbrauch in Zusammenhang mit einer wöchentlichen Ruhezeit nicht ausgeschlossen ist. Die wöchentliche Normalarbeitszeit darf innerhalb der Gleitzeitperiode die wöchentliche Normalarbeitszeit gemäß § 3 im Durchschnitt nur insoweit überschreiten, als Übertragungsmöglichkeiten von Zeitguthaben vorgesehen sind.

(5) Ordnet die Arbeitgeberin bzw. der Arbeitgeber Arbeitsstunden an, die über die Normalarbeitszeit gemäß § 3 Abs. 1 hinausgehen, gelten diese als Überstunden.

Dekadenarbeit

§ 4c. (1) Für Arbeitnehmer, die auf im öffentlichen Interesse betriebenen Großbaustellen oder auf Baustellen der Wildbach- und Lawinenverbauung in Gebirgsregionen beschäftigt sind, kann der Kollektivvertrag zulassen, daß die wöchentliche Normalarbeitszeit mehr als 40 Stunden beträgt, wenn innerhalb eines Durchrechnungszeitraumes von zwei Wochen die wöchentliche Normalarbeitszeit im Durchschnitt die Normalarbeitszeit gemäß § 3 nicht überschreitet.

(2) Die tägliche Normalarbeitszeit darf neun Stunden nicht überschreiten.

Verlängerung der Normalarbeitszeit bei Arbeitsbereitschaft

§ 5. (1) Die wöchentliche Normalarbeitszeit kann bis auf 60 Stunden, die tägliche Normalarbeitszeit bis auf zwölf Stunden ausgedehnt werden, wenn
1. der Kollektivvertrag oder die Betriebsvereinbarung dies zuläßt und

2. darüber hinaus in die Arbeitszeit des Arbeitnehmers regelmäßig und in erheblichem Umfang Arbeitsbereitschaft fällt.

(2) Eine Betriebsvereinbarung gemäß Abs. 1 ist nur zulässig, wenn
1. der Kollektivvertrag die Betriebsvereinbarung dazu ermächtigt, oder
2. für die betroffenen Arbeitnehmer kein Kollektivvertrag wirksam ist.

(3) Das Arbeitsinspektorat kann für Betriebe, in denen kein Betriebsrat errichtet ist, eine Verlängerung der wöchentlichen Normalarbeitszeit bis auf 60 Stunden, der täglichen Normalarbeitszeit bis auf zwölf Stunden für Arbeitnehmer zulassen, wenn
1. für die betroffenen Arbeitnehmer kein Kollektivvertrag wirksam ist und
2. darüber hinaus in die Arbeitszeit des Arbeitnehmers regelmäßig und in erheblichem Umfang Arbeitsbereitschaft fällt.

Normalarbeitszeit bei besonderen Erholungsmöglichkeiten

§ 5a. (1) Besteht die Arbeitszeit überwiegend aus Arbeitsbereitschaft (§ 5) und bestehen für den Arbeitnehmer während der Arbeitszeit besondere Erholungsmöglichkeiten, kann der Kollektivvertrag für solche Arbeiten die Betriebsvereinbarung ermächtigen, dreimal pro Woche eine Ausdehnung der täglichen Normalarbeitszeit bis auf 24 Stunden zuzulassen, wenn durch ein arbeitsmedizinisches Gutachten festgestellt wurde, daß wegen der besonderen Arbeitsbedingungen der Arbeitnehmer im Durchschnitt nicht stärker gesundheitlich belastet wird als bei Ausübung der selben Tätigkeit im Rahmen einer Verlängerung der Normalarbeitszeit gemäß § 5.

(2) Der Kollektivvertrag und die Betriebsvereinbarung haben alle Bedingungen festzulegen, unter denen die Verlängerung der täglichen Normalarbeitszeit im Einzelfall zulässig ist.

(3) Innerhalb eines durch Kollektivvertrag festzusetzenden Durchrechnungszeitraumes darf die wöchentliche Normalarbeitszeit im Durchschnitt 60 Stunden, in einzelnen Wochen des Durchrechnungszeitraumes 72 Stunden nicht überschreiten.

(4) § 1a Z 2 ist anzuwenden.

Überstundenarbeit

§ 6. (1) Überstundenarbeit liegt vor, wenn entweder
1. die Grenzen der nach den §§ 3 bis 5a zulässigen wöchentlichen Normalarbeitszeit überschritten werden oder
2. die tägliche Normalarbeitszeit überschritten wird, die sich auf Grund der Verteilung dieser wöchentlichen Normalarbeitszeit gemäß den §§ 3 bis 5a und 18 Abs. 2 ergibt.

(1a) Am Ende einer Gleitzeitperiode bestehende Zeitguthaben, die nach der Gleitzeitvereinbarung in die nächste Gleitzeitperiode übertragen werden können, sowie am Ende eines Durchrechnungszeitraumes bestehende Zeitguthaben, die gemäß § 4 Abs. 7 in den nächsten Durchrechnungszeitraum übertragen werden können, gelten nicht als Überstunden.

(2) Arbeitnehmer dürfen zur Überstundenarbeit nur dann herangezogen werden, wenn diese nach den Bestimmungen dieses Bundesgesetzes zugelassen ist und

berücksichtigungswürdige Interessen des Arbeitnehmers der Überstundenarbeit nicht entgegenstehen.

Verlängerung der Arbeitszeit bei Vorliegen eines höheren Arbeitsbedarfes

§ 7. (1) Bei Vorliegen eines erhöhten Arbeitsbedarfes darf die durchschnittliche Wochenarbeitszeit unbeschadet der Bestimmungen des § 8 über die nach den §§ 3 bis 5 zulässige Dauer innerhalb eines Durchrechnungszeitraumes von 17 Wochen 48 Stunden nicht überschreiten. Wöchentlich sind jedoch nicht mehr als zwanzig Überstunden zulässig. Die Tagesarbeitszeit darf zwölf Stunden nicht überschreiten. Die Regelungen des § 9 Abs. 4 bleiben unberührt.

(2) *[aufgehoben]*

(3) Unter den Voraussetzungen des § 5 Abs. 1 und 2 kann die Wochenarbeitszeit durch Überstunden bis auf 60 Stunden, die Tagesarbeitszeit bis auf 13 Stunden ausgedehnt werden. Bei Zulassung einer Verlängerung der Arbeitszeit durch das Arbeitsinspektorat gemäß § 5 Abs. 3 sind Überstunden nach Abs. 1 nur bis zu einer Tagesarbeitszeit von 13 Stunden und einer Wochenarbeitszeit von 60 Stunden zulässig.

(4) und (4a) *[aufgehoben]*

(5) Darüber hinaus kann das Arbeitsinspektorat bei Nachweis eines dringenden Bedürfnisses auf Antrag des Arbeitgebers nach Anhörung der gesetzlichen Interessenvertretungen der Arbeitgeber und der Arbeitnehmer eine Arbeitszeitverlängerung bewilligen, soweit die Verlängerungsmöglichkeiten gemäß Abs. 1 und 3 ausgeschöpft sind. Eine Tagesarbeitszeit über zwölf Stunden und eine Wochenarbeitszeit über 60 Stunden kann das Arbeitsinspektorat jedoch nur zulassen, wenn dies im öffentlichen Interesse erforderlich ist.

(6) Es steht den Arbeitnehmerinnen und Arbeitnehmern frei, Überstunden nach § 7 und § 8 Abs. 1 und 2 ohne Angabe von Gründen abzulehnen, wenn durch diese Überstunden die Tagesarbeitszeit von zehn Stunden oder die Wochenarbeitszeit von 50 Stunden überschritten wird. Sie dürfen deswegen nicht benachteiligt werden, insbesondere hinsichtlich des Entgelts, der Aufstiegsmöglichkeiten und der Versetzung. Werden Arbeitnehmerinnen und Arbeitnehmer deswegen gekündigt, können sie die Kündigung innerhalb einer Frist von zwei Wochen bei Gericht anfechten. § 105 Abs. 5 des Arbeitsverfassungsgesetzes (ArbVG), BGBl. Nr. 22/1974 gilt sinngemäß.

Verlängerung der Arbeitszeit zur Vornahme von Vor- und Abschlußarbeiten

§ 8. (1) Die für den Betrieb oder eine Betriebsabteilung zulässige Dauer der Arbeitszeit darf um eine halbe Stunde täglich, jedoch höchstens bis zu zwölf Stunden täglich in folgenden Fällen ausgedehnt werden:
  a) bei Arbeiten zur Reinigung und Instandhaltung, soweit sich diese Arbeiten während des regelmäßigen Betriebes nicht ohne Unterbrechung oder erhebliche Störung ausführen lassen,
  b) bei Arbeiten, von denen die Wiederaufnahme oder Aufrechterhaltung des vollen Betriebes arbeitstechnisch abhängt,

c) bei Arbeiten zur abschließenden Kundenbedienung einschließlich der damit zusammenhängenden notwendigen Aufräumungsarbeiten.

(2) Die Arbeitszeit darf in den Fällen des Abs. 1 über zwölf Stunden täglich verlängert werden, wenn eine Vertretung des Arbeitnehmers durch andere Arbeitnehmer nicht möglich ist und dem Arbeitgeber die Heranziehung betriebsfremder Personen nicht zugemutet werden kann.

(3) Durch Kollektivvertrag kann näher bestimmt werden, welche Arbeiten als Vor- und Abschlußarbeiten gelten.

(4) Die Arbeitszeit gemäß § 5a Abs. 1 kann um eine halbe Stunde ausgedehnt werden, wenn dies zur Arbeitsübergabe unbedingt erforderlich ist.

Höchstgrenzen der Arbeitszeit

§ 9. (1) Die Tagesarbeitszeit darf zwölf Stunden und die Wochenarbeitszeit 60 Stunden nicht überschreiten, sofern die Abs. 2 bis 4 nicht anderes bestimmen. Diese Höchstgrenzen der Arbeitszeit dürfen auch beim Zusammentreffen einer anderen Verteilung der wöchentlichen Normalarbeitszeit mit Arbeitszeitverlängerungen nicht überschritten werden.

(2) Die Tagesarbeitszeit darf im Falle des § 13b Abs. 2 und 3 (Verlängerung der Arbeitszeit für Lenker) und § 18 Abs. 2 (Betriebe des öffentlichen Verkehrs) zwölf Stunden überschreiten und in den Fällen des § 5a (besondere Erholungsmöglichkeiten), § 7 Abs. 3 und 5 (erhöhter Arbeitsbedarf), § 8 Abs. 2 und 4 (Vor- und Abschlussarbeiten), § 18b Abs. 6 (Schiffsdienst von Schifffahrtsunternehmen) und § 19a Abs. 2 (Apotheken) zwölf Stunden insoweit überschreiten, als dies nach diesen Bestimmungen zulässig ist.

(3) Die Wochenarbeitszeit darf im Fall des § 4c (Dekadenarbeit) 60 Stunden überschreiten und in den Fällen der §§ 5a (besondere Erholungsmöglichkeiten), 7 Abs. 5 (erhöhter Arbeitsbedarf), 18 Abs. 3 (Betriebe des öffentlichen Verkehrs) und 19a Abs. 2 und 6 (Apotheken) 60 Stunden insoweit überschreiten, als dies nach diesen Bestimmungen zulässig ist.

(4) Ist nach den Bestimmungen dieses Bundesgesetzes eine Wochenarbeitszeit von mehr als 48 Stunden zulässig, darf die durchschnittliche Wochenarbeitszeit innerhalb eines Durchrechnungszeitraumes von 17 Wochen 48 Stunden nicht überschreiten. Der Kollektivvertrag kann eine Verlängerung des Durchrechnungszeitraumes bis auf 26 Wochen zulassen. Der Kollektivvertrag kann eine Verlängerung des Durchrechnungszeitraumes bis auf 52 Wochen bei Vorliegen von technischen oder arbeitsorganisatorischen Gründen zulassen.

(5) Abs. 4 ist nicht anzuwenden bei
1. Verlängerung der Arbeitszeit bei Arbeitsbereitschaft (§§ 5 und 7 Abs. 3),
2. Verlängerung der Arbeitszeit bei besonderen Erholungsmöglichkeiten (§§ 5a und 8 Abs. 4),
3. Verlängerung der Arbeitszeit gemäß § 13b Abs. 3 und
4. Verlängerung der Arbeitszeit gemäß § 19a Abs. 2 Z 4.

Überstundenvergütung

§ 10. (1) Für Überstunden gebührt
1. ein Zuschlag von 50% oder

2. eine Abgeltung durch Zeitausgleich. Der Überstundenzuschlag ist bei der Bemessung des Zeitausgleiches zu berücksichtigen oder gesondert auszuzahlen.

(2) Der Kollektivvertrag kann festlegen, ob mangels einer abweichenden Vereinbarung eine Abgeltung in Geld oder durch Zeitausgleich zu erfolgen hat. Trifft der Kollektivvertrag keine Regelung oder kommt kein Kollektivvertrag zur Anwendung, kann die Betriebsvereinbarung diese Regelung treffen. Besteht keine Regelung, gebührt mangels einer abweichenden Vereinbarung eine Abgeltung in Geld.

(3) Der Berechnung des Zuschlages ist der auf die einzelne Arbeitsstunde entfallende Normallohn zugrunde zu legen. Bei Akkord-, Stück- und Gedinglöhnen ist dieser nach dem Durchschnitt der letzten 13 Wochen zu bemessen. Durch Kollektivvertrag kann auch eine andere Berechnungsart vereinbart werden.

(4) Abweichend von Abs. 1 und 2 können Arbeitnehmerinnen und Arbeitnehmer für Überstunden, durch die die Tagesarbeitszeit von zehn Stunden oder die Wochenarbeitszeit von 50 Stunden überschritten wird, bestimmen, ob die Abgeltung in Geld nach Abs. 1 Z 1 oder durch Zeitausgleich nach Abs. 1 Z 2 erfolgt. Dieses Wahlrecht ist möglichst frühzeitig, spätestens jedoch am Ende des jeweiligen Abrechnungszeitraumes auszuüben.

Abschnitt 3
Ruhepausen und Ruhezeiten

Ruhepausen

§ 11. (1) Beträgt die Gesamtdauer der Tagesarbeitszeit mehr als sechs Stunden, so ist die Arbeitszeit durch eine Ruhepause von mindestens einer halben Stunde zu unterbrechen. Wenn es im Interesse der Arbeitnehmer des Betriebes gelegen oder aus betrieblichen Gründen notwendig ist, können anstelle einer halbstündigen Ruhepause zwei Ruhepausen von je einer Viertelstunde oder drei Ruhepausen von je zehn Minuten gewährt werden. Eine andere Teilung der Ruhepause kann aus diesen Gründen durch Betriebsvereinbarung, in Betrieben, in denen kein Betriebsrat errichtet ist, durch das Arbeitsinspektorat, zugelassen werden. Ein Teil der Ruhepause muß mindestens zehn Minuten betragen.

(2) Eine Pausenregelung gemäß Abs. 1 zweiter Satz kann, sofern eine gesetzliche Betriebsvertretung besteht, nur mit deren Zustimmung getroffen werden.

(3) Bei Arbeiten, die werktags und sonntags einen ununterbrochenen Fortgang erfordern, sind den in Wechselschichten beschäftigten Arbeitnehmern anstelle der Pausen im Sinne des Abs. 1 Kurzpausen von angemessener Dauer zu gewähren. Eine derartige Pausenregelung kann auch bei sonstiger durchlaufender mehrschichtiger Arbeitsweise getroffen werden.

(4) Arbeitnehmern, die Nachtschwerarbeit im Sinne des Art. VII Abs. 2 oder 4, einer Verordnung nach Art. VII Abs. 3 oder eines Kollektivvertrages gemäß Art. VII Abs. 6 des Nachtschwerarbeitsgesetzes (NSchG), BGBl. Nr. 354/1981, leisten, ist während jeder Nacht, in der diese Arbeit geleistet wird, jedenfalls eine Kurzpause von mindestens 10 Minuten zu gewähren. Mit dem Arbeitsablauf üblicherweise verbundene Unterbrechungen in der Mindestdauer von zehn Minuten, die

zur Erholung verwendet werden können, können auf die Kurzpausen angerechnet werden.

(5) Die Betriebsvereinbarung, in Betrieben, in denen kein Betriebsrat errichtet ist, das Arbeitsinspektorat, kann eine Verkürzung der Ruhepause auf mindestens 15 Minuten zulassen, wenn es im Interesse der Arbeitnehmer gelegen oder aus betrieblichen Gründen notwendig ist. Wird die Ruhepause gemäß Abs. 1 geteilt, muß ein Teil mindestens 15 Minuten betragen.

(6) Kurzpausen im Sinne der Abs. 3 und 4 gelten als Arbeitszeit.

Ruhezeiten

§ 12. (1) Nach Beendigung der Tagesarbeitszeit ist den Arbeitnehmern eine ununterbrochene Ruhezeit von mindestens elf Stunden zu gewähren.

(2) Der Kollektivvertrag kann die ununterbrochene Ruhezeit auf mindestens acht Stunden verkürzen. Solche Verkürzungen der Ruhezeit sind innerhalb der nächsten zehn Kalendertage durch entsprechende Verlängerung einer anderen täglichen oder wöchentlichen Ruhezeit auszugleichen. Eine Verkürzung auf weniger als zehn Stunden ist nur zulässig, wenn der Kollektivvertrag weitere Maßnahmen zur Sicherstellung der Erholung der Arbeitnehmer vorsieht.

(2a) Im Gast-, Schank- und Beherbergungsgewerbe kann für Arbeitnehmerinnen und Arbeitnehmer in Küche und Service bei geteilten Diensten die tägliche Ruhezeit auf mindestens acht Stunden verkürzt werden. Ein geteilter Dienst liegt vor, wenn die Tagesarbeitszeit durch eine Ruhepause von mindestens drei Stunden unterbrochen wird. Solche Verkürzungen sind innerhalb von vier Wochen, in Saisonbetrieben nach Möglichkeit während der Saison, spätestens jedoch im Anschluss an die Saison, durch Verlängerung einer anderen täglichen Ruhezeit auszugleichen. Ist dieser Ausgleich bis zum Ende des Arbeitsverhältnisses nicht erfolgt, so gebührt den Arbeitnehmerinnen und Arbeitnehmern eine geldwerte Zahlung in Höhe des Normallohns und der Zuschläge, auf welche die Arbeitnehmerinnen und Arbeitnehmer für die während der Ruhezeit geleistete Tätigkeit Anspruch hatten.

(2b) Saisonbetriebe im Sinne des Abs. 2a sind Betriebe, die aufgrund des Jahreszeitenwechsels
1. nur zu bestimmten Zeiten im Jahr offen haben und die übrigen Zeiten geschlossen halten, oder
2. höchstens ein- oder zweimal im Jahr eine gegenüber den übrigen Zeiten deutlich verstärkte Geschäftstätigkeit entfalten, wodurch eine zusätzliche Personalaufnahme notwendig ist.

(2c) Bei Arbeiten, die werktags und sonntags einen ununterbrochenen Fortgang mit Schichtwechsel erfordern, kann die tägliche Ruhezeit einmal im Schichtturnus bei Schichtwechsel auf eine Schichtlänge, jedoch auf nicht weniger als acht Stunden verkürzt werden. Innerhalb des Schichtturnusses ist eine andere tägliche Ruhezeit entsprechend zu verlängern.

(2d) Beträgt die tägliche Normalarbeitszeit gemäß § 5a mehr als zwölf Stunden, ist abweichend von Abs. 1 eine ununterbrochene Ruhezeit von mindestens 23 Stunden zu gewähren.

(3) Den Arbeitnehmern gebührt wöchentlich eine ununterbrochene Wochenruhe von mindestens sechsunddreißig Stunden. Hievon kann in den Fällen der Schichtarbeit gemäß § 11 Abs. 3 nur insoweit abgewichen werden, als dies zur Ermöglichung des Schichtwechsels erforderlich ist.

(4) Wenn es aus betrieblichen Gründen notwendig ist, können durch Verordnung für bestimmte Arten oder Gruppen von Betrieben oder im Einzelfall durch Bewilligung des Arbeitsinspektorates Ausnahmen von der Bestimmung des Abs. 3 zugelassen werden.

Abschnitt 3a
Nachtarbeit

Definitionen und Arbeitszeit

§ 12a. (1) Als Nacht im Sinne dieses Bundesgesetzes gilt die Zeit zwischen 22.00 Uhr und 05.00 Uhr.

(2) Nachtarbeitnehmer im Sinne dieses Bundesgesetzes sind Arbeitnehmer, die
1. regelmäßig oder
2. sofern der Kollektivvertrag nicht anderes vorsieht, in mindestens 48 Nächten im Kalenderjahr

während der Nacht mindestens drei Stunden arbeiten.

(3) Nachtschwerarbeiter im Sinne dieses Abschnittes sind Nachtarbeitnehmer, die Nachtarbeit im Sinne des Abs. 1 unter den in Art. VII Abs. 2 oder 4, einer Verordnung nach Art. VII Abs. 3 oder eines Kollektivvertrages gemäß Art. VII Abs. 6 NSchG genannten Bedingungen leisten.

(4) Beträgt in den Fällen der Arbeitsbereitschaft gemäß § 5 die durchschnittliche tägliche Normalarbeitszeit der Nachtarbeitnehmer innerhalb eines Durchrechnungszeitraumes von 26 Wochen mehr als acht Stunden, so gebühren zusätzliche Ruhezeiten. Von der Summe aller Überschreitungen abzüglich der Summe aller Unterschreitungen der täglichen Normalarbeitszeit von acht Stunden im Durchrechnungszeitraum sind insgesamt zwei Drittel als zusätzliche Ruhezeiten zu gewähren.

(5) Soweit nach diesem Bundesgesetz eine Tagesarbeitszeit von mehr als acht Stunden zulässig ist, darf für Nachtschwerarbeiter die durchschnittliche Arbeitszeit an Nachtarbeitstagen innerhalb eines Durchrechnungszeitraumes von 26 Wochen einschließlich der Überstunden acht Stunden nur dann überschreiten, wenn dies durch Normen der kollektiven Rechtsgestaltung zugelassen wird. In diesen Fällen gebühren zusätzliche Ruhezeiten im Gesamtausmaß der Summe aller Überschreitungen abzüglich der Summe aller Unterschreitungen der Tagesarbeitszeit von acht Stunden an Nachtarbeitstagen im Durchrechnungszeitraum.

(6) Soweit die zusätzlichen Ruhezeiten nach Abs. 4 und 5 nicht bereits während des Durchrechnungszeitraumes gewährt werden, sind die zusätzlichen Ruhezeiten bis zum Ablauf von vier Kalenderwochen nach Ende des Durchrechnungszeitraumes, bei Schichtarbeit bis zum Ende des nächstfolgenden Schichtturnusses, zu gewähren. Jede zusätzliche Ruhezeit hat mindestens zwölf Stunden zu betragen und kann in Zusammenhang mit einer täglichen Ruhezeit nach § 12 oder einer wöchentlichen Ruhezeit nach dem Arbeitsruhegesetz, BGBl. Nr. 144/1983, gewährt werden.

(7) § 5 Abs. 3 ist auf Nachtarbeitnehmer nicht anzuwenden.

Untersuchungen

§ 12b. (1) Der Nachtarbeitnehmer hat Anspruch auf unentgeltliche Untersuchungen des Gesundheitszustandes gemäß § 51 ArbeitnehmerInnenschutzgesetz (ASchG), BGBl. Nr. 450/1994, und zwar vor Aufnahme der Tätigkeit und danach in Abständen von zwei Jahren, nach Vollendung des 50. Lebensjahres oder nach zehn Jahren als Nachtarbeitnehmer in jährlichen Abständen.

(2) Abweichend von § 12a Abs. 1 und 2 gelten für den Anspruch auf Untersuchungen die folgenden Definitionen:
1. als Nacht gilt die Zeit zwischen 22.00 Uhr und 06.00 Uhr;
2. Nachtarbeitnehmer sind Arbeitnehmer, die regelmäßig oder in mindestens 30 Nächten im Kalenderjahr während der Nacht mindestens drei Stunden arbeiten.

Versetzung

§ 12c. Der Nachtarbeitnehmer hat auf Verlangen Anspruch gegenüber dem Arbeitgeber auf Versetzung auf einen geeigneten Tagesarbeitsplatz entsprechend den betrieblichen Möglichkeiten, wenn
1. die weitere Verrichtung von Nachtarbeit die Gesundheit nachweislich gefährdet, oder
2. die Bedachtnahme auf unbedingt notwendige Betreuungspflichten gegenüber Kindern bis zu zwölf Jahren dies erfordert, für die Dauer dieser Betreuungspflichten.

Recht auf Information

§ 12d. Der Arbeitgeber hat sicherzustellen, dass Nachtarbeitnehmer über wichtige Betriebsgeschehnisse, die die Interessen der Nachtarbeitnehmer berühren, informiert werden.

Abschnitt 4
Sonderbestimmungen für Lenker von Kraftfahrzeugen

Unterabschnitt 4a
Allgemeines

Definitionen

§ 13. (1) Im Sinne dieses Bundesgesetzes ist
1. eine öffentliche Straße eine Straße mit öffentlichem Verkehr im Sinne des § 1 Abs. 1 der Straßenverkehrsordnung 1960, BGBl. Nr. 159;
2. ein VO-Fahrzeug ein Kraftfahrzeug, das entweder
   a) zur Güterbeförderung dient und dessen zulässiges Gesamtgewicht, einschließlich Anhänger oder Sattelanhänger, 3,5 Tonnen übersteigt, oder
   b) zur Personenbeförderung dient und nach seiner Bauart und Ausstattung geeignet und dazu bestimmt ist, mehr als neun Personen einschließlich des Fahrers zu befördern,

und das weder unter eine Ausnahme des Artikels 3 der Verordnung (EG) Nr. 561/2006 fällt noch aufgrund einer Verordnung gemäß § 15e Abs. 1 zur Gänze von der Anwendung der Verordnungen (EU) Nr. 165/2014 und (EG) Nr. 561/2006 freigestellt ist;
  3. ein sonstiges Fahrzeug jedes Kraftfahrzeug, das nicht unter die Z 2 fällt;
  4. ein analoges Kontrollgerät ein analoger Fahrtenschreiber im Sinne von Art. 2 Abs. 2 lit. g der Verordnung (EU) Nr. 165/2014;
  5. ein digitales Kontrollgerät ein digitaler Fahrtenschreiber im Sinne von Art. 2 Abs. 2 lit. h der Verordnung (EU) Nr. 165/2014;
  6. ein regionaler Kraftfahrlinienverkehr ein Kraftfahrlinienverkehr mit einer Linienstrecke von nicht mehr als 50 km.

(2) Soweit in diesem Bundesgesetz auf die Verordnung (EG) Nr. 561/2006 verwiesen wird, ist dies ein Verweis auf die Verordnung (EG) Nr. 561/2006 über die Harmonisierung bestimmter Sozialvorschriften im Straßenverkehr, ABl. Nr. L 102 vom 11.04.2006 S. 1, in der jeweils geltenden Fassung.

(3) Soweit in diesem Bundesgesetz auf die Verordnung (EU) Nr. 165/2014 verwiesen wird, ist dies ein Verweis auf die Verordnung (EU) Nr. 165/2014 über den Fahrtenschreiber im Straßenverkehr, ABl. Nr. L 60 vom 28.2.2014 S. 1, in der jeweils geltenden Fassung.

(4) Soweit in diesem Bundesgesetz auf den Anhang III der Richtlinie 2006/22/EG verwiesen wird, ist dies ein Verweis auf die Richtlinie 2006/22/EG des Europäischen Parlaments und des Rates vom 15. März 2006 über die Mindestbedingungen für die Durchführung der Verordnungen (EWG) Nr. 3820/85 und (EWG) Nr. 3821/85 des Rates über Sozialvorschriften für Tätigkeiten im Kraftverkehr (ABl. Nr. L 102 vom 11.4.2006, S. 35), zuletzt geändert durch die Richtlinie 2009/5/EG der Kommission vom 30. Jänner 2009 (ABl. Nr. L 29 vom 31.1.2009, S. 45).

Geltungsbereich

§ 13a. (1) Für die Beschäftigung von Lenkern von Kraftfahrzeugen auf öffentlichen Straßen gelten die Bestimmungen der Abschnitte 2 bis 3a mit den in den §§ 13b bis 17c genannten Abweichungen.

(2) Für das Lenken von VO-Fahrzeugen gelten Vorschriften nach Maßgabe der Verordnung (EG) Nr. 561/2006 auch auf solchen Fahrtstrecken auf öffentlichen Straßen, die nicht unter Art. 2 Abs. 2 dieser Verordnung fallen.

(3) Die §§ 14a bis 15d sind nur auf das Lenken sonstiger Fahrzeuge anzuwenden.

(4) Für Lenkerinnen und Lenker von Oberleitungsomnibussen gemäß § 5 Eisenbahngesetz ist der Abschnitt 4 nicht anzuwenden, soweit § 18a nichts anderes bestimmt.

Unterabschnitt 4b
Bestimmungen zur Lenker-Richtlinie

Arbeitszeit

§ 13b. (1) Die Arbeitszeit für Lenker umfasst die Lenkzeiten, die Zeiten für sonstige Arbeitsleistungen und die Zeiten der Arbeitsbereitschaft ohne die Ruhepausen. Bei Teilung der täglichen Ruhezeit oder bei Unterbrechung der täglichen Ruhezeit bei kombinierter Beförderung beginnt eine neue Tagesarbeitszeit nach Ablauf der gesamten Ruhezeit.

(2) Der Kollektivvertrag, für Betriebe, für die kein Kollektivvertrag wirksam ist, die Betriebsvereinbarung, kann zusätzlich zu den nach § 7 Abs. 1 zulässigen Überstunden weitere Überstunden zulassen. Die wöchentliche Höchstarbeitszeit darf in einzelnen Wochen 60 Stunden und innerhalb eines Durchrechnungszeitraumes von bis zu 17 Wochen im Durchschnitt 48 Stunden nicht überschreiten. Der Kollektivvertrag, für Betriebe, für die kein Kollektivvertrag wirksam ist, die Betriebsvereinbarung, kann den Durchrechnungszeitraum aus objektiven, technischen oder arbeitsorganisatorischen Gründen auf bis zu 26 Wochen verlängern.

(3) Der Kollektivvertrag, für Betriebe, für die kein Kollektivvertrag wirksam ist, die Betriebsvereinbarung, kann abweichend von Abs. 2 eine durchschnittliche wöchentliche Höchstarbeitszeit von bis zu 55 Stunden zulassen, wenn zumindest die über 48 Stunden hinausgehende Arbeitszeit in Form von Arbeitsbereitschaft geleistet wird.

(4) Der Arbeitgeber hat den Lenker bei Begründung des Arbeitsverhältnisses bzw. vor dem erstmaligen Einsatz als Lenker schriftlich aufzufordern, ihm schriftliche Aufzeichnungen über all jene bei einem anderen Arbeitgeber geleisteten Arbeitszeiten vorzulegen, die ihm nicht ohnehin aufgrund des Herunterladens von der Fahrerkarte gemäß § 17a Abs. 2 bekannt sind.

Ruhepausen

§ 13c. (1) Abweichend von § 11 Abs. 1 ist die Tagesarbeitszeit
1. bei einer Gesamtdauer zwischen sechs und neun Stunden durch eine Ruhepause von mindestens 30 Minuten,
2. bei einer Gesamtdauer von mehr als neun Stunden durch eine Ruhepause von mindestens 45 Minuten,

zu unterbrechen. Die Ruhepause ist spätestens nach sechs Stunden einzuhalten.

(2) Die Ruhepause kann in mehrere Teile von mindestens 15 Minuten aufgeteilt werden.

(3) Für den regionalen Kraftfahrlinienverkehr kann durch Kollektivvertrag, für Betriebe, für die kein Kollektivvertrag wirksam ist, durch Betriebsvereinbarung, auch zugelassen werden, dass die Ruhepause in einen Teil von mindestens 20 Minuten und einen bzw. mehrere Teile von mindestens zehn Minuten geteilt wird.

(4) Bei Teilung der Ruhepause nach Abs. 2 oder 3 ist der erste Teil nach spätestens sechs Stunden einzuhalten.

(5) Bei Mehrfahrerbetrieb gemäß Art. 4 lit. o der Verordnung (EG) Nr. 561/2006 kann die Ruhepause bei Tourneetransporten mit Spezialkraftwagen zur Personenbeförderung im fahrenden Fahrzeug verbracht werden. Die Ruhepause gilt in diesen Fällen als Arbeitszeit. Beginn und Ende der Ruhepause sind spätestens am Ende der Einsatzzeit handschriftlich auf einem Ausdruck aus dem Kontrollgerät zu vermerken.

(6) Spezialkraftwagen zur Personenbeförderung bei Tourneetransporten im Sinne des Abs. 5 sind Fahrzeuge, die
1. im Rahmen der nichtlinienmäßigen Personenbeförderung verwendet werden, jedoch nicht als Fahrzeuge der Klassen M1, M2 oder M3 gemäß § 3

Abs. 1 des Kraftfahrgesetzes 1967 (KFG), BGBl. Nr. 267, zugelassen sowie mit einem digitalen Kontrollgerät ausgestattet sind und
2. aufgrund besonderer konstruktiver Merkmale über eine Ausrüstung verfügen, die den Lenkerinnen und Lenkern eine erholungswirksame Ruhepause auch während der Fahrt ermöglichen. Während der Ruhepause muss eine Sitzgelegenheit sowie eine Schlafgelegenheit zur Verfügung stehen, die nach den kraftfahrrechtlichen Vorschriften für die Beförderung von Personen im Liegen zugelassen ist. Die Schlafgelegenheit muss unfallsicher konstruiert und entsprechend geprüft sein.

Abs. 5 gilt nicht für Leer- oder Überstellungsfahrten.

Nachtarbeit

§ 14. (1) Im Sinne dieser Bestimmung gilt
1. als Nacht die Zeit zwischen 0.00 Uhr und 04.00 Uhr,
2. als Nachtarbeit jede Tätigkeit, die in diesem Zeitraum ausgeübt wird.

(2) Die Tagesarbeitszeit eines Lenkers darf an Tagen, an denen er Nachtarbeit leistet, zehn Stunden nicht überschreiten.

(3) Dem Lenker gebührt für Nachtarbeit binnen 14 Tagen ein Ausgleich durch eine Verlängerung einer täglichen oder wöchentlichen Ruhezeit im Ausmaß der geleisteten Nachtarbeit.

(4) Der Kollektivvertrag, für Betriebe, für die kein Kollektivvertrag wirksam ist, die Betriebsvereinbarung, kann aus objektiven, technischen oder arbeitsorganisatorischen Gründen Abweichungen von Abs. 1 bis 3 zulassen.

(5) § 12a Abs. 4 bis 6 ist nicht anzuwenden.

(6) Die Definition der Nacht gemäß § 12a Abs. 1 bleibt hinsichtlich des Versetzungsanspruches (§ 12c) und des Rechts auf Information (§ 12d), die Definition der Nacht gemäß § 12b Abs. 2 Z 1 hinsichtlich der Untersuchungen (§ 12b) unberührt.

Unterabschnitt 4c
Sonderbestimmungen für das Lenken sonstiger Fahrzeuge

Lenkzeit

§ 14a. (1) Innerhalb der zulässigen Arbeitszeit darf die gesamte tägliche Lenkzeit zwischen zwei Ruhezeiten acht Stunden nicht überschreiten. Der Kollektivvertrag, für Betriebe, für die kein Kollektivvertrag wirksam ist, die Betriebsvereinbarung, kann zulassen, dass die Lenkzeit bis auf neun Stunden, zweimal wöchentlich jedoch bis auf zehn Stunden ausgedehnt wird.

(2) Innerhalb einer Woche darf die gesamte Lenkzeit 48 Stunden nicht überschreiten. Der Kollektivvertrag, für Betriebe, für die kein Kollektivvertrag wirksam ist, die Betriebsvereinbarung, kann eine Verlängerung der wöchentlichen Lenkzeit bis auf 56 Stunden zulassen. Innerhalb eines Zeitraumes von zwei aufeinander folgenden Wochen darf die Lenkzeit 90 Stunden nicht überschreiten.

(3) Bei Unterbrechung der täglichen Ruhezeit bei kombinierter Beförderung beginnt eine neue tägliche Lenkzeit nach Ablauf der gesamten Ruhezeit.

Lenkpausen

§ 15. (1) Nach einer Lenkzeit von höchstens vier Stunden ist eine Lenkpause von mindestens 30 Minuten einzulegen.

(1a) Der Kollektivvertrag kann zulassen, dass anstelle der Lenkpause nach Abs. 1 eine Lenkpause nach Art. 7 der Verordnung (EG) Nr. 561/2006 einzulegen ist.

(2) Zeiten, die der Lenker im fahrenden Fahrzeug verbringt, ohne es zu lenken, können auf Lenkpausen angerechnet werden. Andere Arbeiten dürfen nicht ausgeübt werden.

(3) Lenkpausen dürfen nicht auf die tägliche Ruhezeit angerechnet werden.

Lenker im regionalen Kraftfahrlinienverkehr

§ 15a. (1) Für Lenker im regionalen Kraftfahrlinienverkehr gelten die Abweichungen gemäß Abs. 2 bis 5.

(2) Abweichend von § 12 Abs. 1 kann durch Kollektivvertrag zugelassen werden, dass an Tagen, an denen eine tägliche Ruhezeit von mindestens zwölf Stunden eingehalten wird, diese Ruhezeit in zwei oder drei Abschnitten genommen werden kann, wobei ein Teil mindestens acht zusammenhängende Stunden, die übrigen Teile jeweils mindestens eine Stunde betragen müssen. In diesen Fällen beginnt abweichend von § 13b Abs. 1 zweiter Satz eine neue Tagesarbeitszeit nach Ablauf des mindestens achtstündigen Teiles der Ruhezeit.

(3) Durch Kollektivvertrag kann abweichend von § 12 Abs. 2 zugelassen werden, dass die tägliche Ruhezeit dreimal wöchentlich auf mindestens neun zusammenhängende Stunden verkürzt wird. Wird die tägliche Ruhezeit verkürzt, ist dem Lenker bis zum Ende der folgenden Woche eine zusätzliche Ruhezeit im Ausmaß der Verkürzung zu gewähren. Diese als Ausgleich zustehende Ruhezeit ist zusammen mit einer anderen mindestens achtstündigen Ruhezeit zu gewähren.

(4) Abweichend von § 15 Abs. 1 ist nach einer Lenkzeit von höchstens viereinhalb Stunden eine Lenkpause von mindestens 45 Minuten einzulegen. Durch Kollektivvertrag kann zugelassen werden, dass diese Lenkpause ersetzt wird durch
  1. mehrere Lenkpausen von mindestens 15 Minuten, die in die Lenkzeit oder unmittelbar nach dieser so einzufügen sind, dass bei Beginn des letzten Teiles der Lenkpause die Lenkzeit von viereinhalb Stunden noch nicht überschritten sein darf, oder
  2. eine Lenkpause von mindestens 15 Minuten und eine Lenkpause von mindestens 30 Minuten, wobei bei Beginn der zweiten Lenkpause die Lenkzeit von viereinhalb Stunden noch nicht überschritten sein darf, oder
  3. mehrere Lenkpausen von mindestens je zehn Minuten, wenn die Gesamtdauer der Lenkpausen mindestens ein Sechstel der fahrplanmäßigen Lenkzeit beträgt, oder
  4. eine Lenkpause von mindestens 30 Minuten nach einer ununterbrochenen Lenkzeit von höchstens viereinhalb Stunden.

(5) Für Betriebe, für die kein Kollektivvertrag wirksam ist, kann die Betriebsvereinbarung Abweichungen nach Abs. 2 bis 4 zulassen.

Kombinierte Beförderung

§ 15b. (1) Durch Kollektivvertrag kann zugelassen werden, dass Zeiten, in denen ein Lenker ein Fahrzeug begleitet, das auf einem Fährschiff oder der Eisenbahn befördert wird, als Ruhepausen oder als Ruhezeiten gelten. Eine Ruhezeit ist dann gegeben, wenn
1. diese Zeit mindestens drei Stunden beträgt und
2. dem Lenker ein Bett oder eine Schlafkabine zur Verfügung steht.

(2) Durch Kollektivvertrag kann eine zweimalige Unterbrechung der täglichen Ruhezeit zugelassen werden, wenn
1. Zeiten unter den Bedingungen des Abs. 1 zum Teil an Land, zum Teil auf dem Fährschiff oder der Eisenbahn verbracht werden,
2. die Unterbrechung eine Stunde nicht übersteigt, und
3. dem Lenker während der gesamten täglichen Ruhezeit ein Bett oder eine Schlafkabine zur Verfügung steht.

Verbot bestimmter Arten des Entgelts

§ 15c. Lenker dürfen nicht nach Maßgabe der zurückgelegten Strecke oder der Menge der beförderten Güter entlohnt werden, auch nicht in Form von Prämien oder Zuschlägen für diese Fahrtstrecken oder Gütermengen, es sei denn, dass diese Entgelte nicht geeignet sind, die Sicherheit im Straßenverkehr zu beeinträchtigen oder Verstöße gegen dieses Bundesgesetz zu begünstigen.

Abweichungen

§ 15d. (1) Wenn es mit der Sicherheit im Straßenverkehr vereinbar ist, kann der Lenker, um einen geeigneten Halteplatz zu erreichen, von den §§ 14a, 15, 15a und 15b sowie einer Verordnung gemäß § 15e abweichen, soweit dies erforderlich ist, um die Sicherheit der Fahrgäste, des Fahrzeugs oder seiner Ladung zu gewährleisten. Art und Grund der Abweichung sind zu vermerken
1. auf dem Schaublatt, wenn das Fahrzeug mit einem analogen Kontrollgerät ausgerüstet ist,
2. auf dem Ausdruck des Kontrollgeräts, wenn das Fahrzeug mit einem digitalen Kontrollgerät ausgerüstet ist,
3. im Arbeitszeitplan in den Fällen des Art. 16 Abs. 1 der Verordnung (EG) Nr. 561/2006,
4. in den Arbeitszeitaufzeichnungen in den übrigen Fällen.

(2) Für Lenkerinnen und Lenker, die als gemäß § 97 Abs. 2 der Straßenverkehrsordnung 1960, BGBl. Nr. 159/1960, beeidete Straßenaufsichtsorgane mit der Begleitung von Sondertransporten beauftragt werden, sind Abweichungen nach Abs. 1 auch zulässig, wenn dies für die Sicherheit der Ladung des Sondertransportes erforderlich ist.

Unterabschnitt 4d
Gemeinsame Bestimmungen

Ausnahmen durch Verordnung

§ 15e. (1) Durch Verordnung können Abweichungen von den Bestimmungen der §§ 12, 13b bis 15b, 17 und 17a oder von den Verordnungen (EU) Nr. 165/2014 und (EG) Nr. 561/2006 für die jeweils erfassten Fahrzeuge zugelassen werden. Solche Verordnungen dürfen nur für den innerstaatlichen Straßenverkehr und nur für die in Art. 3 oder Art. 13 der Verordnung (EG) Nr. 561/2006 genannten Kraftfahrzeuge erlassen werden, wenn
1. diese Abweichungen wegen der Art der Beförderung notwendig sind, und
2. die Erholung der Lenker nicht beeinträchtigt wird.

(2) Soweit die Bundesregierung zum Abschluss von Regierungsübereinkommen gemäß Art. 66 Abs. 2 B-VG, ermächtigt ist, können auch für den grenzüberschreitenden Straßenverkehr Abweichungen gemäß Abs. 1 zugelassen werden.

Schadenersatz- und Regressansprüche

§ 15f. Bei Schadenersatz- und Regressansprüchen zwischen Arbeitgebern und Lenkern gelten als Grund für die Minderung oder den gänzlichen Ausschluss von Ersatz- oder Regressansprüchen im Sinne des § 2 Abs. 2 Z 4 und 5 des Dienstnehmerhaftpflichtgesetzes, BGBl. Nr. 80/1965,
1. das Vorliegen einer Entgeltvereinbarung im Sinne des § 15c,
2. ein Verstoß des Arbeitgebers gegen die Informationspflicht gemäß § 17c Abs. 1, oder
3. ein Verstoß gegen die in § 28 Abs. 3 Z 1 bis 5, 7 und 8, oder des Abs. 4 Z 1 bis 3 genannten Bestimmungen,

es sei denn, dass diese Verstöße auf den Eintritt des Schadens oder die Schadenshöhe keinen Einfluss haben konnten.

Einsatzzeit

§ 16. (1) Die Einsatzzeit von Lenkern umfasst die zwischen zwei Ruhezeiten anfallende Arbeitszeit und die Arbeitszeitunterbrechungen. Bei Teilung der täglichen Ruhezeit oder bei Unterbrechung der täglichen Ruhezeit bei kombinierter Beförderung beginnt eine neue Einsatzzeit nach Ablauf der gesamten Ruhezeit, bei Teilung der täglichen Ruhezeit im regionalen Kraftfahrlinienverkehr nach Ablauf des mindestens achtstündigen Teiles der Ruhezeit.

(2) Die Einsatzzeit darf zwölf Stunden nicht überschreiten, soweit im folgenden nicht anderes bestimmt wird.

(3) Für Lenker von Kraftfahrzeugen, die
1. zur Güterbeförderung dienen und deren zulässiges Gesamtgewicht, einschließlich Anhänger oder Sattelanhänger, 3,5 Tonnen übersteigt oder
2. zur Personenbeförderung dienen und die nach ihrer Bauart und Ausstattung geeignet und dazu bestimmt sind, mehr als neun Personen einschließlich des Fahrers zu befördern,

kann der Kollektivvertrag, für Betriebe, für die kein Kollektivvertrag wirksam ist, die Betriebsvereinbarung eine Verlängerung der Einsatzzeit soweit zulassen, daß die vorgeschriebene tägliche Ruhezeit eingehalten wird.

(4) Für Lenker der übrigen Kraftfahrzeuge kann der Kollektivvertrag, für Betriebe, für die kein Kollektivvertrag wirksam ist, die Betriebsvereinbarung, eine Verlängerung der Einsatzzeit bis auf 14 Stunden zulassen.

(5) Abs. 2 bis 4 gelten nicht für Lenker, für die auf Grund der arbeitsvertraglichen Pflichten nicht das Lenken eines Kraftfahrzeuges im Vordergrund steht.

Kontrollgerät und Fahrtenbuch

§ 17. (1) Ist ein Fahrzeug, das im regionalen Kraftfahrlinienverkehr eingesetzt wird, mit einem analogen oder digitalen Kontrollgerät ausgestattet, kommen die für VO-Fahrzeuge geltenden Vorschriften für die Verwendung des Kontrollgerätes, der Schaublätter, der Ausdrucke oder der Fahrerkarte nach Maßgabe des Art. 6 Abs. 5 der Verordnung (EG) Nr. 561/2006, der Art. 26 bis 29 sowie 32 bis 37 der Verordnung (EU) Nr. 165/2014 sowie des § 17a zur Anwendung.

(2) Für alle übrigen sonstigen Kraftfahrzeuge im Sinne des § 13 Abs. 1 Z 3, die mit einem analogen oder digitalen Kontrollgerät ausgerüstet sind, gelten für die Verwendung des Kontrollgerätes, der Schaublätter, der Ausdrucke oder der Fahrerkarte die im Abs. 1 genannten Vorschriften nur, soweit nicht anstelle der Verwendung des Kontrollgerätes ein Fahrtenbuch geführt wird.

(3) Ist das Kraftfahrzeug
  1. weder mit einem analogen noch einem digitalen Kontrollgerät ausgerüstet, oder
  2. wird auf die Verwendung des Kontrollgerätes gemäß Abs. 2 verzichtet,

haben die Lenkerinnen und Lenker ein Fahrtenbuch nach den Vorschriften der Abs. 4 bis 6 zu führen.

(4) Lenkerinnen und Lenker gemäß Abs. 3 haben während des Dienstes ein persönliches Fahrtenbuch mit sich zu führen. Das Fahrtenbuch ist den Kontrollorganen über deren Verlangen vorzuweisen.

(5) Den Arbeitgeberinnen und Arbeitgebern obliegen die Ausgabe der persönlichen Fahrtenbücher sowie die Führung eines Verzeichnisses. Die persönlichen Fahrtenbücher sowie das Verzeichnis sind nach Abschluss der persönlichen Fahrtenbücher mindestens 24 Monate lang aufzubewahren und den Kontrollorganen auf Verlangen auszuhändigen.

(6) Nähere Bestimmungen über die Merkmale, die Form, den Inhalt und die Vorschriften über die Führung des persönlichen Fahrtenbuches und des Verzeichnisses sowie deren Überprüfung durch die Arbeitgeberinnen und Arbeitgeber sind durch Verordnung zu treffen. Ferner können durch Verordnung Ausnahmen und Erleichterungen in der Führung der Fahrtenbücher gestattet werden, wenn die Überwachung der Einhaltung der Arbeitszeitregelungen auf andere Weise hinlänglich sichergestellt ist.

Digitales Kontrollgerät

§ 17a. (1) Zur Gewährleistung der ordnungsgemäßen Verwendung des digitalen Kontrollgerätes und der Fahrerkarte hat der Arbeitgeber in der Arbeitszeit den Lenker ausreichend und nachweislich in der Handhabung zu unterweisen oder

die ausreichende Unterweisung nachweislich sicher zu stellen sowie alle sonst dafür notwendigen Maßnahmen zu treffen, insbesondere eine Bedienungsanleitung sowie genügend geeignetes Papier für den Drucker zur Verfügung zu stellen. Der Arbeitgeber hat weiters dafür Sorge zu tragen, dass der Lenker all seinen Verpflichtungen bezüglich des digitalen Kontrollgerätes nach
1. dem Kraftfahrgesetz 1967 (KFG), BGBl. Nr. 267, insbesondere hinsichtlich der manuellen Eingabe gemäß § 102a KFG,
2. der Verordnung (EU) Nr. 165/2014, insbesondere hinsichtlich der Mitführverpflichtungen gemäß Art. 36,

nachkommt.

(2) Ist ein Fahrzeug mit einem digitalen Kontrollgerät ausgerüstet, so hat der Arbeitgeber dafür Sorge zu tragen, dass alle relevanten Daten aus dem digitalen Kontrollgerät und von der Fahrerkarte eines Lenkers lückenlos elektronisch herunter geladen und auf einen externen Datenträger übertragen werden und von allen übertragenen Daten unverzüglich Sicherungskopien erstellt werden, die auf einem gesonderten Datenträger aufzubewahren sind. Die herunter geladenen Daten müssen gemäß Art. 2 Abs. 2 lit. n der Verordnung (EU) Nr. 165/2014 mit einer digitalen Signatur versehen sein. Sind die Fahrerkarte oder das digitale Kontrollgerät beschädigt oder weisen sie Fehlfunktionen auf, hat der Arbeitgeber alle zumutbaren Maßnahmen zu treffen, um die Daten in elektronischer Form zu erhalten. Ist dies nicht möglich, hat er zumindest einen Ausdruck vom Kontrollgerät vorzunehmen.

(3) Das Herunterladen, Übertragen und Sichern der Daten hat zu erfolgen:
1. bei den Daten aus dem digitalen Kontrollgerät:
    a) spätestens drei Monate nach dem letzten Herunterladen,
    b) im Falle eines Wechsels des Zulassungsbesitzers unmittelbar vor der Abmeldung des Fahrzeuges gemäß § 43 KFG,
    c) im Falle einer Aufhebung der Zulassung des Fahrzeugs gemäß § 44 KFG unmittelbar nachdem davon Kenntnis erlangt wird,
    d) unmittelbar vor oder nach einer Überlassung des Fahrzeugs, wenn diese aufgrund der Vermietung des Fahrzeugs oder einem vergleichbaren Rechtsgeschäft erfolgt,
    e) unmittelbar vor einem Austausch des Kontrollgeräts,
    f) im Falle eines Defekts einer Fahrerkarte, sobald davon Kenntnis erlangt wird;
2. bei den Daten von der Fahrerkarte eines Lenkers:
    a) spätestens alle 28 Tage,
    b) unmittelbar vor Beginn und Ende eines Beschäftigungsverhältnisses,
    c) unmittelbar vor Ablauf der Gültigkeit der Fahrerkarte.

(4) Der Arbeitgeber hat dafür zu sorgen, dass die vollständige, geordnete, inhaltsgleiche und authentische Wiedergabe der Daten gemäß Abs. 2 jederzeit gewährleistet ist. Er hat dem Arbeitsinspektorat diese Daten auf seine Kosten in elektronischer Form und einschließlich jener Hilfsmittel zur Verfügung zu stellen, die notwendig sind, um die Daten lesbar zu machen. Auf Verlangen ist auch ein Ausdruck dieser Daten vorzunehmen.

Aufzeichnungs- und Aufbewahrungspflicht

§ 17b. Der Arbeitgeber hat Aufzeichnungen über sämtliche geleisteten Arbeitsstunden von Lenkern zu führen und alle Lenkeraufzeichnungen mindestens 24 Monate lang aufzubewahren, wobei diese Frist bei einer Durchrechnung der Arbeitszeit mit dem Ende des Durchrechnungszeitraumes beginnt. Diese Aufzeichnungen sind dem Arbeitsinspektorat lückenlos und geordnet nach Lenker und Datum zur Verfügung zu stellen. Als Lenkeraufzeichnungen gelten neben sämtlichen herunter geladenen, übertragenen und gesicherten Daten im Sinne des § 17a Abs. 2 auch die Ausdrucke vom Kontrollgerät, Schaublätter, Arbeitszeitpläne, Fahrtenbücher sowie alle sonstigen Arbeitszeitaufzeichnungen.

Informationspflichten

§ 17c. (1) Der Dienstzettel gemäß § 2 Abs. 2 Arbeitsvertragsrechts-Anpassungsgesetz (AVRAG), BGBl. Nr. 459/1993, hat neben allen dort genannten Angaben auch einen Hinweis auf die für die Lenkerin/den Lenker geltenden arbeitszeitrechtlichen Vorschriften sowie auf die Möglichkeiten zur Einsichtnahme zu enthalten.

(2) Der Arbeitgeber hat dem Arbeitnehmer auf Verlangen eine Kopie der Arbeitszeitaufzeichnungen auszuhändigen.

Abschnitt 5
Sonderbestimmungen für Arbeitnehmer in Betrieben des öffentlichen Verkehrs

Allgemeine Sonderbestimmungen

§ 18. (1) In dem öffentlichen Verkehr dienenden Unternehmen gelten, soweit sie nicht nach § 1 Abs. 2 von diesem Bundesgesetz ausgenommen sind, die Bestimmungen dieses Bundesgesetzes nach Maßgabe des Abschnittes 5 für
1. Arbeitnehmer, die
    a) auf Haupt- oder Nebenbahnen gemäß § 4 des Eisenbahngesetzes 1957, BGBl. Nr. 60, als Zugpersonal (§ 18f Abs. 1 Z 1) eingesetzt sind, oder
    b) in Haupt- oder Nebenbahnunternehmen sonstige fahrplangebundene Tätigkeiten ausüben;
2. Arbeitnehmer in Straßenbahn- oder Oberleitungsomnibusunternehmen gemäß § 5 des Eisenbahngesetzes, die
    a) als Fahrpersonal eingesetzt sind,
    b) fahrplangebundene Tätigkeiten ausüben oder
    c) sonstige Tätigkeiten ausüben, die die Kontinuität des Dienstes gewährleisten;
3. Arbeitnehmer in Seilbahnunternehmen gemäß § 2 des Seilbahngesetzes 2003, BGBl. I Nr. 103, die
    a) als Fahrpersonal tätig sind,
    b) zur Unterstützung oder Sicherung der Passagiere beim Ein- und Aussteigen eingesetzt oder

c) mit der Lawinensicherung, Beschneiung und Pistenpräparierung befasst sind, sofern ein vorhersehbarer übermäßiger Arbeitsanfall besteht;
4. Arbeitnehmerinnen und Arbeitnehmer im Schiffsdienst von
   a) Hafenunternehmen im Sinne des Schifffahrtsgesetzes, BGBl. I Nr. 62/1997;
   b) Schifffahrtsunternehmen im Sinne des Schifffahrtsgesetzes;
5. Arbeitnehmer im Schiffsdienst von Schifffahrtsunternehmen im Sinne des Seeschifffahrtsgesetzes, BGBl. Nr. 174/1981;
6. Arbeitnehmer, die in Unternehmen nach dem
   a) Luftfahrtgesetz 1957, BGBl. Nr. 253,
   b) Flughafen-Bodenabfertigungsgesetz, BGBl. I Nr. 97/1998,
   c) Luftfahrtsicherheitsgesetz LSG, BGBl. Nr. 824/1992,

als Flughafenpersonal oder als Flugsicherungspersonal Tätigkeiten ausüben, die zur Aufrechterhaltung des Luftverkehrs ständig erforderlich sind;
auch wenn sie kurzfristig andere Tätigkeiten ausüben.

(2) Durch Kollektivvertrag kann zugelassen werden, daß die nach den §§ 3 oder 5 zulässige wöchentliche Normalarbeitszeit abweichend von § 4 und abweichend von der nach § 3 Abs. 1 zulässigen tägliche Normalarbeitszeit innerhalb eines mehrwöchigen Durchrechnungszeitraumes so verteilt wird, daß im wöchentlichen Durchschnitt die nach den §§ 3 oder 5 zulässige wöchentliche Normalarbeitszeit nicht überschritten wird. Dabei darf die Tagesarbeitszeit zehn Stunden, in den Fällen des § 5 und des § 7 Abs. 1 jedoch zwölf Stunden insoweit überschreiten, als dies die Aufrechterhaltung des Verkehrs erfordert.

(3) Für Arbeitnehmer, deren Arbeitsleistung Warte- und Bereitschaftszeiten einschließt, können durch Kollektivvertrag abweichend von den §§ 2 und 3 besondere Regelungen über das Ausmaß der Wochenarbeitsleistung, über die Bewertung der Warte- und Bereitschaftszeiten als Arbeitszeit sowie über die Art und Höhe der Abgeltung dieser Zeiten getroffen werden.

(4) Durch Kollektivvertrag kann eine von § 11 abweichende Regelung zugelassen werden, wenn es im Interesse der Arbeitnehmer des Unternehmens gelegen oder aus betrieblichen Gründen notwendig ist.

(5) Abweichungen nach Abs. 2 bis 4 oder §§ 18a bis 18d sind auch durch Betriebsvereinbarung zulässig, wenn für die betroffenen Arbeitnehmer kein Kollektivvertrag wirksam ist.

Arbeitnehmerinnen und Arbeitnehmer in Straßenbahn-, Oberleitungsomnibus- und Seilbahnunternehmen

§ 18a. (1) Für Arbeitnehmer gemäß § 18 Abs. 1 Z 2 und 3 kann durch Kollektivvertrag zugelassen werden, dass die gemäß § 12 Abs. 1 zustehende tägliche Ruhezeit auf mindestens acht Stunden verkürzt wird. Diese Verkürzung ist innerhalb der nächsten 21 Tage durch entsprechende Verlängerung einer anderen täglichen oder wöchentlichen Ruhezeit auszugleichen. An höchstens zwei Tagen pro Woche kann durch Kollektivvertrag eine Verkürzung auf mindestens sechs Stunden zugelassen werden, wobei die erste Verkürzung innerhalb von sieben Tagen auszugleichen ist, die zweite Verkürzung innerhalb von 14 Tagen.

(2) Für Lenkerinnen und Lenker in Oberleitungsomnibusunternehmen sind darüber hinaus auch § 13c Abs. 1 bis 4 und § 14 anzuwenden.

Arbeitnehmer in Unternehmen der Binnenschifffahrt

§ 18b. (1) Für Arbeitnehmerinnen und Arbeitnehmer gemäß § 18 Abs. 1 Z 4 lit. a kann durch Kollektivvertrag zugelassen werden, dass die gemäß § 12 Abs. 1 zustehende tägliche Ruhezeit
1. auf mindestens acht Stunden verkürzt wird. Solche Verkürzungen der Ruhezeit sind innerhalb der nächsten zehn Kalendertage durch entsprechende Verlängerung einer anderen täglichen oder wöchentlichen Ruhezeit auszugleichen. Eine Verkürzung auf weniger als zehn Stunden ist nur zulässig, wenn der Kollektivvertrag weitere Maßnahmen zur Sicherstellung der Erholung der Arbeitnehmerinnen und Arbeitnehmer vorsieht;
2. in zwei Abschnitten gewährt wird, wobei ein Teil der Ruhezeit mindestens sechs Stunden betragen muss. Ruhezeiten, die gemäß Z 1 auf weniger als zehn Stunden verkürzt wurden, dürfen nicht geteilt werden.

(2) Die Abs. 3 bis 9 gelten nur für Arbeitnehmerinnen und Arbeitnehmer gemäß § 18 Abs. 1 Z 4 lit. b.

(3) Durch Kollektivvertrag kann zugelassen werden, dass die gemäß § 12 Abs. 1 zustehende tägliche Ruhezeit
1. auf mindestens zehn Stunden verkürzt wird. Solche Verkürzungen der Ruhezeit sind innerhalb der nächsten zehn Kalendertage durch entsprechende Verlängerung einer anderen täglichen oder wöchentlichen Ruhezeit auszugleichen;
2. in zwei Abschnitten gewährt wird, wobei ein Teil der Ruhezeit mindestens sechs Stunden betragen muss.

(4) Die Summe der täglichen Ruhezeiten und der wöchentliche Ruhezeit nach dem Arbeitsruhegesetz (Gesamtruhezeit) darf innerhalb einer Kalenderwoche 84 Stunden nicht unterschreiten.

(5) Arbeitnehmerinnen und Arbeitnehmer dürfen innerhalb einer Kalenderwoche höchstens 42 Stunden während des Zeitraums von 23.00 Uhr bis 06.00 Uhr beschäftigt werden.

(6) Abweichend von § 18 Abs. 2 letzter Satz darf die Tagesarbeitszeit zehn Stunden, in den Fällen des § 5 zwölf Stunden, überschreiten, wenn dies die Aufrechterhaltung des Verkehrs erfordert, sie darf jedoch keinesfalls mehr als 14 Stunden betragen.

(7) Abweichend von § 25 hat der Aushang der Arbeitszeiteinteilung an Bord des Schiffes zu erfolgen und sind die Arbeitszeitaufzeichnungen gemäß § 26 an Bord des Schiffes zu führen. Diese haben jedenfalls zu enthalten:
1. Schiffsname,
2. Name der Arbeitnehmerin/des Arbeitnehmers,
3. Name der verantwortlichen Schiffsführerin/des verantwortlichen Schiffsführers,
4. Datum,
5. Arbeits- oder Ruhetag,
6. Beginn und Ende der täglichen Arbeits- oder Ruhezeiten.

(8) Die Arbeitszeitaufzeichnungen müssen mindestens bis zum Ende des jeweils vereinbarten Durchrechnungszeitraums an Bord aufbewahrt werden. Sie sind in geeigneten Zeitabständen (spätestens bis zum nächsten Monatsende) gemeinsam von Arbeitgeberin/Arbeitgeber oder Vertreterin/Vertreter und Arbeitnehmerin/Arbeitnehmer zu prüfen und bestätigen.

(9) Den Arbeitnehmerinnen und Arbeitnehmern ist eine Kopie der sie betreffenden bestätigten Aufzeichnungen auszuhändigen. Diese Kopien sind ein Jahr mitzuführen.

Arbeitnehmer in Unternehmen der Seeschifffahrt

§ 18c. (1) Arbeitnehmern gemäß § 18 Abs. 1 Z 5 ist abweichend von § 12 nach Beendigung der Tagesarbeitszeit eine ununterbrochene Ruhezeit von mindestens zehn Stunden zu gewähren. Durch Kollektivvertrag kann zugelassen werden, dass diese Ruhezeit in zwei Abschnitten gewährt wird, wobei ein Teil mindestens sechs Stunden betragen muss und zwischen diesen Teilen höchstens 14 Stunden liegen dürfen. In jedem Zeitraum von sieben aufeinander folgenden Tagen hat die Summe dieser Ruhezeiten mindestens 77 Stunden zu betragen.

(2) Dienstpläne und Arbeitszeitaufzeichnungen im Sinne der §§ 25 und 26 sind in den Arbeitssprachen und in Englisch an Bord der Schiffe aufzulegen bzw. zu führen und haben den Standardmustern der Anhänge I und II der Richtlinie 1999/95/EG zu entsprechen. Eine schriftlich vom Arbeitgeber und vom Arbeitnehmer bestätigte Kopie der Arbeitszeitaufzeichnung ist dem Arbeitnehmer auszuhändigen.

Arbeitnehmer in Luftfahrtunternehmen

§ 18d. Für Arbeitnehmer gemäß § 18 Abs. 1 Z 6 kann durch Kollektivvertrag zugelassen werden, dass die gemäß § 12 zustehende tägliche Ruhezeit auf mindestens zehn Stunden verkürzt wird, wenn in der unmittelbar auf diese verkürzte Ruhezeit folgenden Arbeitszeit spätestens nach sechs Stunden neben der Ruhepause gemäß § 11 zusätzlich eine Ruhepause von 30 Minuten gewährt wird. § 12 Abs. 2 bleibt unberührt.

Fliegendes Personal

§ 18e. (1) Soweit in diesem Bundesgesetz
1. auf den EU-Teilabschnitt FTL verwiesen wird, ist dies ein Verweis auf den Teilabschnitt FTL im Anhang III der Verordnung (EU) Nr. 965/2012 zur Festlegung technischer Vorschriften und von Verwaltungsverfahren in Bezug auf den Flugbetrieb gemäß der Verordnung (EG) Nr. 216/2008 des Europäischen Parlaments und des Rates, ABl. Nr. L 296 vom 25.10.2012, S. 1, in der jeweils geltenden Fassung;
1a. auf den EU-Teilabschnitt Q verwiesen wird, ist dies ein Verweis auf den Teilabschnitt Q im Anhang III der Verordnung (EG) Nr. 3922/91 des Rates vom 16. Dezember 1991 zur Harmonisierung der technischen Vorschriften und der Verwaltungsverfahren in der Zivilluftfahrt, ABl. Nr. L 373 vom 31.12.1991, S. 4, in der jeweils geltenden Fassung;
2. auf die AOCV 2008 verwiesen wird, ist dies ein Verweis auf die Verordnung des Bundesministers für Verkehr, Innovation und Technologie betreffend die Voraussetzungen für die Erteilung des Luftverkehrsbetreiberzeugnisses (AOCV 2008), BGBl. II Nr. 254/2008, in der jeweils geltenden Fassung;
3. der Begriff „Blockzeit" verwendet wird, bezeichnet dies die Zeit zwischen der ersten Bewegung eines Luftfahrzeugs aus seiner Parkposition zum

Zweck des Startens bis zum Stillstand an der zugewiesenen Parkposition und bis alle Triebwerke abgestellt sind;
4. der Begriff „Blockzeit" für Hubschrauber verwendet wird, bezeichnet dies die Zeit vom Beginn des Drehens der Rotoren zum Zweck des Startens bis zum Stillstand.

(2) Für das fliegende Personal von Luftfahrtunternehmen sind der Abschnitt 2, mit Ausnahme des § 2, und der Abschnitt 3 sowie die §§ 12a Abs. 4 bis 6, 20a und 20b nicht anzuwenden. Für diese Arbeitnehmer darf
1. die Blockzeit 900 Stunden pro Kalenderjahr und
2. die Arbeitszeit pro Kalenderjahr 2 000 Stunden

nicht überschreiten. Die Jahresarbeitszeit ist möglichst gleichmäßig zu verteilen. Die Organisation des Arbeitsrhythmus durch den Arbeitgeber hat den allgemeinen Grundsatz zu berücksichtigen, dass die Arbeit dem Arbeitnehmer angepasst sein muss.

(3) Für das fliegende Personal von Luftfahrtunternehmen sind überdies folgende Bestimmungen anzuwenden:
1. bei Flügen gemäß Art. 8 Z 1 der Verordnung (EU) Nr. 965/2012 der EU-Teilabschnitt FTL,
2. bei Flügen gemäß Art. 8 Z 2 der Verordnung (EU) Nr. 965/2012 der EU-Teilabschnitt Q,
3. bei allen anderen Flügen die Anhänge 1 und 2 der AOCV 2008

jeweils einschließlich österreichischer Durchführungsvorschriften.

(4) § 26 gilt unbeschadet der in den EU-Teilabschnitten FTL oder Q oder in der AOCV 2008 vorgesehenen Aufzeichnungspflichten.

Unterabschnitt 5a
Sonderbestimmungen für Arbeitnehmer auf Haupt- oder Nebenbahnen

Begriffsbestimmungen

§ 18f. (1) Im Sinne dieses Bundesgesetzes ist
1. Zugpersonal das Personal, das als Triebfahrzeugführer oder Zugbegleitpersonal an Bord eines Zuges beschäftigt wird;
2. Triebfahrzeugführer jeder Arbeitnehmer, der für das Fahren eines Triebfahrzeuges verantwortlich ist;
3. grenzüberschreitendes Zugpersonal jenes Zugpersonal, das mindestens eine Stunde seiner täglichen Arbeitszeit im interoperablen grenzüberschreitenden Verkehr gemäß Z 6 eingesetzt wird;
4. eine auswärtige Ruhezeit eine tägliche Ruhezeit, die nicht am üblichen Wohnort des als Zugpersonal eingesetzten Arbeitnehmers genommen werden kann;
5. Fahrzeit die Dauer der geplanten Tätigkeit, während der der Triebfahrzeugführer die Verantwortung für das Fahren des Triebfahrzeuges trägt, ausgenommen die Zeit, die für das Auf- und Abrüsten des Triebfahrzeuges eingeplant ist. Sie schließt jedoch geplante Unterbrechungen ein, in denen

der Triebfahrzeugführer für das Fahren des Triebfahrzeuges verantwortlich bleibt;
6. interoperabler grenzüberschreitender Verkehr ein grenzüberschreitender Verkehr, für den gemäß der Richtlinie 2001/14/EG, ABl. Nr. L 75 vom 15.03.2001, S. 29, mindestens zwei Sicherheitsbescheinigungen für das Eisenbahnunternehmen erforderlich sind.

(2) Als interoperabler grenzüberschreitender Verkehr gemäß Abs. 1 Z 6 gilt jedoch nicht
1. der grenzüberschreitende Personennah- und -regionalverkehr,
2. der grenzüberschreitende Güterverkehr, welcher nicht mehr als 15 Kilometer über die Grenze hinausgeht,
3. Zugbewegungen auf grenzüberschreitenden Strecken, die ihre Fahrt auf der Infrastruktur desselben Mitgliedstaats beginnen und beenden und die Infrastruktur eines anderen Mitgliedstaats nutzen, ohne dort anzuhalten (Korridorverkehr),
4. der Verkehr zwischen den im Anhang der Richtlinie 2005/47/EG aufgeführten offiziellen Grenzbahnhöfen.

Tägliche Ruhezeit

§ 18g. (1) Abweichend von § 12 Abs. 1 beträgt die tägliche Ruhezeit des grenzüberschreitenden Zugpersonals zwölf Stunden. Sie kann in folgenden Fällen verkürzt werden:
1. einmal pro Woche auf mindestens neun Stunden, wenn dafür eine entsprechende Verlängerung der nächsten täglichen Ruhezeit am Wohnort erfolgt;
2. auf mindestens acht Stunden ohne Ausgleich, wenn es sich um eine auswärtige tägliche Ruhezeit handelt.

Eine verkürzte Ruhezeit gemäß Z 1 darf nicht zwischen zwei auswärtigen Ruhezeiten gemäß Z 2 festgelegt werden. Auf eine auswärtige Ruhezeit hat jedenfalls eine tägliche Ruhezeit am Wohnort zu folgen.

(2) Für das sonstige Zugpersonal und Arbeitnehmer nach § 18 Abs. 1 Z 1 lit. b ist § 18a anzuwenden.

Ruhepausen für das Zugpersonal

§ 18h. (1) Auf das Zugpersonal ist § 11 nicht anzuwenden.

(2) Die Arbeitszeit der Triebfahrzeugführer ist bei einer
1. Gesamtdauer der Arbeitszeit von mehr als sechs Stunden durch eine Ruhepause von mindestens 30 Minuten,
2. Gesamtdauer der Arbeitszeit von mehr als acht Stunden durch eine Ruhepause von mindestens 45 Minuten

zu unterbrechen.

(3) Beträgt die Gesamtdauer der Arbeitszeit des Zugbegleitpersonals mehr als sechs Stunden, ist sie durch eine Ruhepause von mindestens 30 Minuten zu unterbrechen.

(4) Die zeitliche Lage und die Länge der Ruhepause müssen ausreichend sein, um eine effektive Erholung des Zugpersonals zu sichern.

Fahrzeit für Triebfahrzeugführer

§ 18i. (1) Die Fahrzeit eines Triebfahrzeugführers zwischen zwei Ruhezeiten darf neun Stunden nicht überschreiten. Werden mindestens drei Stunden im Nachtzeitraum gemäß § 12a Abs. 1 gefahren, darf die Fahrzeit acht Stunden nicht überschreiten.

(2) Innerhalb eines Zeitraumes von zwei aufeinander folgenden Wochen darf die Fahrzeit eines grenzüberschreitenden Triebfahrzeugführers 80 Stunden nicht überschreiten.

Abweichungen für den nationalen Verkehr

§ 18j. Für Zugpersonal, das nicht grenzüberschreitend eingesetzt wird, kann der Kollektivvertrag Abweichungen von den §§ 18h und 18i Abs. 1 vorsehen.

Arbeitszeitaufzeichnungen

§ 18k. Aufzeichnungen über die Arbeitszeit des Zugpersonals gemäß § 26 sind für mindestens ein Jahr aufzubewahren.

Abschnitt 6
Sonderbestimmungen für bestimmte Arbeitnehmer in Heil- und Pflegeanstalten (Krankenanstalten) und Kuranstalten

Arbeitszeit bei Arbeitsverhältnissen zur Reinhaltung, Wartung und Beaufsichtigung von Häusern

§ 19. Für Arbeitnehmer gemäß § 1 Abs. 2 Z 5 lit. b darf die Arbeitsverpflichtung jenes Ausmaß nicht übersteigen, das von einer vollwertigen Arbeitskraft unter Einhaltung der wöchentlichen Arbeitszeit gemäß § 9 Abs. 1 bewältigt werden kann.

Sonderbestimmungen für bestimmte Arbeitnehmerinnen und Arbeitnehmer in öffentlichen Apotheken

§ 19a. (1) Für Arbeitnehmerinnen und Arbeitnehmer, die als Apothekenleiterinnen bzw. Apothekenleiter oder als andere allgemein berufsberechtigte Apothekerinnen und Apotheker in öffentlichen Apotheken beschäftigt sind, gelten die Bestimmungen dieses Bundesgesetzes mit den folgenden Abweichungen.

(2) Für Arbeitnehmerinnen und Arbeitnehmer, in deren Arbeitszeit wegen des Bereitschaftsdienstes der Apotheken gemäß § 8 Apothekengesetz, RGBl. Nr. 5/1907, regelmäßig und in erheblichem Umfang Arbeitsbereitschaft fällt, kann der Kollektivvertrag zulassen:
1. verlängerte Dienste von bis zu 25 Stunden,
2. abweichend von Z 1 bis zum 31. Dezember 2019 verlängerte Dienste von bis zu 32 Stunden, wobei eine weitere Verlängerung der Dienste von bis zu zwei Stunden für Arbeitnehmer und Arbeitnehmerinnen zugelassen werden kann, die an beiden Tagen des verlängerten Dienstes einen Bereitschaftsdienst während der Mittagssperre leisten,

3. innerhalb eines Durchrechnungszeitraumes von 17 Wochen eine durchschnittliche Wochenarbeitszeit von bis zu 48 Stunden,
4. abweichend von Z 3 bis zum 31. Dezember 2019 innerhalb eines Durchrechnungszeitraumes von 17 Wochen eine durchschnittliche Wochenarbeitszeit von bis zu 60 Stunden in Apotheken, die nach den apothekenrechtlichen Vorschriften mindestens 60 Bereitschaftsdienste im Turnus pro Kalenderjahr leisten müssen,
5. in einzelnen Wochen des Durchrechnungszeitraumes eine Wochenarbeitszeit von bis zu 72 Stunden, wobei eine Wochenarbeitszeit von mehr als 60 Stunden höchstens in vier aufeinanderfolgenden Wochen zulässig ist und
6. eine Ausdehnung des Durchrechnungszeitraumes von 17 auf bis zu 26 Wochen.

(2a) Eine Verlängerung der durchschnittlichen Wochenarbeitszeit von 48 auf bis zu 60 Stunden im Rahmen des Abs. 2 Z 4 ist nur zulässig, wenn die Arbeitnehmerin bzw. der Arbeitnehmer einer solchen Verlängerungsmöglichkeit schriftlich zugestimmt hat. Diese Zustimmung darf außer bei betriebsfremden Vertreterinnen und Vertretern nach § 17b Abs. 1 erster Satz Apothekengesetz nicht im Zusammenhang mit der Begründung des Dienstverhältnisses stehen.

(2b) Diese Zustimmung kann mit einer Vorankündigungsfrist von acht Wochen
1. für den nächsten Durchrechnungszeitraum,
2. bei einem Durchrechnungszeitraum von mehr als 17 Wochen für den verbleibenden Zeitraum

schriftlich widerrufen werden.

(2c) Arbeitgeberinnen und Arbeitgeber dürfen Arbeitnehmerinnen und Arbeitnehmer, die einer Verlängerung im Rahmen des Abs. 2 Z 4 nicht zustimmen oder ihre Zustimmung widerrufen haben, gegenüber anderen Arbeitnehmerinnen und Arbeitnehmern nicht benachteiligen. Dieses Diskriminierungsverbot betrifft insbesondere sämtliche Arbeitsbedingungen, die Verlängerung und die Beendigung von Dienstverhältnissen, Entgeltbedingungen, Aus- und Weiterbildungsmaßnahmen und Aufstiegschancen.

(2d) Arbeitgeberinnen und Arbeitgeber haben ein aktuelles Verzeichnis der Arbeitnehmerinnen und Arbeitnehmer zu führen, die einer Verlängerung im Rahmen des Abs. 2 Z 4 schriftlich zugestimmt haben. Bei Widerruf ist die Arbeitnehmerin bzw. der Arbeitnehmer aus dem Verzeichnis zu streichen. Diesem Verzeichnis sind Ablichtungen der Zustimmungserklärungen beizulegen.

(3) Bei Arbeitszeiten gemäß Abs. 2 kann der Kollektivvertrag Abweichungen von § 6 Abs. 1 zulassen.

(4) Verlängerte Dienste von bis zu 25 Stunden sind durch zwei, verlängerte Dienste von bis zu 32 Stunden durch drei Ruhepausen von jeweils mindestens 30 Minuten zu unterbrechen. Ist die Gewährung einer Ruhepause aus organisatorischen Gründen nicht möglich, ist innerhalb der nächsten zehn Kalendertage eine Ruhezeit entsprechend zu verlängern.

(5) Nach verlängerten Diensten von mehr als 13 Stunden ist die folgende Ruhezeit um jenes Ausmaß zu verlängern, um das der verlängerte Dienst 13 Stunden überstiegen hat, mindestens jedoch um elf Stunden. § 12a Abs. 4 bis 6 ist nicht anzuwenden.

(6) Für Arbeitnehmerinnen und Arbeitnehmer, in deren Arbeitszeit nicht in erheblichem Umfang Arbeitsbereitschaft fällt, kann der Kollektivvertrag unbeschadet der nach § 7 Abs. 1 zulässigen Überstunden bis zu zehn weitere Überstunden zulassen.

(7) Soweit nach § 8 des Apothekengesetzes sowie nach den dazu ergangenen Ausführungsvorschriften eine Dienstleistung in Form der Rufferreichbarkeit zulässig ist, darf mit der einzelnen Arbeitnehmerin bzw. dem einzelnen Arbeitnehmer Rufferreichbarkeit nur an 15 Tagen pro Monat vereinbart werden. Der Kollektivvertrag kann zulassen, dass Rufferreichbarkeit innerhalb eines Zeitraumes von 13 Kalenderwochen an 45 Tagen, jedoch höchstens an 30 aufeinanderfolgenden Tagen vereinbart werden kann.

(8) Leistet eine Arbeitnehmerin bzw. ein Arbeitnehmer während eines Bereitschaftsdienstes gemäß Abs. 7 Arbeiten, kann die tägliche Ruhezeit unterbrochen werden. Beträgt ein Ruhezeitteil mindestens acht Stunden, so ist innerhalb von zwei Wochen eine andere Ruhezeit um vier Stunden, in allen übrigen Fällen um sechs Stunden zu verlängern.

(9) Für Arbeitnehmerinnen und Arbeitnehmer, die als Vertreterinnen und Vertreter für alleinarbeitende Apothekenleiterinnen und Apothekenleiter beschäftigt werden, sind ununterbrochene Bereitschaftsdienste in Rufferreichbarkeit höchstens in vier aufeinanderfolgenden Wochen zulässig. Nach einer solchen Bereitschaftsperiode ist ein arbeitsfreier Ausgleichszeitraum von zwei Tagen pro Woche der Vertretung zu gewähren. Das Dienstverhältnis endet frühestens nach Ende des Ausgleichszeitraumes. Der Abs. 8 Z 1 zweiter Satz und Z 2 zweiter Satz sind nicht anzuwenden.

Abschnitt 6a
Vertragsrechtliche Bestimmungen

Geltungsbereich

§ 19b. (1) Dieser Abschnitt gilt für Arbeitsverhältnisse aller Art.

(2) Dieser Abschnitt ist jedoch nicht auf Arbeitnehmer anzuwenden, die in einem Arbeitsverhältnis zu einer Gebietskörperschaft oder einem Gemeindeverband stehen. Die Bestimmungen dieses Abschnittes gelten jedoch für Arbeitnehmer, die in einem Arbeitsverhältnis zum Bund stehen, sofern für ihr Arbeitsverhältnis ein Kollektivvertrag wirksam ist.

(3) Ausgenommen sind weiters
1. Arbeiter im Sinne des Landarbeitsgesetzes 1984, BGBl. Nr. 287,
2. Arbeitnehmer, für die das Hausbesorgergesetz, BGBl. Nr. 16/1970, gilt;
3. leitende Angestellte oder sonstige Arbeitnehmerinnen und Arbeitnehmer, denen maßgebliche selbständige Entscheidungsbefugnis übertragen ist und deren gesamte Arbeitszeit auf Grund der besonderen Merkmale der Tätigkeit
    a) nicht gemessen bzw. im Voraus festgelegt wird, oder
    b) von diesen Arbeitnehmerinnen bzw. Arbeitnehmern hinsichtlich Lage und Dauer selbst festgelegt werden kann;
4. Heimarbeiter im Sinne des Heimarbeitsgesetz 1960, BGBl. Nr. 105/1961.

5. nahe Angehörige der Arbeitgeberin bzw. des Arbeitgebers (Eltern, volljährige Kinder, im gemeinsamen Haushalt lebende Ehegattin oder Ehegatte, eingetragene Partnerin oder Partner, sowie Lebensgefährtin oder Lebensgefährte, wenn seit mindestens drei Jahren ein gemeinsamer Haushalt besteht), deren gesamte Arbeitszeit auf Grund der besonderen Merkmale der Tätigkeit
   a) nicht gemessen oder im Voraus festgelegt wird, oder
   b) von diesen Arbeitnehmerinnen bzw. Arbeitnehmern hinsichtlich Lage und Dauer selbst festgelegt werden kann;

(4) Von den §§ 19e und 19f sind weiters ausgenommen:
1. Arbeitnehmer, die in einem Arbeitsverhältnis zu einer Stiftung, zu einem Fonds oder zu einer Anstalt stehen, sofern diese Einrichtungen von Organen einer Gebietskörperschaft oder von Personen verwaltet werden, die hiezu von Organen einer Gebietskörperschaft bestellt sind;
2. Arbeitnehmer, für die die Vorschriften des Bäckereiarbeiter/innengesetzes 1996, BGBl. Nr. 410, gelten;
3. Arbeitnehmer, für die die Vorschriften des Hausgehilfen- und Hausangestelltengesetzes, BGBl. Nr. 235/1962, gelten;
4. Lehr- und Erziehungskräfte an Unterrichts- und Erziehungsanstalten, soweit sie nicht unter Abs. 2 fallen;
5. Arbeitnehmer, die im Rahmen des Bordpersonals von Luftverkehrsunternehmungen tätig sind;
6. Arbeitnehmer, für die die Vorschriften des Krankenanstalten-Arbeitszeitgesetzes, BGBl. I Nr. 8/1997, gelten.

Lage der Normalarbeitszeit

§ 19c. (1) Die Lage der Normalarbeitszeit und ihre Änderung ist zu vereinbaren, soweit sie nicht durch Normen der kollektiven Rechtsgestaltung festgesetzt wird.

(2) Abweichend von Abs. 1 kann die Lage der Normalarbeitszeit vom Arbeitgeber geändert werden, wenn
   1. dies aus objektiven, in der Art der Arbeitsleistung gelegenen Gründen sachlich gerechtfertigt ist,
   2. dem Arbeitnehmer die Lage der Normalarbeitszeit für die jeweilige Woche mindestens zwei Wochen im vorhinein mitgeteilt wird,
   3. berücksichtigungswürdige Interessen des Arbeitnehmers dieser Einteilung nicht entgegenstehen und
   4. keine Vereinbarung entgegensteht.

(3) Von Abs. 2 Z 2 kann abgewichen werden, wenn dies in unvorhersehbaren Fällen zur Verhinderung eines unverhältnismäßigen wirtschaftlichen Nachteils erforderlich ist und andere Maßnahmen nicht zumutbar sind. Durch Normen der kollektiven Rechtsgestaltung können wegen tätigkeitsspezifischer Erfordernisse von Abs. 2 Z 2 abweichende Regelungen getroffen werden.

Teilzeitarbeit

§ 19d. (1) Teilzeitarbeit liegt vor, wenn die vereinbarte Wochenarbeitszeit die gesetzliche Normalarbeitszeit oder eine durch Normen der kollektiven Rechtsgestaltung festgelegte kürzere Normalarbeitszeit im Durchschnitt unterschreitet. Einer Norm der kollektiven Rechtsgestaltung ist gleichzuhalten, wenn eine durch Betriebsvereinbarung festgesetzte kürzere Normalarbeitszeit mit anderen Arbeitnehmern, für die kein Betriebsrat errichtet ist, einzelvertraglich vereinbart wird.

(2) Ausmaß und Lage der Arbeitszeit und ihre Änderung sind zu vereinbaren, sofern sie nicht durch Normen der kollektiven Rechtsgestaltung festgesetzt werden. Die Änderung des Ausmaßes der regelmäßigen Arbeitszeit bedarf der Schriftform. § 19c Abs. 2 und 3 sind anzuwenden. Eine ungleichmäßige Verteilung der Arbeitszeit auf einzelne Tage und Wochen kann im Vorhinein vereinbart werden.

(2a) Die Arbeitgeberin/der Arbeitgeber hat teilzeitbeschäftigte Arbeitnehmerinnen/Arbeitnehmer bei Ausschreibung von im Betrieb frei werdenden Arbeitsplätzen, die zu einem höheren Arbeitszeitausmaß führen können, zu informieren. Die Information kann auch durch allgemeine Bekanntgabe an einer geeigneten, für die Teilzeitbeschäftigten leicht zugänglichen Stelle im Betrieb, durch geeignete elektronische Datenverarbeitung oder durch geeignete Telekommunikationsmittel erfolgen.

(3) Teilzeitbeschäftigte Arbeitnehmer sind zur Arbeitsleistung über das vereinbarte Arbeitszeitausmaß (Mehrarbeit) nur insoweit verpflichtet, als
1. gesetzliche Bestimmungen, Normen der kollektiven Rechtsgestaltung oder der Arbeitsvertrag dies vorsehen,
2. ein erhöhter Arbeitsbedarf vorliegt oder die Mehrarbeit zur Vornahme von Vor- und Abschlußarbeiten (§ 8) erforderlich ist, und
3. berücksichtigungswürdige Interessen des Arbeitnehmers der Mehrarbeit nicht entgegenstehen.

(3a) Für Mehrarbeitsstunden gemäß Abs. 3 gebührt ein Zuschlag von 25%. § 10 Abs. 3 ist anzuwenden.

(3b) Mehrarbeitsstunden sind nicht zuschlagspflichtig, wenn
1. sie innerhalb des Kalendervierteljahres oder eines anderen festgelegten Zeitraumes von drei Monaten, in dem sie angefallen sind, durch Zeitausgleich im Verhältnis 1:1 ausgeglichen werden;
2. bei gleitender Arbeitszeit die vereinbarte Arbeitszeit innerhalb der Gleitzeitperiode im Durchschnitt nicht überschritten wird. § 6 Abs. 1a ist sinngemäß anzuwenden.

(3c) Sieht der Kollektivvertrag für Vollzeitbeschäftigte eine kürzere wöchentliche Normalarbeitszeit als 40 Stunden vor und wird für die Differenz zwischen kollektivvertraglicher und gesetzlicher Normalarbeitszeit kein Zuschlag oder ein geringerer Zuschlag als nach Abs. 3a festgesetzt, sind Mehrarbeitsstunden von Teilzeitbeschäftigten im selben Ausmaß zuschlagsfrei bzw. mit dem geringeren Zuschlag abzugelten.

(3d) Sind neben dem Zuschlag nach Abs. 3a auch andere gesetzliche oder kollektivvertragliche Zuschläge für diese zeitliche Mehrleistung vorgesehen, gebührt nur der höchste Zuschlag.

(3e) Abweichend von Abs. 3a kann eine Abgeltung von Mehrarbeitsstunden durch Zeitausgleich vereinbart werden. Der Mehrarbeitszuschlag ist bei der Bemessung des Zeitausgleiches zu berücksichtigen oder gesondert auszuzahlen. Die Abs. 3b bis 3d sind auch auf die Abgeltung durch Zeitausgleich anzuwenden. § 10 Abs. 2 ist anzuwenden.

(3f) Der Kollektivvertrag kann Abweichungen von Abs. 3a bis 3e zulassen.

(4) Sofern in Normen der kollektiven Rechtsgestaltung oder Arbeitsverträgen Ansprüche nach dem Ausmaß der Arbeitszeit bemessen werden, ist bei Teilzeitbeschäftigten die regelmäßig geleistete Mehrarbeit zu berücksichtigen, dies insbesondere bei der Bemessung der Sonderzahlungen.

(5) *[aufgehoben]*

(6) Teilzeitbeschäftigte Arbeitnehmer dürfen wegen der Teilzeitarbeit gegenüber vollzeitbeschäftigten Arbeitnehmern nicht benachteiligt werden, es sei denn, sachliche Gründe rechtfertigen eine unterschiedliche Behandlung. Freiwillige Sozialleistungen sind zumindest in jenem Verhältnis zu gewähren, das dem Verhältnis der regelmäßig geleisteten Arbeitszeit zur gesetzlichen oder kollektivvertraglichen Normalarbeitszeit entspricht. Im Streitfall hat der Arbeitgeber zu beweisen, daß eine Benachteiligung nicht wegen der Teilzeitarbeit erfolgt.

(7) Durch Kollektivvertrag kann festgelegt werden, welcher Zeitraum für die Berechnung der regelmäßig geleisteten Mehrarbeit (Abs. 4) und für die Berechnung der Sozialleistungen (Abs. 6) heranzuziehen ist.

(8) Die Abs. 2 und 3 gelten nicht für Teilzeitbeschäftigungen gemäß Mutterschutzgesetz 1979, BGBl. Nr. 221, Väter-Karenzgesetz, BGBl. Nr. 651/1989, § 13a AVRAG oder vergleichbarer österreichischer Rechtsvorschriften.

Abgeltung von Zeitguthaben

§ 19e. (1) Besteht im Zeitpunkt der Beendigung des Arbeitsverhältnisses ein Guthaben des Arbeitnehmers an Normalarbeitszeit oder Überstunden, für die Zeitausgleich gebührt, ist das Guthaben abzugelten, soweit der Kollektivvertrag nicht die Verlängerung der Kündigungsfrist im Ausmaß des zum Zeitpunkt der Beendigung des Arbeitsverhältnisses bestehenden Zeitguthabens vorsieht und der Zeitausgleich in diesem Zeitraum verbraucht wird. Der Beendigung eines Arbeitsverhältnisses ist die Beendigung einer Arbeitskräfteüberlassung gleichzuhalten.

(2) Für Guthaben an Normalarbeitszeit gebührt ein Zuschlag von 50%. Dies gilt nicht, wenn der Arbeitnehmer ohne wichtigen Grund vorzeitig austritt. Der Kollektivvertrag kann Abweichendes regeln.

Abbau von Zeitguthaben

§ 19f. (1) Wird bei Durchrechnung der Normalarbeitszeit (§ 4 Abs. 4 und 6) mit einem Durchrechnungszeitraum von mehr als 26 Wochen der Zeitpunkt des Ausgleichs von Zeitguthaben nicht im Vorhinein festgelegt, und bestehen

1. bei einem Durchrechnungszeitraum von bis zu 52 Wochen nach Ablauf des halben Durchrechnungszeitraumes
2. bei einem längeren Durchrechnungszeitraum nach Ablauf von 26 Wochen

Zeitguthaben, ist der Ausgleichszeitpunkt binnen vier Wochen festzulegen oder der Ausgleich binnen 13 Wochen zu gewähren. Anderenfalls kann der Arbeitnehmer den Zeitpunkt des Ausgleichs mit einer Vorankündigungsfrist von vier Wochen selbst bestimmen, sofern nicht zwingende betriebliche Erfordernisse diesem Zeitpunkt entgegen stehen, oder eine Abgeltung in Geld verlangen. Durch Kollektivvertrag oder Betriebsvereinbarung können abweichende Regelungen getroffen werden.

(2) Wird bei Überstundenarbeit, für die Zeitausgleich gebührt, der Zeitpunkt des Ausgleichs nicht im Vorhinein vereinbart, ist

1. der Zeitausgleich für noch nicht ausgeglichene Überstunden, die bei Durchrechnung der Normalarbeitszeit (§ 4 Abs. 4 und 6) oder gleitender Arbeitszeit (§ 4b) durch Überschreitung der durchschnittlichen Normalarbeitszeit entstehen, binnen sechs Monaten nach Ende des Durchrechnungszeitraumes bzw. der Gleitzeitperiode zu gewähren;
2. in sonstigen Fällen der Zeitausgleich für sämtliche in einem Kalendermonat geleistete und noch nicht ausgeglichene Überstunden binnen sechs Monaten nach Ende des Kalendermonats zu gewähren.

Durch Kollektivvertrag können abweichende Regelungen getroffen werden.

(3) Wird der Zeitausgleich für Überstunden nicht innerhalb der Frist nach Abs. 2 gewährt, kann der Arbeitnehmer den Zeitpunkt des Zeitausgleichs mit einer Vorankündigungsfrist von vier Wochen einseitig bestimmen, sofern nicht zwingende betriebliche Erfordernisse diesem Zeitpunkt entgegen stehen, oder eine Abgeltung in Geld verlangen.

Unabdingbarkeit

§ 19g. Die dem Arbeitnehmer auf Grund dieses Abschnittes zustehenden Rechte können durch Arbeitsvertrag weder aufgehoben noch beschränkt werden.

Abschnitt 7
Ausnahmen

Außergewöhnliche Fälle

§ 20. (1) In außergewöhnlichen Fällen finden die Bestimmungen der §§ 3 bis 5a, 7 bis 9, 11, 12, 12a Abs. 4 bis 6, 13b bis 15b, 15e, 16, 18, 18a, 18b Abs. 1 und 3 bis 6, 18c Abs. 1, 18d, 18e, 18g bis 18i, 19d Abs. 3 Z 1 und 2, 20a und 20b Abs. 3 bis 6 keine Anwendung auf vorübergehende und unaufschiebbare Arbeiten, die

a) zur Abwendung einer unmittelbaren Gefahr für die Sicherheit des Lebens oder für die Gesundheit von Menschen oder bei Notstand sofort vorgenommen werden müssen, oder

b) zur Behebung einer Betriebsstörung oder zur Verhütung des Verderbens von Gütern oder eines sonstigen unverhältnismäßigen wirtschaftlichen Sachschadens erforderlich sind, wenn unvorhergesehene und nicht zu verhindernde Gründe vorliegen und andere zumutbare Maßnahmen zur Erreichung dieses Zweckes nicht getroffen werden können.

(2) Der Arbeitgeber hat die Vornahme von Arbeiten auf Grund des Abs. 1 ehestens, längstens jedoch binnen zehn Tagen nach Beginn der Arbeiten dem Arbeitsinspektorat schriftlich anzuzeigen. Die Anzeige hat die Gründe der Arbeitszeitverlängerung sowie die Anzahl der zur Mehrarbeit herangezogenen Arbeitnehmer zu enthalten. Die Aufgabe der Mitteilung bei der Post gilt als Erstattung der Anzeige.

Rufbereitschaft

§ 20a. (1) Rufbereitschaft außerhalb der Arbeitszeit darf nur an zehn Tagen pro Monat vereinbart werden. Der Kollektivvertrag kann zulassen, daß Rufbereitschaft innerhalb eines Zeitraumes von drei Monaten an 30 Tagen vereinbart werden kann.

(2) Leistet eine Arbeitnehmerin bzw. ein Arbeitnehmer während der Rufbereitschaft Arbeiten, kann die tägliche Ruhezeit unterbrochen werden, wenn innerhalb von zwei Wochen eine andere tägliche Ruhezeit um vier Stunden verlängert wird. Ein Teil der Ruhezeit muss mindestens acht Stunden betragen.

Reisezeit

§ 20b. (1) Reisezeit im Sinne der Abs. 2 bis 5 liegt vor, wenn der Arbeitnehmer über Auftrag des Arbeitgebers vorübergehend seinen Dienstort (Arbeitsstätte) verläßt, um an anderen Orten seine Arbeitsleistung zu erbringen, sofern der Arbeitnehmer während der Reisebewegung keine Arbeitsleistung zu erbringen hat.

(2) Durch Reisezeiten können die Höchstgrenzen der Arbeitszeit überschritten werden.

(3) Bestehen während der Reisezeit ausreichende Erholungsmöglichkeiten, kann die tägliche Ruhezeit verkürzt werden. Durch Kollektivvertrag kann festgelegt werden, in welchen Fällen ausreichende Erholungsmöglichkeiten bestehen.

(4) Bestehen während der Reisezeit keine ausreichenden Erholungsmöglichkeiten, kann die tägliche Ruhezeit durch Kollektivvertrag höchstens auf acht Stunden verkürzt werden. Ergibt sich dabei am nächsten Arbeitstag ein späterer Arbeitsbeginn als in der Vereinbarung gemäß § 19c Abs. 1 vorgesehen, ist die Zeit zwischen dem vorgesehenen und dem tatsächlichen Beginn auf die Arbeitszeit anzurechnen.

(5) Verkürzungen der täglichen Ruhezeit nach Abs. 3 und 4 sind nur zweimal pro Kalenderwoche zulässig.

Verkürzung der Arbeitszeit und Verlängerung der Ruhezeit bei gefährlichen Arbeiten

§ 21. Für Arbeitnehmer, die bei Arbeiten beschäftigt werden, die mit einer besonderen Gefährdung der Gesundheit verbunden sind, kann durch Verordnung eine kürzere als die nach § 3 zulässige Dauer der Arbeitszeit oder die Einhaltung längerer Ruhepausen oder Ruhezeiten als in den §§ 11 und 12 vorgesehen, angeordnet werden. Insoweit Ruhepausen über das im § 11 Abs. 1 vorgesehene Ausmaß hinausgehen, gelten sie als Arbeitszeit.

Arbeitseinsatz bei Reparaturarbeiten in heißen Öfen von Eisen- oder Stahlhüttenbetrieben oder Kokereien

§ 22. (1) Bei Reparaturarbeiten (Zustellungen), die in Eisen- oder Stahlhüttenbetrieben in heißen Siemens-Martin-Öfen, heißen Schmelz-, Glüh-, Aufheiz- oder Brennöfen sowie in heißen Konvertern oder in Kokereien in heißen Kokereiöfen vorgenommen werden, darf die Wochenarbeitszeit vierzig Stunden nicht überschreiten. Wird die Arbeitszeit an einzelnen Werktagen regelmäßig verkürzt, so darf sie an den übrigen Tagen der Woche acht Stunden nicht überschreiten.

(2) Nimmt die Beschäftigung mit den im Abs. 1 genannten Arbeiten nicht eine volle Woche in Anspruch, so sind Arbeitszeiten in den im Abs. 1 angeführten heißen Öfen oder heißen Konvertern mit einem Zuschlag von 7,5 vH zu bewerten. Eine Arbeitsstunde ist daher mit 64 1/2 Minuten in Anschlag zu bringen, jedoch

darf die nach § 3 zulässige Dauer der Wochenarbeitszeit nicht überschritten werden.

(3) Als heiße Öfen oder heiße Konverter im Sinne der Abs. 1 und 2 gelten solche, bei denen die Innentemperatur mehr als 30 °C beträgt.

(4) Die Bestimmungen der Abs. 1 und 2 gelten auch für Reparaturarbeiten (Zustellungen) in Hochöfen, soweit mit Kohlenstoffsteinen gearbeitet wird.

(5) Bei Einführung einer Wochenarbeitszeit von zweiundvierzig Stunden tritt an Stelle des im Abs. 2 genannten Zuschlages von 7,5 vH ein solcher von 5 vH. Eine Arbeitsstunde ist daher dann mit 63 Minuten in Anschlag zu bringen.

Ausnahmen im öffentlichen Interesse

§ 23. Wenn es das öffentliche Interesse infolge besonders schwerwiegender Umstände erfordert, können durch Verordnung für einzelne Arten oder Gruppen von Betrieben Ausnahmen von den Bestimmungen der §§ 3, 4, 9, 11, 12, 12a Abs. 4 bis 6, 13b bis 15e, 16, 18, 18a, 18b Abs. 1 und 3 bis 6, 18c Abs. 1, 18d, 18e sowie 18g bis 18i zugelassen oder abweichende Regelungen hinsichtlich der Dauer der Ruhepausen getroffen werden.

§ 24. *[aufgehoben]*

Aushangpflicht

§ 25. (1) Der Arbeitgeber hat an geeigneter, für den Arbeitnehmer leicht zugänglicher Stelle in der Betriebsstätte einen Aushang über den Beginn und das Ende der Normalarbeitszeit sowie Zahl und Dauer der Ruhepausen sowie der wöchentlichen Ruhezeit gut sichtbar anzubringen oder den Arbeitnehmern mittels eines sonstigen Datenträgers samt Ablesevorrichtung, durch geeignete elektronische Datenverarbeitung oder durch geeignete Telekommunikationsmittel zugänglich zu machen.

(2) Bei gleitender Arbeitszeit hat der Aushang abweichend von Abs. 1 den Gleitzeitrahmen, allfällige Übertragungsmöglichkeiten sowie Dauer und Lage der wöchentlichen Ruhezeit zu enthalten.

(3) Ist die Lage der Ruhepausen generell festgesetzt, ist diese in den Aushang aufzunehmen.

Aufzeichnungs- und Auskunftspflicht

§ 26. (1) Der Arbeitgeber hat zur Überwachung der Einhaltung der in diesem Bundesgesetz geregelten Angelegenheiten in der Betriebsstätte Aufzeichnungen über die geleisteten Arbeitsstunden zu führen. Der Beginn und die Dauer eines Durchrechnungszeitraumes sind festzuhalten.

(2) Ist insbesondere bei gleitender Arbeitszeit vereinbart, daß die Arbeitszeitaufzeichnungen vom Arbeitnehmer zu führen sind, so hat der Arbeitgeber den Arbeitnehmer zur ordnungsgemäßen Führung dieser Aufzeichnungen anzuleiten. Nach Ende der Gleitzeitperiode hat der Arbeitgeber sich diese Aufzeichnungen aushändigen zu lassen und zu kontrollieren. Werden die Aufzeichnungen vom Arbeitgeber durch Zeiterfassungssystem geführt, so ist dem Arbeitnehmer nach Ende der Gleitzeitperiode auf Verlangen eine Abschrift der Arbeitszeitaufzeichnungen zu übermitteln, andernfalls ist ihm Einsicht zu gewähren.

(2a) Wird in Saisonbetrieben eine Verkürzung der Ruhezeit im Sinne des § 12 Abs. 2a in Anspruch genommen, ist die Führung der Arbeitszeitaufzeichnungen durch die Arbeitnehmerin bzw. den Arbeitnehmer nach Abs. 2 nicht zulässig. Die Arbeitgeberin bzw. der Arbeitgeber hat in den Arbeitszeitaufzeichnungen die Inanspruchnahme des § 12 Abs. 2a sowie den Beginn und das Ende der Saison zu vermerken.

(3) Für Arbeitnehmerinnen/Arbeitnehmer, die die Lage ihrer Arbeitszeit und ihren Arbeitsort weitgehend selbst bestimmen können oder ihre Tätigkeit überwiegend in ihrer Wohnung ausüben, sind ausschließlich Aufzeichnungen über die Dauer der Tagesarbeitszeit zu führen.

(4) Durch Betriebsvereinbarungen kann festgesetzt werden, daß Arbeitnehmer gemäß Abs. 3 die Aufzeichnungen selbst zu führen haben. In diesem Fall hat der Arbeitgeber den Arbeitnehmer zur ordnungsgemäßen Führung der Aufzeichnungen anzuleiten, sich die Aufzeichnungen regelmäßig aushändigen zu lassen und zu kontrollieren.

(5) Die Verpflichtung zur Führung von Aufzeichnungen über die Ruhepausen gemäß § 11 entfällt, wenn
1. durch Betriebsvereinbarung, in Betrieben ohne Betriebsrat durch schriftliche Einzelvereinbarung
   a) Beginn und Ende der Ruhepausen festgelegt werden oder
   b) es den Arbeitnehmern/Arbeitnehmerinnen überlassen wird, innerhalb eines festgelegten Zeitraumes die Ruhepausen zu nehmen, und
2. von dieser Vereinbarung nicht abgewichen wird.

(5a) Bei Arbeitnehmerinnen/Arbeitnehmern mit einer schriftlich festgehaltenen fixen Arbeitszeiteinteilung haben die Arbeitgeberinnen/Arbeitgeber lediglich deren Einhaltung zumindest am Ende jeder Entgeltzahlungsperiode sowie auf Verlangen des Arbeitsinspektorates zu bestätigen und sind nur Abweichungen von dieser Einteilung laufend aufzuzeichnen.

(6) Die Arbeitgeber haben dem Arbeitsinspektorat die erforderlichen Auskünfte zu erteilen und auf Verlangen Einsicht in die Aufzeichnungen über die geleisteten Arbeitsstunden zu geben.

(7) In der Abrechnung gemäß § 78 Abs. 5 EStG 1988 sind die geleisteten Überstunden auszuweisen.

(8) Arbeitnehmerinnen/Arbeitnehmer haben einmal monatlich Anspruch auf kostenfreie Übermittlung ihrer Arbeitszeitaufzeichnungen, wenn sie nachweislich verlangt werden.

(9) Verfallsfristen werden gehemmt,
1. solange den Arbeitnehmerinnen/Arbeitnehmern die Übermittlung gemäß Abs. 8 verwehrt wird, oder
2. wenn wegen des Fehlens von Aufzeichnungen über die geleisteten Arbeitsstunden die Feststellung der tatsächlich geleisteten Arbeitszeit unzumutbar ist.

Behördenzuständigkeit und Verfahrensvorschriften

§ 27. (1) Die nach den Bestimmungen dieses Bundesgesetzes den Arbeitsinspektoraten zustehenden Aufgaben und Befugnisse sind in den vom Wirkungsbereich der Arbeitsinspektion ausgenommenen Betrieben von den zur Wahrung des Arbeitnehmerschutzes sonst berufenen Behörden wahrzunehmen.

(2) Bescheide nach den Bestimmungen dieses Bundesgesetzes sind zu widerrufen, wenn die entsprechenden Voraussetzungen weggefallen sind.

(3) Meldungen nach § 7 Abs. 4 und § 20 Abs. 2 sind von Stempel- und Rechtsgebühren des Bundes befreit.

Strafbestimmungen

§ 28. (1) Arbeitgeber, die
1. zusätzliche Ruhezeiten nach § 12a Abs. 4 bis 6 nicht gewähren;
2. Arbeitnehmer entgegen § 19a Abs. 7 zur Rufereichbarkeit oder § 20a Abs. 1 zur Rufbereitschaft heranziehen oder entgegen § 19a Abs. 9 beschäftigen;
3. die Meldepflichten an das Arbeitsinspektorat gemäß § 20 Abs. 2, die Auskunfts- und Einsichtspflichten gemäß § 26 Abs. 6, die Aufbewahrungspflichten gemäß § 18k, Pflichten gemäß § 18b Abs. 8 oder 9 erster Satz verletzen, oder die Aufzeichnungen gemäß § 18b Abs. 7, § 18c Abs. 2 sowie § 26 Abs. 1 bis 5 mangelhaft führen;
4. die Verpflichtungen betreffend besondere Untersuchungen gemäß § 12b Abs. 1 verletzen;
5. Bescheide gemäß § 4 Abs. 2, § 5 Abs. 3 oder § 12 Abs. 4 nicht einhalten;
6. die Informationspflicht gemäß § 19d Abs. 2a nicht einhalten,

sind, sofern die Tat nicht nach anderen Vorschriften einer strengeren Strafe unterliegt, von der Bezirksverwaltungsbehörde mit einer Geldstrafe von 20 Euro bis 436 Euro zu bestrafen.

(2) Arbeitgeber, die
1. Arbeitnehmerinnen oder Arbeitnehmer über die Höchstgrenzen der täglichen oder wöchentlichen Arbeitszeit gemäß § 2 Abs. 2, § 7, § 8 Abs. 1, 2 oder 4, § 9, § 12a Abs. 5, § 18 Abs. 2 oder 3, § 18b Abs. 5 oder 6, § 19a Abs. 2 oder 6 oder § 20a Abs. 2 Z 1 hinaus einsetzen;
2. Ruhepausen oder Kurzpausen gemäß § 11 Abs. 1, 3, 4 oder 5, § 18 Abs. 4, § 18d, § 18h oder § 19a Abs. 4 nicht gewähren;
3. Arbeitnehmerinnen und Arbeitnehmern
   a) die tägliche Ruhezeit, den Ausgleich für Ruhezeitverkürzungen sowie sonstige vorgeschriebene Ausgleichsmaßnahmen gemäß § 12 Abs. 1 bis 2d, § 18a, § 18b Abs. 1 und 3, § 18c Abs. 1, § 18d, § 18g, § 19a Abs. 8, § 20a Abs. 2 Z 2 oder § 20b Abs. 4,
   b) Ruhezeitverlängerungen gemäß § 19a Abs. 4, 5 oder 8 oder § 20a Abs. 2 Z 2, oder
   c) die Gesamtruhezeit gemäß § 18b Abs. 4,
nicht gewähren;
4. Arbeitnehmer über die Höchstgrenzen der Fahrzeit gemäß § 18i hinaus einsetzen;
5. Verordnungen gemäß § 12 Abs. 4, § 21 oder § 23 übertreten;
6. Bescheide gemäß § 11 Abs. 1 und 5 nicht einhalten, oder
7. keine Aufzeichnungen gemäß § 18b Abs. 7, § 18c Abs. 2 sowie § 26 Abs. 1 bis 5 führen,

sind, sofern die Tat nicht nach anderen Vorschriften einer strengeren Strafe unterliegt, von der Bezirksverwaltungsbehörde mit einer Geldstrafe von 72 Euro bis 1 815 Euro, im Wiederholungsfall von 145 Euro bis 1 815 Euro zu bestrafen.

(3) Arbeitgeber, die
1. Lenker über die Höchstgrenzen der Arbeitszeit gemäß § 2 Abs. 2, § 13b Abs. 2 und 3 oder § 14 Abs. 2 hinaus einsetzen oder die Aufforderung nach § 13b Abs. 4 unterlassen;
2. Ruhepausen gemäß § 13c oder Ruhezeitverlängerungen gemäß § 14 Abs. 3 nicht gewähren;
3. Lenker über die gemäß § 14a Abs. 1 und 2 zulässige Lenkzeit hinaus einsetzen;
4. Lenkpausen gemäß § 15 oder § 15a Abs. 4 nicht gewähren;
5. die tägliche Ruhezeit gemäß § 15a Abs. 1 bis 3 oder § 15b Abs. 2 nicht gewähren;
6. die Aufzeichnungspflichten gemäß § 15d verletzen;
7. Verordnungen gemäß § 15e Abs. 1 oder § 17 Abs. 3 oder Regierungsübereinkommen gemäß § 15e Abs. 2 übertreten;
8. Lenker über die gemäß § 16 Abs. 2 bis 4 zulässige Einsatzzeit hinaus einsetzen;
9. nicht dafür sorgen, dass Lenkerinnen und Lenker das Fahrtenbuch gemäß § 17 Abs. 3 und 4 führen oder die ihre Pflichten gemäß § 17 Abs. 5 oder einer Verordnung nach § 17 Abs. 6 verletzen,

sind, sofern die Tat nicht nach anderen Vorschriften einer strengeren Strafe unterliegt, von der Bezirksverwaltungsbehörde mit einer Geldstrafe von 72 Euro bis 1 815 Euro, im Wiederholungsfall von 145 Euro bis 1 815 Euro zu bestrafen.

(3a) Arbeitgeberinnen und Arbeitgeber, die
1. die Pflichten betreffend das digitale Kontrollgerät gemäß § 17a verletzen;
2. die Aufzeichnungs- und Aufbewahrungspflichten gemäß § 17b verletzen,

sind, sofern die Tat nicht nach anderen Vorschriften einer strengeren Strafe unterliegt, von der Bezirksverwaltungsbehörde mit einer Geldstrafe von 145 Euro bis 2 180 Euro, im Wiederholungsfall von 200 Euro bis 3 600 Euro zu bestrafen.

(4) Abweichend von Abs. 2 und 3 sind Arbeitgeberinnen und Arbeitgeber, sofern die Tat nicht nach anderen Vorschriften einer strengeren Strafe unterliegt, von der Bezirksverwaltungsbehörde im Wiederholungsfall mit einer Geldstrafe von 218 Euro bis 3 600 Euro zu bestrafen, wenn
1. die Höchstgrenze der täglichen oder wöchentlichen Arbeitszeit (Abs. 2 Z 1 oder Abs. 3 Z 1) um mehr als 20% überschritten wurde, oder
2. die tägliche Ruhezeit (Abs. 2 Z 3 oder Abs. 3 Z 5) weniger als acht Stunden betragen hat, soweit nicht eine kürzere Ruhezeit zulässig ist.

(5) Arbeitgeberinnen und Arbeitgeber, die
1. Lenker über die gemäß Art. 6 Abs. 1 bis 3 der Verordnung (EG) Nr. 561/2006 zulässige Lenkzeit hinaus einsetzen;
2. Lenkpausen gemäß Art. 7 der Verordnung (EG) Nr. 561/2006 nicht gewähren;
3. die tägliche Ruhezeit gemäß Art. 8 Abs. 2, 4 oder 5 oder Art. 9 der Verordnung (EG) Nr. 561/2006 nicht gewähren;
4. die Pflichten gemäß Art. 6 Abs. 5 oder Art. 12 Satz 2 der Verordnung (EG) Nr. 561/2006 verletzen;
5. die Pflichten gemäß Art. 10 Abs. 1 der Verordnung (EG) Nr. 561/2006 verletzen;

6. nicht gemäß Art. 10 Abs. 2 der Verordnung (EG) Nr. 561/2006 dafür gesorgt haben, dass die Lenkerinnen und Lenker ihre Verpflichtungen gemäß der Verordnung (EU) Nr. 165/2014 sowie des Kapitels II der Verordnung (EG) Nr. 561/2006 einhalten;
7. die Pflichten betreffend den Linienfahrplan und den Arbeitszeitplan gemäß Art. 16 Abs. 2 und 3 der Verordnung (EG) Nr. 561/2006 verletzen;
8. die Pflichten betreffend das Kontrollgerät, das Schaublatt, den Ausdruck oder die Fahrerkarte gemäß Art. 3 Abs. 1, Art. 26 ausgenommen Abs. 4 und 9, Art. 27, Art. 28, Art. 29 Abs. 2 bis 5, Art. 32 Abs. 1 bis 4 sowie Art. 33 bis 37 der Verordnung (EU) Nr. 165/2014 verletzen,

sind, sofern die Tat nicht nach anderen Vorschriften einer strengeren Strafe unterliegt, von der Bezirksverwaltungsbehörde mit einer Geldstrafe gemäß Abs. 6 zu bestrafen.

(6) Sind Übertretungen gemäß Abs. 5 nach Anhang III der Richtlinie 2006/22/EG als

1. leichte Übertretungen eingestuft oder in diesem Anhang nicht erwähnt, sind die Arbeitgeberinnen und Arbeitgeber
   a) in den Fällen der Z 1 bis 7 mit einer Geldstrafe von 72 Euro bis 1 815 Euro, im Wiederholungsfall von 145 Euro bis 1 815 Euro,
   b) im Fall der Z 8 mit einer Geldstrafe von 145 Euro bis 2 180 Euro, im Wiederholungsfall von 200 Euro bis 3 600 Euro;
2. schwerwiegende Übertretungen eingestuft, sind die Arbeitgeberinnen und Arbeitgeber mit einer Geldstrafe von 200 Euro bis 2 180 Euro, im Wiederholungsfall von 250 Euro bis 3 600 Euro;
3. sehr schwerwiegende Übertretungen eingestuft, sind die Arbeitgeberinnen und Arbeitgeber mit einer Geldstrafe von 300 Euro bis 2 180 Euro, im Wiederholungsfall von 350 Euro bis 3 600 Euro,
4. schwerste Übertretungen eingestuft, sind die Arbeitgeberinnen und Arbeitgeber mit einer Geldstrafe von 400 Euro bis 2 180 Euro, im Wiederholungsfall von 450 Euro bis 3 600 Euro,

zu bestrafen.

(7) Arbeitgeber, die den Bestimmungen
1. des § 18e Abs. 2,
2. der EU-Teilabschnitte FTL oder Q einschließlich österreichischer Durchführungsvorschriften, oder
3. der Anhänge 1 und 2 der AOCV 2008 einschließlich österreichischer Durchführungsvorschriften

zuwiderhandeln, sind, sofern die Tat nicht nach anderen Vorschriften einer strengeren Strafe unterliegt, von der Bezirksverwaltungsbehörde mit einer Geldstrafe von 218 Euro bis 2 180 Euro, im Wiederholungsfall von 360 Euro bis 3 600 Euro, zu bestrafen.

(8) Auch Verstöße gegen die Aufzeichnungspflichten gemäß § 18b Abs. 7, § 18c Abs. 2 sowie § 26 Abs. 1 bis 5 sind hinsichtlich jedes einzelnen Arbeitnehmers gesondert zu bestrafen, wenn durch das Fehlen der Aufzeichnungen die Feststellung der tatsächlich geleisteten Arbeitszeit unmöglich oder unzumutbar wird.

(9) Im Falle des § 13a Abs. 2 genügt abweichend von § 44a Z 2 des Verwaltungsstrafgesetzes 1991 (VStG), BGBl. Nr. 52, als Angabe der verletzten Verwal-

tungsvorschrift die Angabe des entsprechenden Gebotes oder Verbotes der Verordnung (EG) Nr. 561/2006.

(10) *[aufgehoben]*

(11) Wurden Verwaltungsübertretungen nach den Abs. 1 bis 7 nicht im Inland begangen, gelten sie als an jenem Ort begangen, an dem sie festgestellt wurden.

(12) Abs. 1 bis 7 sind nicht anzuwenden, wenn die Zuwiderhandlung von Organen einer Gebietskörperschaft begangen wurde. Besteht bei einer Bezirksverwaltungsbehörde der Verdacht einer Zuwiderhandlung durch ein solches Organ, so hat sie, wenn es sich um ein Organ des Bundes oder eines Landes handelt, eine Anzeige an das oberste Organ, dem das der Zuwiderhandlung verdächtigte Organ untersteht (Art. 20 Abs. 1 erster Satz B-VG), in allen anderen Fällen aber eine Anzeige an die Aufsichtsbehörde zu erstatten.

...

Arbeitsruhegesetz – ARG

BGBl 1983/144 idF BGBl I 2019/22

(Auszug)

1. Abschnitt

Geltungsbereich

§ 1. (1) Dieses Bundesgesetz gilt für Arbeitnehmer aller Art, soweit im folgenden nicht anderes bestimmt wird.

(2) Ausgenommen sind:
1. Arbeitnehmer, die in einem Arbeitsverhältnis zu einer Gebietskörperschaft oder zu einem Gemeindeverband stehen, soweit sie nicht
    a) in Betrieben eines Landes, einer Gemeinde oder eines Gemeindeverbandes beschäftigt sind,
    b) in Betrieben des Bundes beschäftigt sind;
2. Arbeitnehmer von Kraftfahrlinienunternehmungen im Sinne des Kraftfahrliniengesetzes (KfLG), BGBl. I Nr. 203/1999, soweit für diese Arbeitnehmer zwingende dienstrechtliche Vorschriften über die wöchentliche Ruhezeit gelten;
3. nahe Angehörige der Arbeitgeberin bzw. des Arbeitgebers (Eltern, volljährige Kinder, im gemeinsamen Haushalt lebende Ehegattin oder Ehegatte, eingetragene Partnerin oder Partner, sowie Lebensgefährtin oder Lebensgefährte, wenn seit mindestens drei Jahren ein gemeinsamer Haushalt besteht), deren gesamte Arbeitszeit auf Grund der besonderen Merkmale der Tätigkeit
    a) nicht gemessen oder im Voraus festgelegt wird, oder
    b) von diesen Arbeitnehmerinnen bzw. Arbeitnehmern hinsichtlich Lage und Dauer selbst festgelegt werden kann;

4. Lehr- und Erziehungskräfte an Unterrichts- und Erziehungsanstalten, soweit sie nicht bereits unter Z 1 fallen;
5. leitende Angestellte oder sonstige Arbeitnehmerinnen und Arbeitnehmer, denen maßgebliche selbständige Entscheidungsbefugnis übertragen ist und deren gesamte Arbeitszeit auf Grund der besonderen Merkmale der Tätigkeit
   a) nicht gemessen oder im Voraus festgelegt wird, oder
   b) von diesen Arbeitnehmerinnen bzw. Arbeitnehmern hinsichtlich Lage und Dauer selbst festgelegt werden kann;
6. Arbeitnehmer, für die folgende Vorschriften gelten:
   a) das Hausbesorgergesetz, BGBl. Nr. 16/1970;
   b) das Hausgehilfen- und Hausangestelltengesetz, BGBl. Nr. 235/1962;
   c) das Bundesgesetz über die Beschäftigung von Kindern und Jugendlichen 1987, BGBl. Nr. 599;
   d) das Landarbeitsgesetz 1984, BGBl. Nr. 287;
   e) das Seeschifffahrtsgesetz, BGBl. Nr. 174/1981, soweit für diese Arbeitnehmer kollektivvertragliche Regelungen entsprechend § 4 des Anhanges der Richtlinie 1999/63/EG gelten;
7. Arbeitnehmer, die dem Bäckereiarbeiter/innengesetz 1996, BGBl. Nr. 410/1996, unterliegen;
8. Arbeitnehmer, die in Theaterunternehmen im Sinne des § 1 Abs. 2 des Theaterarbeitsgesetzes (TAG), BGBl. I Nr. 100/2010, beschäftigt sind;
9. Heimarbeiter, auf die das Heimarbeitsgesetz 1960, BGBl. Nr. 105/1961, anzuwenden ist.

(3) Auf Arbeitnehmer gesetzlich anerkannter Kirchen und Religionsgesellschaften, die nicht in Betrieben beschäftigt sind, findet dieses Gesetz Anwendung, wenn keine gleichwertige interne Regelung besteht.

2. Abschnitt
Wochenendruhe, Wochenruhe, Ersatzruhe und Feiertagsruhe

Begriff der Ruhezeit

§ 2. (1) Im Sinne dieses Bundesgesetzes ist
1. Wochenendruhe eine ununterbrochene Ruhezeit von 36 Stunden, in die der Sonntag fällt (§ 3);
2. Wochenruhe eine ununterbrochene Ruhezeit von 36 Stunden in der Kalenderwoche (§ 4);
3. wöchentliche Ruhezeit sowohl die Wochenendruhe als auch die Wochenruhe;
4. Ersatzruhe eine ununterbrochene Ruhezeit, die als Abgeltung für die während der wöchentlichen Ruhezeit geleistete Arbeit zusteht (§ 6);
5. Feiertagsruhe eine ununterbrochene Ruhezeit von 24 Stunden, die frühestens um 0 Uhr und spätestens um 6 Uhr des gesetzlichen Feiertages beginnt (§ 7).

(2) Während der Wochenend- und Feiertagsruhe darf im Rahmen der §§ 10 bis 18 nur die unumgänglich notwendige Anzahl von Arbeitnehmern beschäftigt werden.

(3) Soweit in diesem Bundesgesetz personenbezogene Bezeichnungen noch nicht geschlechtsneutral formuliert sind, gilt die gewählte Form für beide Geschlechter.

Wochenendruhe

§ 3. (1) Der Arbeitnehmer hat in jeder Kalenderwoche Anspruch auf eine ununterbrochene Ruhezeit von 36 Stunden, in die der Sonntag zu fallen hat (Wochenendruhe). Während dieser Zeit darf der Arbeitnehmer nur beschäftigt werden, wenn dies auf Grund der §§ 2 Abs. 2, 10 bis 18 zulässig ist.

(2) Die Wochenendruhe hat für alle Arbeitnehmer spätestens Samstag um 13 Uhr, für Arbeitnehmer, die mit unbedingt notwendigen Abschluß-, Reinigungs-, Instandhaltungs- oder Instandsetzungsarbeiten beschäftigt sind, spätestens Samstag um 15 Uhr zu beginnen.

(2a) Bei nicht durchlaufender mehrschichtiger Arbeitsweise hat die Wochenendruhe spätestens Samstag um 24 Uhr zu beginnen.

(3) In Betrieben mit einer werktags durchlaufenden mehrschichtigen Arbeitsweise hat die Wochenendruhe spätestens mit Ende der Nachtschicht zum Sonntag zu beginnen und darf frühestens mit Beginn der Nachtschicht zum Montag enden.

(4) Wird in Verbindung mit Feiertagen eingearbeitet und die ausfallende Arbeitszeit auf die Werktage der die Ausfallstage einschließenden Wochen verteilt (§ 4 Abs. 2 und 3 des Arbeitszeitgesetzes, BGBl. Nr. 461/1969), so kann der Beginn der Wochenendruhe im Einarbeitungszeitraum bis spätestens Samstag 18 Uhr aufgeschoben werden.

Wochenruhe

§ 4. Der Arbeitnehmer, der nach der für ihn geltenden Arbeitszeiteinteilung während der Zeit der Wochenendruhe beschäftigt wird, hat in jeder Kalenderwoche an Stelle der Wochenendruhe Anspruch auf eine ununterbrochene Ruhezeit von 36 Stunden (Wochenruhe). Die Wochenruhe hat einen ganzen Wochentag einzuschließen.

Abweichende Regelung der wöchentlichen Ruhezeit

§ 5. (1) Zur Ermöglichung der Schichtarbeit kann im Schichtplan die wöchentliche Ruhezeit abweichend von den §§ 3 und 4 geregelt werden.

(2) Das Ausmaß der wöchentlichen Ruhezeit kann in den Fällen des Abs. 1 bis auf 24 Stunden gekürzt werden. In einem Durchrechnungszeitraum von vier Wochen muß dem Arbeitnehmer jedoch eine durchschnittliche wöchentliche Ruhezeit von 36 Stunden gesichert sein. Zur Berechnung dürfen nur mindestens 24stündige Ruhezeiten herangezogen werden.

(3) Der/die Bundesminister/in für Arbeit, Soziales, Gesundheit und Konsumentenschutz[1]) kann auf Antrag des Arbeitgebers nach Anhörung der gesetzlichen Interessenvertretungen der Arbeitgeber und Arbeitnehmer abweichend von Abs. 2 Schichtpläne zulassen. Sie können die wöchentliche Ruhezeit von mindestens 24 Stunden unterschreiten oder den vierwöchigen Durchrechnungszeitraum über-

---

[1]) Ein Redaktionsversehen wurde vom Autor berichtigt.

schreiten, wenn dies aus wichtigen Gründen erforderlich und mit den Interessen der Arbeitnehmer vereinbar ist. Solche Schichtpläne können befristet werden.

(4) Der/die Bundesminister/in für Arbeit, Soziales, Gesundheit und Konsumentenschutz[2]) hat Ausnahmen gemäß Abs. 3 von Amts wegen oder auf Antrag einer der gesetzlichen Interessenvertretungen der Arbeitgeber oder Arbeitnehmer, des Arbeitgebers oder von Organen der Arbeitnehmerschaft des Betriebes abzuändern oder zu widerrufen, wenn die Voraussetzungen des Abs. 3 nicht mehr vorliegen.

(5) Für Arbeitnehmer, die auf im öffentlichen Interesse betriebenen Großbaustellen oder auf Baustellen der Wildbach- und Lawinenverbauung in Gebirgsregionen beschäftigt sind, kann durch Kollektivvertrag die wöchentliche Ruhezeit abweichend von den §§ 3 und 4 geregelt werden. Die wöchentliche Ruhezeit kann für einzelne Wochen gekürzt werden oder zur Gänze entfallen, wenn in einem vierwöchigen Durchrechnungszeitraum eine durchschnittliche wöchentliche Ruhezeit von 36 Stunden gesichert ist. Abs. 2 dritter Satz gilt sinngemäß.

(6) Für Arbeitnehmer, die bei der Herstellung oder beim Vertrieb von Tageszeitungen und Montagfrühblättern beschäftigt sind, kann durch Kollektivvertrag die wöchentliche Ruhezeit abweichend von den §§ 3 und 4 geregelt werden. Die wöchentliche Ruhezeit kann bis auf 24 Stunden gekürzt werden, wenn in einem vierwöchigen Durchrechnungszeitraum eine durchschnittliche wöchentliche Ruhezeit von 36 Stunden gesichert ist. Abs. 2 dritter Satz gilt sinngemäß.

Ersatzruhe

§ 6. (1) Der Arbeitnehmer, der während seiner wöchentlichen Ruhezeit (§ 2 Abs. 1 Z 3) beschäftigt wird, hat in der folgenden Arbeitswoche Anspruch auf Ersatzruhe, die auf seine Wochenarbeitszeit anzurechnen ist. Die Ersatzruhe ist im Ausmaß der während der wöchentlichen Ruhezeit geleisteten Arbeit zu gewähren, die innerhalb von 36 Stunden vor dem Arbeitsbeginn in der nächsten Arbeitswoche erbracht wurde.

(2) Während der Ersatzruhe nach Abs. 1 dürfen Arbeitnehmer nur im Rahmen der §§ 11 oder 14 beschäftigt werden.

(3) Wird ein Arbeitnehmer während der Ersatzruhe gemäß Abs. 1 beschäftigt, so ist diese Ersatzruhe im entsprechenden Ausmaß zu einer anderen, einvernehmlich festgesetzten Zeit nachzuholen.

(4) Während der Ersatzruhe nach Abs. 3 dürfen Arbeitnehmer nur zur Abwendung einer unmittelbaren Gefahr für die Sicherheit des Lebens oder für die Gesundheit von Menschen oder bei Notstand beschäftigt werden. Hiefür gebührt keine weitere Ersatzruhe.

(5) Die Ersatzruhe hat unmittelbar vor dem Beginn der folgenden wöchentlichen Ruhezeit zu liegen, soweit vor Antritt der Arbeit, für die Ersatzruhe gebührt, nicht anderes vereinbart wurde.

Rufbereitschaft

§ 6a. Rufbereitschaft außerhalb der Arbeitszeit darf nur während zwei wöchentlicher Ruhezeiten pro Monat vereinbart werden.

---

[2]) Ein Redaktionsversehen wurde vom Autor berichtigt.

Feiertagsruhe

§ 7. (1) Der Arbeitnehmer hat an Feiertagen Anspruch auf eine ununterbrochene Ruhezeit von mindestens 24 Stunden, die frühestens um 0 Uhr und spätestens um 6 Uhr des Feiertages beginnen muß.

(2) Feiertage im Sinne dieses Bundesgesetzes sind:
1. Jänner (Neujahr), 6. Jänner (Heilige Drei Könige), Ostermontag, 1. Mai (Staatsfeiertag), Christi Himmelfahrt, Pfingstmontag, Fronleichnam, 15. August (Mariä Himmelfahrt), 26. Oktober (Nationalfeiertag), 1. November (Allerheiligen), 8. Dezember (Mariä Empfängnis), 25. Dezember (Weihnachten), 26. Dezember (Stephanstag).

(3) *[aufgehoben]*

(4) Feiertage dürfen auf die wöchentliche Ruhezeit nur angerechnet werden, soweit sie in die Zeit der wöchentlichen Ruhezeit fallen.

(5) In Betrieben mit einer werktags durchlaufenden mehrschichtigen Arbeitsweise hat die Feiertagsruhe spätestens mit Ende der Nachtschicht zum Feiertag zu beginnen und darf frühestens mit Beginn der Nachtschicht zum nächsten Werktag enden.

(6) Ist für die Normalarbeitszeit (§ 3 Arbeitszeitgesetz) an Feiertagen Zeitausgleich vereinbart, so muß dieser mindestens einen Kalendertag oder 36 Stunden umfassen.

(7) Fällt ein Feiertag auf einen Sonntag, so sind die §§ 3 bis 5 anzuwenden.

Einseitiger Urlaubsantritt („persönlicher Feiertag")

§ 7a. (1) Der Arbeitnehmer kann den Zeitpunkt des Antritts eines Tages des ihm zustehenden Urlaubs einmal pro Urlaubsjahr einseitig bestimmen. Der Arbeitnehmer hat den Zeitpunkt spätestens drei Monate im Vorhinein schriftlich bekannt zu geben.

(2) Es steht dem Arbeitnehmer frei, auf Ersuchen des Arbeitgebers den bekannt gegebenen Urlaubstag nicht anzutreten. In diesem Fall hat der Arbeitnehmer weiterhin Anspruch auf diesen Urlaubstag. Weiters hat er für den bekannt gegebenen Tag außer dem Urlaubsentgelt Anspruch auf das für die geleistete Arbeit gebührende Entgelt, insgesamt daher das doppelte Entgelt, womit das Recht gemäß Abs. 1 erster Satz konsumiert ist.

(3) Abweichend von § 1 Abs. 2 Z 2 bis 9 gilt diese Bestimmung auch für diese Personen.

Freizeit zur Erfüllung der religiösen Pflichten

§ 8. (1) Der Arbeitnehmer, der während der Wochenend- oder Feiertagsruhe beschäftigt wird, hat auf Verlangen Anspruch auf die zur Erfüllung seiner religiösen Pflichten notwendige Freizeit, wenn diese Pflichten nicht außerhalb der Arbeitszeit erfüllt werden können und die Freistellung von der Arbeit mit den Erfordernissen des Betriebes vereinbar ist.

(2) Der Arbeitnehmer hat diesen Anspruch bei Vereinbarung der Wochenend- oder Feiertagsarbeit, spätestens jedoch zwei Tage vorher, bei späterer Vereinbarung sofort, dem Arbeitgeber gegenüber geltend zu machen.

Entgelt für Feiertage und Ersatzruhe

§ 9. (1) Der Arbeitnehmer behält für die infolge eines Feiertages oder der Ersatzruhe (§ 6) ausgefallene Arbeit seinen Anspruch auf Entgelt.

(2) Dem Arbeitnehmer gebührt jenes Entgelt, das er erhalten hätte, wenn die Arbeit nicht aus den im Abs. 1 genannten Gründen ausgefallen wäre.

(3) Bei Akkord-, Stück- oder Gedinglöhnen, akkordähnlichen oder sonstigen leistungsbezogenen Prämien oder Entgelten ist das fortzuzahlende Entgelt nach dem Durchschnitt der letzten 13 voll gearbeiteten Wochen unter Ausscheidung nur ausnahmsweise geleisteter Arbeiten zu berechnen. Hat der Arbeitnehmer nach Antritt des Arbeitsverhältnisses noch keine 13 Wochen voll gearbeitet, so ist das Entgelt nach dem Durchschnitt der seit Antritt des Arbeitsverhältnisses voll gearbeiteten Zeiten zu berechnen.

(4) Durch Kollektivvertrag im Sinne des § 18 Abs. 4 Arbeitsverfassungsgesetz, BGBl. Nr. 22/1974, kann geregelt werden, welche Leistungen des Arbeitgebers als Entgelt anzusehen sind. Die Berechnungsart für die Ermittlung der Höhe des Entgeltes kann durch Kollektivvertrag abweichend von Abs. 2 und 3 geregelt werden.

(5) Der Arbeitnehmer, der während der Feiertagsruhe beschäftigt wird, hat außer dem Entgelt nach Abs. 1 Anspruch auf das für die geleistete Arbeit gebührende Entgelt, es sei denn, es wird Zeitausgleich im Sinne des § 7 Abs. 6 vereinbart.

3. Abschnitt
Ausnahmen von der Wochenend- und Feiertagsruhe

Ausnahmen für bestimmte Tätigkeiten

§ 10. Während der Wochenend- und Feiertagsruhe dürfen Arbeitnehmer nur beschäftigt werden mit:
1. der Reinigung, Instandhaltung oder Instandsetzung, soweit sich solche Arbeiten während des regelmäßigen Arbeitsablaufes nicht ohne Unterbrechung oder erhebliche Störung ausführen lassen und infolge ihres Umfanges nicht bis spätestens Samstag 15 Uhr abgeschlossen werden können;
2. der Bewachung oder Wartung von Betriebsanlagen einschließlich Bergbauanlagen oder Wartung von Tieren;
3. Arbeiten, die dem Brandschutz dienen;
4. der gesundheitlichen Betreuung oder Versorgung mit Speisen und Getränken derjenigen Arbeitnehmer, die auf Grund der Ausnahmebestimmungen dieses Bundesgesetzes während der Wochenend- oder Feiertagsruhe beschäftigt werden dürfen;
5. der Beförderung der während der Wochenend- oder Feiertagsruhe beschäftigten Arbeitnehmer zu und von der Arbeitsstelle;
6. der Be- und Entlüftung, Beheizung oder Kühlung der Arbeitsräume;
7. Umbauarbeiten an Betriebsanlagen einschließlich Bergbauanlagen, wenn diese aus technischen Gründen nur während des Betriebsstillstandes durchgeführt werden können und ein Betriebsstillstand außerhalb der Ruhezeiten mit einem erheblichen Schaden verbunden wäre;

8. der Betreuung, Beaufsichtigung und Versorgung mit Speisen und Getränken in Internaten und Heimen, wenn diese Internate und Heime auch während der Wochenend- oder Feiertagsruhe betrieben werden.

Reisezeit

§ 10a. Verläßt der Arbeitnehmer über Auftrag des Arbeitgebers vorübergehend seinen Dienstort (Arbeitsstätte), um an anderen Orten seine Arbeitsleistung zu erbringen, ist eine Reisebewegung während der Wochenend- und Feiertagsruhe zulässig, wenn diese zur Erreichung des Reiseziels notwendig oder im Interesse des Arbeitnehmers gelegen ist.

Ausnahmen in außergewöhnlichen Fällen

§ 11. (1) Während der Wochenend- und Feiertagsruhe dürfen Arbeitnehmer in außergewöhnlichen Fällen mit vorübergehenden und unaufschiebbaren Arbeiten beschäftigt werden, soweit diese
1. zur Abwendung einer unmittelbaren Gefahr für die Sicherheit des Lebens oder die Gesundheit von Menschen oder bei Notstand sofort vorzunehmen sind oder
2. zur Behebung einer Betriebsstörung oder zur Verhütung des Verderbens von Gütern oder eines sonstigen unverhältnismäßigen wirtschaftlichen Schadens erforderlich sind, wenn unvorhergesehene und nicht zu verhindernde Gründe vorliegen und andere zumutbare Maßnahmen zu diesem Zweck nicht möglich sind.

(2) Der Arbeitgeber hat die in Abs. 1 angeführten Arbeiten dem Arbeitsinspektorat binnen zehn Tagen nach Beginn der Arbeiten schriftlich anzuzeigen. Die Anzeige hat die Gründe für die Arbeiten sowie die Anzahl der zur Arbeitsleistung benötigten Arbeitnehmer zu enthalten.

(3) Zur Sicherstellung der nach Abs. 1 notwendigen Arbeiten können Bereitschaftsdienste oder Rufbereitschaften eingerichtet werden.

(4) Der Arbeitgeber hat die Einrichtung von Bereitschaftsdiensten im Sinne des Abs. 3 unter Angabe von Gründen und der erforderlichen Anzahl der Arbeitnehmer dem Arbeitsinspektorat vorher schriftlich anzuzeigen. Entfallen die Gründe, die für die Einrichtung maßgebend waren, so hat er dies binnen zehn Tagen dem Arbeitsinspektorat schriftlich anzuzeigen.

Ausnahmen durch Verordnung für bestimmte Tätigkeiten

§ 12. (1) Durch Verordnung sind für Arbeitnehmer in bestimmten Betrieben Ausnahmen von der Wochenend- und Feiertagsruhe für Arbeiten zuzulassen, wenn diese
1. zur Befriedigung dringender Lebensbedürfnisse notwendig sind;
2. im Hinblick auf während der Wochenend- oder Feiertagsruhe hervortretende Freizeit- und Erholungsbedürfnisse und Erfordernisse des Fremdenverkehrs notwendig sind;
3. zur Bewältigung des Verkehrs notwendig sind;
4. aus technologischen Gründen einen ununterbrochenen Fortgang erfordern;

5. im Bergbau aus technologischen oder naturbedingten Gründen oder aus Gründen der Sicherheit einen ununterbrochenen Fortgang erfordern;
6. wegen der Gefahr des Mißlingens von Arbeitserzeugnissen nicht aufgeschoben werden können, soweit diese Gefahr nicht durch andere Maßnahmen abgewendet werden kann oder
7. wegen der Gefahr des raschen Verderbens von Rohstoffen nicht aufgeschoben werden können und nach der Art des Betriebes auf einen bestimmten Zeitraum beschränkt sind.

(2) Soweit dies nach der Art der Tätigkeit zweckmäßig ist, hat die Verordnung die nach Abs. 1 zulässigen Arbeiten einzeln anzuführen und das für die Durchführung notwendige Zeitausmaß festzulegen. Arbeiten, die im unmittelbaren Zusammenhang mit den nach Abs. 1 zulässigen Arbeiten stehen oder ohne die diese nicht durchführbar wären, sind zuzulassen, soweit sie nicht vor oder nach der Wochenend- oder Feiertagsruhe vorgenommen werden können.

Ausnahmen durch Kollektivvertrag

§ 12a. (1) Der Kollektivvertrag kann weitere Ausnahmen von der Wochenend- und Feiertagsruhe zulassen, wenn dies zur Verhinderung eines wirtschaftlichen Nachteils sowie zur Sicherung der Beschäftigung erforderlich ist.

(2) Soweit dies nach der Art der Tätigkeit zweckmäßig ist, hat der Kollektivvertrag die nach Abs. 1 zulässigen Arbeiten einzeln anzuführen und das für die Durchführung notwendige Zeitausmaß festzulegen.

Vorübergehend auftretender besonderer Arbeitsbedarf

§ 12b. (1) Bei vorübergehend auftretendem besonderem Arbeitsbedarf können durch Betriebsvereinbarung Ausnahmen von der Wochenend- und Feiertagsruhe an vier Wochenenden oder Feiertagen pro Arbeitnehmerin bzw. Arbeitnehmer und Jahr zugelassen werden. Eine Ausnahme von der Wochenendruhe kann nicht an vier auf einander folgenden Wochenenden erfolgen.

(2) Für Verkaufstätigkeiten nach dem Öffnungszeitengesetz gilt Abs. 1 nicht.

(3) In Betrieben ohne Betriebsrat kann Wochenend- und Feiertagsarbeit nach Abs. 1 und 2 schriftlich mit den einzelnen Arbeitnehmerinnen und Arbeitnehmern vereinbart werden. In diesem Fall steht es den Arbeitnehmerinnen und Arbeitnehmern frei, solche Wochenend- und Feiertagsarbeit ohne Angabe von Gründen abzulehnen. Sie dürfen deswegen nicht benachteiligt werden, insbesondere hinsichtlich des Entgelts, der Aufstiegsmöglichkeiten und der Versetzung. Werden Arbeitnehmerinnen und Arbeitnehmer deswegen gekündigt, können sie die Kündigung innerhalb einer Frist von zwei Wochen bei Gericht anfechten. § 105 Abs. 5 des Arbeitsverfassungsgesetzes (ArbVG), BGBl. Nr. 22/1974 gilt sinngemäß.

(4) Die Betriebsvereinbarung bzw. die schriftliche Einzelvereinbarung muss, sofern sie für wiederkehrende Ereignisse abgeschlossen wird, den Anlass umschreiben.

Ausnahmen durch Verordnung des Landeshauptmannes

§ 13. (1) Der Landeshauptmann kann neben den gemäß § 12 Abs. 1 und 2 zulässigen Ausnahmen nach Anhörung der zuständigen gesetzlichen Interessen-

vertretungen der Arbeitgeber und Arbeitnehmer durch Verordnung weitere Ausnahmen zulassen, wenn
1. nicht bereits eine Ausnahme im Sinne dieses Bundesgesetzes, insbesondere durch den Ausnahmenkatalog gemäß § 12 Abs. 1, für den zu regelnden Bereich besteht und
2. ein außergewöhnlicher regionaler Bedarf für Versorgungsleistungen gegeben ist.

(2) Verordnungen im Sinne des Abs. 1 haben den örtlichen Geltungsbereich, die Tätigkeiten, die Zeiträume und das maximale Zeitausmaß, während dem die Beschäftigung von Arbeitnehmern zulässig ist, genau zu bezeichnen. Arbeiten, die im unmittelbaren Zusammenhang mit den nach Abs. 1 zulässigen Arbeiten stehen oder ohne die diese nicht durchführbar wären, sind zuzulassen, soweit sie nicht vor oder nach der Wochenend- oder Feiertagsruhe vorgenommen werden können.

(3) Verordnungen gemäß Abs. 1 sind dem/der Bundesminister/in für Arbeit, Soziales, Gesundheit und Konsumentenschutz[3]) jeweils zur Kenntnis zu bringen.

(4) Abs. 1 bis 3 gelten nicht für Verkaufstätigkeiten nach dem Öffnungszeitengesetz 2003, BGBl. I Nr. 48/2003.

Sonderregelung für den 8. Dezember

§ 13a. Die Beschäftigung von Arbeitnehmern am 8. Dezember in Verkaufsstellen gemäß § 1 Abs. 1 und 3 des Öffnungszeitengesetzes 2003 ist zulässig, wenn der 8. Dezember auf einen Werktag fällt. Der Arbeitnehmer hat das Recht, die Beschäftigung am 8. Dezember auch ohne Angabe von Gründen abzulehnen. Kein Arbeitnehmer darf wegen der Weigerung, am 8. Dezember der Beschäftigung nachzugehen, benachteiligt werden.

Ausnahmen durch Verordnung im öffentlichen Interesse

§ 14. Durch Verordnung sind Ausnahmen von der Wochenend- oder Feiertagsruhe für die Arbeitnehmer bestimmter Betriebe zuzulassen, wenn es das öffentliche Interesse infolge besonders schwerwiegender Umstände erfordert.

Ausnahmen in Einzelfällen

§ 15. (1) Der/die Bundesminister/in für Arbeit, Soziales, Gesundheit und Konsumentenschutz[4]) hat auf Antrag des Arbeitgebers nach Anhörung der gesetzlichen Interessenvertretungen der Arbeitgeber und Arbeitnehmer für bestimmte Arbeitnehmer eines Betriebes eine Ausnahme von der Wochenend- und Feiertagsruhe zuzulassen, wenn dies im Einzelfall infolge der Neuerrichtung oder Änderung einer Betriebsanlage oder der Einführung eines neuen Verfahrens aus den im § 12 Abs. 1 Z 4, 6 und 7 genannten Gründen erforderlich ist.

(2) Der/die Bundesminister/in für Arbeit, Soziales, Gesundheit und Konsumentenschutz[5]) hat auf Antrag des Arbeitgebers nach Anhörung der gesetzlichen Interessenvertretungen der Arbeitgeber und Arbeitnehmer für bestimmte Arbeit-

---

[3]) Ein Redaktionsversehen wurde vom Autor berichtigt.
[4]) Ein Redaktionsversehen wurde vom Autor berichtigt.
[5]) Ein Redaktionsversehen wurde vom Autor berichtigt.

nehmer eines Bergbaubetriebes eine Ausnahme von den Bestimmungen der Wochenend- und Feiertagsruhe zuzulassen, wenn dies
1. infolge der Neuerrichtung oder Änderung einer Bergbauanlage oder der Einführung eines neuen Verfahrens aus technologischen Gründen,
2. infolge von Betriebsunterbrechungen durch außergewöhnliche Ereignisse,
3. durch besondere Witterungseinflüsse bis zum Ausgleich entstandener Folgen,
4. zur Überbrückung von Versorgungsengpässen oder
5. unverzüglich zur Sicherstellung der Versorgung mit mineralischen Rohstoffen

erforderlich ist.

4. Abschnitt
Sonderbestimmungen für Märkte und Messen

Märkte und marktähnliche Veranstaltungen

§ 16. Finden Märkte oder marktähnliche Veranstaltungen [§§ 286 bis 294 der Gewerbeordnung 1994 (GewO 1994), BGBl. Nr. 194] auf Grund gewerberechtlicher Bewilligung während der Wochenend- oder Feiertagsruhe statt, so ist die Beschäftigung von Arbeitnehmern nur im örtlich und zeitlich bewilligten Rahmen dieser Veranstaltung und im unbedingt notwendigen Ausmaß zulässig.

Messen und messeähnliche Veranstaltungen

§ 17. (1) Werden Messen oder messeähnliche Veranstaltungen durchgeführt, dürfen Arbeitnehmer auch während der Wochenend- und Feiertagsruhe mit Arbeiten beschäftigt werden, die
1. innerhalb der letzten zwei Wochen vor Beginn zur Vorbereitung der Veranstaltung, wie zum Aufbau der Ausstellungseinrichtung und zur Anlieferung des Messegutes,
2. zur Durchführung der Veranstaltung,
3. zur Betreuung und Beratung der Besucher,
4. zur Erfüllung der Aufgaben als Beauftragter der beruflich berührten Besucherkreise oder
5. für den Abbau und Abtransport des Messegutes, der Ausstellungseinrichtungen und sonstigen Abschlußarbeiten

notwendig sind. In den Fällen der Z 1, 4 und 5 ist die Beschäftigung von Arbeitnehmern während der Wochenend- und Feiertagsruhe jedoch nur dann zulässig, wenn diese Arbeiten nicht durch zumutbare organisatorische Maßnahmen außerhalb der Ruhezeiten möglich sind. In den Fällen der Z 2 und 3 ist die Beschäftigung von Arbeitnehmern während der Wochenend- und Feiertagsruhe – unbeschadet der notwendigen Vor- und Abschlußarbeiten – nur in der Zeit zwischen 9 Uhr und 18 Uhr, während der Sommerzeit gemäß dem Zeitzählungsgesetz, BGBl. Nr. 78/1976, wahlweise auch in der Zeit zwischen 10 Uhr und 19 Uhr zulässig.

(2) Werbe- und Verkaufsveranstaltungen gelten als Messen oder messeähnliche Veranstaltungen, wenn sie die Voraussetzungen der Abs. 3 bis 6 erfüllen.

(3) Als Messe im Sinne des Abs. 1 ist eine zeitlich begrenzte, im allgemeinen regelmäßig wiederkehrende Veranstaltung zu verstehen, in deren Rahmen eine Vielzahl von Ausstellern ein umfassendes Angebot eines oder mehrerer Wirtschaftszweige ausstellt und überwiegend nach Muster vor allem an gewerbliche Wiederverkäufer, gewerbliche Verbraucher oder Großabnehmer vertreibt (Fachmesse).

(4) Als Messe im Sinne des Abs. 1 ist auch eine im allgemeinen regelmäßig wiederkehrende, jedoch höchstens zweimal im Jahr stattfindende Veranstaltung in der Dauer von mindestens drei und höchstens zehn aufeinanderfolgenden Tagen anzusehen, in deren Rahmen eine Vielzahl von Ausstellern ein umfassendes Angebot eines oder mehrerer Wirtschaftszweige ausstellt und sowohl an gewerbliche Wiederverkäufer, gewerbliche Verbraucher oder Großabnehmer als auch an Letztverbraucher vertreibt (Publikumsmesse).

(5) Als messeähnliche Veranstaltungen im Sinne des Abs. 1 gelten auch Veranstaltungen, die nur einmal oder jedenfalls ohne Regelmäßigkeit durchgeführt werden oder die die wirtschaftliche Leistungsfähigkeit von bestimmten Gewerbezweigen oder Regionen darstellen sollen (Handwerksausstellungen, Leistungsschauen und dergleichen), bei welchen der Informationszweck gegenüber der Absicht des Warenvertriebes überwiegt.

(6) Als Messen oder messeähnliche Veranstaltungen gelten Veranstaltungen jedoch nur dann, wenn infolge der großen Zahl der Aussteller und Besucher die Organisation der Durchführung von den Ausstellern nicht selbst bewältigt werden kann und die Veranstaltungen außerhalb jener Betriebsstätten durchgeführt werden, in denen der normale Geschäftsbetrieb der Aussteller stattfindet.

Verkaufsstellen in Bahnhöfen und Autobusbahnhöfen, auf Flughäfen und Schiffslandeplätzen, Zollfreiläden

§ 18. (1) Für den Verkauf von Lebensmitteln, Reiseandenken und notwendigem Reisebedarf (Reiselektüre, Schreibmaterialien, Blumen, Reise-Toiletteartikel, Filme und dergleichen) und Artikeln des Trafiksortiments dürfen Arbeitnehmer auch während der Wochenend- und Feiertagsruhe in Verkaufsstellen in Bahnhöfen und Autobusbahnhöfen, auf Flughäfen und an Schiffslandeplätzen beschäftigt werden. Die dem Verkauf dieser Waren gewidmete Fläche darf pro Verkaufsstelle 80 Quadratmeter nicht übersteigen, soweit nicht auf Grund einer Verordnung gemäß § 7 Z 1 des Öffnungszeitengesetzes 2003 oder auf Grund des § 12 Abs. 3 letzter Satz des Öffnungszeitengesetzes 2003 ein größeres Ausmaß zulässig ist. Als Verkaufsstelle im Sinne dieser Bestimmung ist eine Verkaufsstelle nur dann anzusehen, wenn sie ausschließlich durch die betreffende Verkehrseinrichtung zugänglich ist.

(2) Für den Verkauf des Sortiments von Zollfreiläden auf Flughäfen dürfen Arbeitnehmer auch während der Wochenend- und Feiertagsruhe beschäftigt werden.

5. Abschnitt
Sonderbestimmungen

Sonderbestimmungen für Arbeitnehmer in Verkehrsbetrieben

§ 19. (1) Für Arbeitnehmer
1. in Verkehrsbetrieben im Sinne des
   a) Kraftfahrliniengesetzes (KfLG),
   b) Gelegenheitsverkehrsgesetzes 1996, BGBl. Nr. 112,
   c) Eisenbahngesetzes 1957, BGBl. Nr. 60,
   d) Seilbahngesetzes 2003, BGBl. I Nr. 103,
   e) Schifffahrtsgesetzes, BGBl. I Nr. 62/1997,
   f) Seeschifffahrtsgesetzes,
2. in Schlaf-, Liege- und Speisewagenunternehmungen im Rahmen des fahrenden Betriebes der Eisenbahnen,
3. die in Unternehmen nach dem Luftfahrtgesetz, BGBl. Nr. 253/1957, oder dem Flughafen-Bodenabfertigungsgesetz, BGBl. I Nr. 97/1998, als Flughafenpersonal oder als Flugsicherungspersonal beschäftigt sind,

kann durch Kollektivvertrag die wöchentliche Ruhezeit und die Ruhezeit an Feiertagen abweichend von den §§ 3, 4 und 7 geregelt werden, soweit diese Arbeitnehmer nicht gemäß § 1 Abs. 2 Z 2 vom Geltungsbereich ausgenommen sind.

(2) 1. Die wöchentliche Ruhezeit darf in einzelnen Wochen 36 Stunden unterschreiten oder ganz unterbleiben, wenn in einem kollektivvertraglich festgelegten Zeitraum eine durchschnittliche Ruhezeit von 36 Stunden erreicht wird. Zur Berechnung dürfen nur mindestens 24stündige Ruhezeiten herangezogen werden.
2. Die Lage der Ersatzruhe kann abweichend von § 6 festgelegt werden.
3. In Fällen des besonderen Bedarfes kann zur Aufrechterhaltung des Verkehrs durch Betriebe im Sinne des Abs. 1 eine finanzielle Abgeltung der Ersatzruhe vorgesehen werden.

(3) In Betrieben von Gebietskörperschaften können dienstrechtliche Vorschriften, die den wesentlichen Inhalt des Arbeitsverhältnisses zwingend festlegen, Regelungen im Sinne der Abs. 1 und 2 treffen.

(3a) Soweit in diesem Bundesgesetz
1. auf den EU-Teilabschnitt FTL verwiesen wird, ist dies ein Verweis auf den Teilabschnitt FTL im Anhang III der Verordnung (EU) Nr. 965/2012, zur Festlegung technischer Vorschriften und von Verwaltungsverfahren in Bezug auf den Flugbetrieb gemäß der Verordnung (EG) Nr. 216/2008 des Europäischen Parlaments und des Rates, ABl. Nr. L 296 vom 25.10.2012, S. 1, in der jeweils geltenden Fassung;
2. auf den EU-Teilabschnitt Q verwiesen wird, ist dies ein Verweis auf den Teilabschnitt Q im Anhang III der Verordnung (EG) Nr. 3922/91 des Rates vom 16. Dezember 1991 zur Harmonisierung der technischen Vorschriften und der Verwaltungsverfahren in der Zivilluftfahrt, ABl. Nr. L 373 vom 31.12.1991, S. 4, in der jeweils geltenden Fassung.

(4) Dem fliegenden Personal von Luftfahrtunternehmen sind zu gewähren:
1. bei Flügen gemäß Art. 8 Z 1 der Verordnung (EU) Nr. 965/2012 mindestens wöchentliche Ruhezeiten im Sinne der Bestimmungen des EU-Teil-

abschnittes FTL einschließlich österreichischer Durchführungsvorschriften,
2. bei Flügen gemäß Art. 8 Z 2 der Verordnung (EU) Nr. 965/2012 mindestens wöchentliche Ruhezeiten im Sinne der Bestimmungen des EU-Teilabschnittes Q einschließlich österreichischer Durchführungsvorschriften,
3. bei allen Flügen jedenfalls in einem Durchrechnungszeitraum von einem Kalenderjahr pro Kalendermonat durchschnittlich mindestens acht, in jedem Kalendermonat jedoch mindestens sieben arbeitsfreie Kalendertage am Wohnsitzort. Arbeitsfreie Kalendertage sind den Arbeitnehmern und Arbeitnehmerinnen zehn Tage im Voraus bekannt zu geben. Fallen diese in eine wöchentliche Ruhezeit, sind sie anzurechnen.

(5) Auf Arbeitnehmer gemäß Abs. 4, für die kollektivvertragliche Regelungen über die wöchentliche Ruhezeit gelten, sind die Abschnitte 2 bis 4 dieses Bundesgesetzes nicht anzuwenden.

(6) Für Arbeitnehmerinnen und Arbeitnehmer im Schiffsdienst von Binnenschifffahrtsunternehmen darf der Kollektivvertrag bei einer Durchrechnung der wöchentlichen Ruhezeit gemäß Abs. 2 Z 1 einen Durchrechnungszeitraum von mehr als einem Monat nur zulassen, wenn er nicht mehr als 31 aufeinander folgende Arbeitstage zulässt und die Mindestanzahl von aufeinander folgenden Ruhetagen im unmittelbaren Anschluss an aufeinander folgende geleistete Arbeitstage wie folgt bestimmt:
1. vom 1. bis zum 10. aufeinander folgenden Arbeitstag: je 0,2 Ruhetage pro aufeinander folgendem Arbeitstag;
2. vom 11. bis zum 20. aufeinander folgenden Arbeitstag: je 0,3 Ruhetage pro aufeinander folgendem Arbeitstag;
3. vom 21. bis zum 31. aufeinander folgenden Arbeitstag: je 0,4 Ruhetage pro aufeinander folgendem Arbeitstag.

Anteilige Ruhetage werden in dieser Berechnung der Mindestanzahl von aufeinander folgenden Ruhetagen addiert und nur in ganzen Tagen abgegolten.

Sonderbestimmungen für das grenzüberschreitend eingesetzte Zugpersonal

§ 19a. Für Arbeitnehmer gemäß § 18f Abs. 1 Z 3 AZG ist § 19 mit Ausnahme von Abs. 2 Z 2 und 3 nicht anzuwenden. Diese haben statt dessen Anspruch auf die Gewährung einer 36stündigen wöchentlichen Ruhezeit pro Kalenderwoche. Darüber hinaus haben sie Anspruch
1. auf die Verlängerung von zwölf wöchentlichen Ruhezeiten pro Jahr auf 60 Stunden, die den Samstag und den Sonntag umfassen müssen,
2. auf die Verlängerung von zwölf weiteren wöchentlichen Ruhezeiten pro Jahr auf 60 Stunden, die nicht den Samstag und den Sonntag umfassen müssen, sowie
3. auf 28 weitere 24stündige Ruhezeiten.

§ 20. *[aufgehoben]*

Sonderbestimmungen für bestimmte Arbeitnehmer in öffentlichen Apotheken und Anstaltsapotheken

§ 21. (1) Für angestellte Apothekenleiterinnen bzw. Apothekenleiter und andere allgemein berufsberechtigte Apothekerinnen und Apotheker in öffentlichen Apotheken oder Anstaltsapotheken kann durch Kollektivvertrag die wöchentliche Ruhezeit und die Ruhezeit an Feiertagen abweichend von den §§ 3, 4 und 7 geregelt werden.

(2) 1. Die wöchentliche Ruhezeit darf in einzelnen Wochen 36 Stunden unterschreiten oder ganz unterbleiben, wenn in einem kollektivvertraglich festgelegten Zeitraum eine durchschnittliche Ruhezeit von 36 Stunden erreicht wird. Zur Berechnung dürfen nur mindestens 24stündige Ruhezeiten herangezogen werden.

2. Die Lage der Ersatzruhe kann abweichend von § 6 festgelegt werden.

(3) Bei Arbeitsleistungen in Apotheken, die ununterbrochenen Bereitschaftsdienst in Rufbereitschaft gemäß § 8 Abs. 3 des Apothekengesetzes, RGBl. Nr. 5/1907 versehen, darf Rufbereitschaft nur während zwei wöchentlichen Ruhezeiten pro Monat vereinbart werden. Der Kollektivvertrag kann zulassen, daß Rufbereitschaft innerhalb eines Zeitraumes von drei Monaten während sechs wöchentlichen Ruhezeiten vereinbart werden kann. Diese Bestimmung gilt nicht für Vertreter von alleinarbeitenden Apothekenleitern.

(4) In Betrieben von Gebietskörperschaften können dienstrechtliche Vorschriften, die den wesentlichen Inhalt des Arbeitsverhältnisses zwingend regeln, Regelungen im Sinne der Abs. 1 bis 3 treffen.

Sonderbestimmungen für Arbeitnehmer in Betrieben des Bewachungsgewerbes

§ 22. (1) Für Arbeitnehmer in Betrieben des Bewachungsgewerbes im Sinne des § 129 Abs. 4 GewO 1994 kann durch Kollektivvertrag die wöchentliche Ruhezeit und die Ruhezeit an Feiertagen abweichend von den §§ 3, 4 und 7 geregelt werden.

(2) 1. Die wöchentliche Ruhezeit darf in einzelnen Wochen 36 Stunden unterschreiten oder ganz unterbleiben, wenn in einem kollektivvertraglich festgelegten Zeitraum eine durchschnittliche Ruhezeit von 36 Stunden erreicht wird. Zur Berechnung dürfen nur mindestens 24stündige Ruhezeiten herangezogen werden.

2. Die Lage der Ersatzruhe kann abweichend von § 6 festgelegt werden.

3. Zur Aufrechterhaltung der ordnungsgemäßen Bewachung kann eine finanzielle Abgeltung der Ersatzruhe vorgesehen werden.

Abschnitt 5a

Lenker bestimmter Kraftfahrzeuge

§ 22a. (1) Auf die Beschäftigung von Lenkern von Kraftfahrzeugen, die unter die Verordnung (EG) Nr. 561/2006 über die Harmonisierung bestimmter Sozialvorschriften im Straßenverkehr, ABl. Nr. L 102 vom 11.04.2006 S. 1, fallen, sind die §§ 2 bis 5 und 19 nicht anzuwenden, soweit diese auf die Dauer der wöchentlichen

Ruhezeit Bezug nehmen. Für diese Lenker gelten Vorschriften über die wöchentliche Ruhezeit nach Maßgabe dieser Verordnung auch auf Fahrtstrecken, die nicht unter Art. 2 Abs. 2 dieser Verordnung fallen.

(2) Für den Kraftfahrlinienverkehr mit einer Linienstrecke von nicht mehr als 50 km sind die §§ 2 bis 5 und 19, soweit sie auf die Dauer der wöchentlichen Ruhezeit Bezug nehmen, dann nicht anzuwenden, wenn durch Kollektivvertrag oder Betriebsvereinbarung
1. eine Verlängerung der täglichen Lenkzeit auf mehr als zweimal wöchentlich neun Stunden zugelassen wurde (§ 14a Abs. 1 AZG) oder
2. eine Verlängerung der wöchentlichen Lenkzeit zugelassen wurde (§ 14a Abs. 2 AZG).

In diesem Fall gelten stattdessen die §§ 22b und 22c.

Wöchentliche Ruhezeit

§ 22b. (1) Der Lenker hat in jeder Woche Anspruch auf eine ununterbrochene wöchentliche Ruhezeit von mindestens 45 Stunden. Diese wöchentliche Ruhezeit kann auf 36 zusammenhängende Stunden verkürzt werden. Durch Kollektivvertrag kann zugelassen werden, daß die wöchentliche Ruhezeit außerhalb des Standortes des Fahrzeuges oder des Heimatortes des Lenkers auf 24 zusammenhängende Stunden verkürzt wird. Jede Verkürzung ist durch eine zusammenhängende Ruhezeit auszugleichen, die vor Ende der auf die betreffende Woche folgenden dritten Woche zu nehmen ist. Diese als Ausgleich zustehende Ruhezeit ist zusammen mit einer anderen mindestens achtstündigen Ruhezeit zu gewähren, und zwar über Verlangen des Lenkers am Aufenthaltsort des Fahrzeugs oder am Heimatort des Lenkers.

(2) Eine wöchentliche Ruhezeit, die in einer Woche beginnt und in die darauffolgende Woche reicht, kann auch der zweiten Woche zugerechnet werden.

(3) Zwischen zwei wöchentlichen Ruhezeiten dürfen höchstens sechs Tage liegen. Durch Kollektivvertrag kann zugelassen werden, daß im grenzüberschreitenden Personenverkehr mit Ausnahme des Linienverkehrs zwischen zwei wöchentlichen Ruhezeiten höchstens zwölf Tage liegen dürfen und die wöchentlichen Ruhezeiten in einem Durchrechnungszeitraum von zwei Wochen spätestens am Ende der zweiten Woche zusammen gewährt werden.

Abweichungen

§ 22c. Im Falle des § 22a Abs. 2 kann der Lenker, wenn es mit der Sicherheit im Straßenverkehr vereinbar ist, um einen geeigneten Halteplatz zu erreichen, von § 22b abweichen, soweit dies erforderlich ist, um die Sicherheit der Fahrgäste, des Fahrzeugs oder seiner Ladung zu gewährleisten. Art und Grund der Abweichung sind zu vermerken
1. auf dem Schaublatt, wenn das Fahrzeug mit einem analogen Fahrtenschreiber im Sinne von Art. 2 Abs. 2 lit. g der Verordnung (EU) Nr. 165/2014, über den Fahrtenschreiber im Straßenverkehr, ABl. Nr. L 60 vom 28.2.2014 S. 1, in der jeweils geltenden Fassung, ausgerüstet ist,
2. auf dem Ausdruck des Kontrollgeräts, wenn das Fahrzeug mit einem digitalen Fahrtenschreiber im Sinne von Art. 2 Abs. 2 lit. h der Verordnung (EU) Nr. 165/2014, ausgerüstet ist,

3. im Arbeitszeitplan in den Fällen des Art. 16 Abs. 1 der Verordnung (EG) Nr. 561/2006,
4. in den Arbeitszeitaufzeichnungen in den übrigen Fällen.

Informationspflichten

§ 22d. Der Dienstzettel gemäß § 2 Abs. 2 Arbeitsvertragsrechts-Anpassungsgesetz (AVRAG), BGBl. Nr. 459/1993, hat neben allen dort genannten Angaben auch einen Hinweis auf die für die Lenkerin/den Lenker geltenden Vorschriften zur wöchentlichen Ruhezeit und Feiertagsruhe sowie auf die Möglichkeiten zur Einsichtnahme zu enthalten.

Schadenersatz- und Regressansprüche

§ 22e. Bei Schadenersatz- und Regressansprüchen zwischen Arbeitgebern und Lenkern gelten als Grund für die Minderung oder den gänzlichen Ausschluss von Ersatz- oder Regressansprüchen im Sinne des § 2 Abs. 2 Z 4 und 5 des Dienstnehmerhaftpflichtgesetzes, BGBl. Nr. 80/1965,
1. ein Verstoß des Arbeitgebers gegen die Informationspflicht gemäß § 22d, oder
2. ein Verstoß gegen die Bestimmungen über die wöchentliche Ruhezeit,

es sei denn, dass diese Verstöße auf den Eintritt des Schadens oder die Schadenshöhe keinen Einfluss haben konnten.

Abschnitt 5b

Sonderbestimmungen für Arbeitnehmer in Verkaufsstellen und bestimmten Dienstleistungsbetrieben

§ 22f. (1) Arbeitnehmer in Verkaufsstellen gemäß § 1 des Öffnungszeitengesetzes 2003 dürfen an Samstagen nach 13 Uhr beschäftigt werden, soweit die jeweils geltenden Öffnungszeitenvorschriften das Offenhalten dieser Verkaufsstellen zulassen. Mit Arbeiten gemäß § 3 Abs. 2 dürfen Arbeitnehmer höchstens eine weitere Stunde beschäftigt werden.

(2) Arbeitnehmer in Betriebseinrichtungen von Dienstleistungsbetrieben, die mit Betriebseinrichtungen gemäß § 1 Öffnungszeitengesetz 2003 vergleichbar sind, dürfen an Samstagen bis 18 Uhr, mit Arbeiten gemäß § 3 Abs. 2 bis 19 Uhr beschäftigt werden, soweit nicht durch Verordnung nach §§ 12 oder 13 oder Kollektivvertrag nach § 12a weiter gehende Ausnahmen zugelassen sind.

(3) Der Kollektivvertrag kann Sonderbestimmungen für die Beschäftigung von Arbeitnehmern nach Abs. 1 und 2 festsetzen.

(4) Abs. 1 und 3 gelten auch für Tätigkeiten gemäß § 9 des Öffnungszeitengesetzes 2003.

6. Abschnitt
Allgemeine Vorschriften

§ 23. *[aufgehoben]*

Aushang der Ruhezeitenregelung

§ 24. Der Arbeitgeber hat an einer für die Arbeitnehmer des Betriebes leicht zugänglichen Stelle einen Aushang über den Beginn und das Ende der wöchentlichen Ruhezeit gut sichtbar anzubringen oder den Arbeitnehmern mittels eines sonstigen Datenträgers samt Ablesevorrichtung, durch geeignete elektronische Datenverarbeitung oder durch geeignete Telekommunikationsmittel zugänglich zu machen.

Aufzeichnungen und Auskunftspflicht

§ 25. (1) Der Arbeitgeber hat zur Überwachung der Einhaltung der Ruhezeiten Aufzeichnungen über Ort, Dauer und Art der Beschäftigung aller während der Wochenend-, Wochen-, Ersatz- oder Feiertagsruhe beschäftigten Arbeitnehmer sowie über die gemäß § 6 gewährte Ersatzruhe zu führen. Bei schriftlich festgehaltener fixer Arbeitszeiteinteilung ist § 26 Abs. 5a des Arbeitszeitgesetzes anzuwenden.

(2) Der Arbeitgeber hat der Arbeitsinspektion und ihren Organen die erforderlichen Auskünfte zu erteilen und auf Verlangen die gemäß Abs. 1 zu führenden Aufzeichnungen zur Einsicht vorzulegen.

Sonderbestimmungen für die Schifffahrt

§ 25a. (1) Dienstpläne und Arbeitszeitaufzeichnungen im Sinne der §§ 24 und 25 sind für die an Bord beschäftigten Arbeitnehmer an Bord der Schiffe im Sinne des Schifffahrtsgesetzes und des Seeschifffahrtsgesetzes anzubringen bzw. zu führen. Dies gilt jedoch nicht für Fahrzeuge, die nur dem Remork im Sinne des § 2 Z 30 Schifffahrtsgesetz in Häfen dienen.

(2) An Bord von Schiffen, die unter das Seeschifffahrtsgesetz fallen, sind die Unterlagen gemäß Abs. 1 überdies in den Arbeitssprachen und in Englisch anzubringen bzw. zu führen und haben den Standardmustern der Anhänge I und II der Richtlinie 1999/95/EG zu entsprechen. Eine schriftlich vom Arbeitgeber und vom Arbeitnehmer bestätigte Kopie der Arbeitszeitaufzeichnung ist dem Arbeitnehmer auszuhändigen.

Behördenzuständigkeit und Verfahrensvorschriften

§ 26. (1) Die nach diesem Bundesgesetz den Arbeitsinspektoraten zustehenden Aufgaben und Befugnisse sind in den vom Wirkungsbereich der Arbeitsinspektion ausgenommenen Betrieben von den zur Wahrung des Arbeitnehmerschutzes sonst berufenen Behörden wahrzunehmen.

(2) Die den Arbeitsinspektoraten nach diesem Bundesgesetz zustehenden Aufgaben und Befugnisse, die sich über den Wirkungsbereich eines Arbeitsinspektorates hinaus erstrecken, sind vom/von der Bundesminister/in für Arbeit, Soziales, Gesundheit und Konsumentenschutz wahrzunehmen.

(3) Anzeigen gemäß § 11 Abs. 2 und 4 sind von Stempel- und Rechtsgebühren des Bundes befreit.

Strafbestimmungen

§ 27. (1) Arbeitgeber, die den §§ 3, 4, 5 Abs. 1 und 2, §§ 6, 6a, 7, 8 und 9 Abs. 1 bis 3 und 5 oder den §§ 10 bis 22b, 22c zweiter Satz, 22f sowie 24 bis 25a zuwiderhandeln, sind, sofern die Tat nicht nach anderen Vorschriften einer strengeren Strafe unterliegt, von der Bezirksverwaltungsbehörde mit einer Geldstrafe von 72 Euro bis 2 180 Euro, im Wiederholungsfall von 145 Euro bis 2 180 Euro zu bestrafen.

(2) Ebenso sind Arbeitgeber zu bestrafen, die die wöchentliche Ruhezeit gemäß Art. 8 Abs. 6 bis 7 oder Art. 12 Satz 2 der Verordnung (EG) Nr. 561/2006 nicht gewähren.

(2a) Ebenso sind Arbeitgeberinnen und Arbeitgeber zu bestrafen, die in Bezug auf wöchentliche Ruhezeiten den Bestimmungen der EU-Teilabschnitte FTL oder Q einschließlich österreichischer Durchführungsvorschriften zuwiderhandeln.

(2b) Abweichend von Abs. 1 sind Arbeitgeber, sofern die Tat nicht nach anderen Vorschriften einer strengeren Strafe unterliegt, von der Bezirksverwaltungsbehörde im Wiederholungsfall mit einer Geldstrafe von 218 Euro bis 3 600 Euro zu bestrafen, wenn die wöchentliche Ruhezeit weniger als 24 Stunden betragen hat, soweit nicht eine kürzere Ruhezeit zulässig ist.

(2c) Sind Übertretungen gemäß Abs. 2 nach Anhang III der Richtlinie 2006/22/EG als

1. leichte Übertretungen eingestuft oder in diesem Anhang nicht erwähnt, sind die Arbeitgeberinnen und Arbeitgeber mit einer Geldstrafe von 72 Euro bis 1 815 Euro, im Wiederholungsfall von 145 Euro bis 1 815 Euro;
2. schwerwiegende Übertretungen eingestuft, sind die Arbeitgeberinnen und Arbeitgeber mit einer Geldstrafe von 200 Euro bis 2 180 Euro, im Wiederholungsfall von 250 Euro bis 3 600 Euro;
3. sehr schwerwiegende Übertretungen eingestuft, sind die Arbeitgeberinnen und Arbeitgeber mit einer Geldstrafe von 300 Euro bis 2 180 Euro, im Wiederholungsfall von 350 Euro bis 3 600 Euro,

zu bestrafen.

(3) Besteht bei einer Bezirksverwaltungsbehörde der Verdacht einer Zuwiderhandlung durch ein Organ einer Gebietskörperschaft, so hat die Behörde, wenn es sich um ein Organ des Bundes oder eines Landes handelt, eine Anzeige an das oberste Organ, welchem das der Zuwiderhandlung verdächtigte Organ untersteht, in allen anderen Fällen aber eine Anzeige an die Aufsichtsbehörde zu erstatten.

(4) Im Falle des § 22a Abs. 1 zweiter Satz genügt abweichend von § 44a Z 2 des Verwaltungsstrafgesetzes 1991 (VStG), BGBl. Nr. 52, als Angabe der verletzten Verwaltungsvorschrift die Angabe des entsprechenden Gebotes oder Verbotes der Verordnung (EG) Nr. 561/2006.

(5) Für Verstöße gegen die in Abs. 2 genannten Rechtsvorschriften im internationalen Straßenverkehr beträgt die Verjährungsfrist abweichend von § 31 Abs. 2 VStG ein Jahr.

(6) Wurden Verwaltungsübertretungen nach den Abs. 1 und 2 nicht im Inland begangen, gelten sie an jenem Ort begangen, an dem sie festgestellt wurden.

…

Arbeitsruhegesetz-Verordnung – ARG-VO
BGBl 1984/149 idF BGBl II 2019/98

Auf Grund des § 12 Abs. 1 des Arbeitsruhegesetzes (ARG), BGBl. Nr. 144/1983, wird im Einvernehmen mit dem Bundesminister für Handel, Gewerbe und Industrie verordnet:

§ 1. (1) Während der Wochenend- und Feiertagsruhe dürfen Arbeitnehmer nur die in der Anlage angeführten Tätigkeiten während der jeweils angeführten Zeiträume ausüben.

(2) Arbeiten, die im unmittelbaren Zusammenhang mit den zugelassenen Arbeiten stehen oder ohne die diese nicht durchführbar wären, sind zugelassen, soweit sie nicht vor oder nach der Wochenend- oder Feiertagsruhe vorgenommen werden können.

(3) Versuche in Laboratorien (Prüfständen) und Forschungsvorhaben, die auf Grund ihrer Eigenart während der Wochenend- und Feiertagsruhe nicht unterbrochen werden können, dürfen fortgeführt werden.

(4) Die Zahl der beschäftigten Arbeitnehmer ist auf das unbedingt notwendige Ausmaß zu beschränken.

(5) Soweit in dieser Verordnung personenbezogene Bezeichnungen noch nicht geschlechtsneutral formuliert sind, gilt die gewählte Form für beide Geschlechter.

§ 2. Übertretungen dieser Verordnung werden gemäß § 27 ARG bestraft.

§ 3. Diese Verordnung tritt am 1. Juli 1984 in Kraft.

Anlage
Ausnahmen von der Wochenend- und Feiertagsruhe (Ausnahmekatalog)

I. Urproduktion

1. Bergbau
   a) Arbeiten, die keine Unterbrechung erleiden dürfen;
   b) Arbeiten, die nur zu einer Zeit vorgenommen werden können, in welcher der Betrieb ruht;
   c) Arbeiten, die zum Schutz des Lebens und der Gesundheit von Personen, zum Schutz der Umwelt oder von Lagerstätten oder für den Bestand oder die Betriebsfähigkeit eines Bergbaues unaufschiebbar sind.
2. Blumen und Pflanzen (einschließlich Champignonzucht)
   a) Die notwendige Pflege von Blumen, Pflanzen und Sämereien;
   b) unaufschiebbare Arbeiten am lebenden Pflanzenmaterial, Fertigung von Gebinden und Dekorationen zwecks Belieferung von Veranstaltungen (insbesondere Hochzeiten, Firmungen, Bällen, Kongressen, Begräbnissen), sofern diese Tätigkeiten außerhalb der Wochenend- bzw. Feiertagsruhe nicht ausgeführt werden können;

Anlage ARG-VO

c) in Betrieben der Bundesinnung der Gärtner und Blumenbinder die Betreuung der Kunden im Detailverkauf
  aa) bei Friedhöfen während der Öffnungszeiten und bei Krankenanstalten während der Besuchszeiten;
  bb) an sechs Sonn- oder Feiertagen im Jahr und an Samstagen, die vor folgenden Festtagen liegen, bis 17 Uhr: Neujahr, Valentinstag, Ostern, Muttertag, Pfingsten, Allerheiligen (zwei Samstage vorher), Adventsonntage, Weihnachten.
3. Klenganstalten
Dörren, Ausnehmen der gedörrten Zapfen, Absieben des Samens aus den Zapfen. 1. Oktober bis 30. April.
4. Hopfendarren und Hopfenschwefeleien
Übernahme des Grünhopfens;
Darren des Grünhopfens; Schwefeln des Hopfens; Schütten des getrockneten und geschwefelten Hopfens.
1. August bis 30. November.
5. Anbau von Feldfrüchten in landwirtschaftlichen Betrieben Anbau von Feldfrüchten in der Anbauzeit an Samstagen bis 18 Uhr.
6. Erntearbeiten
Ernten sowie die Einbringung und Lagerung der Ernte, wenn dies mit Rücksicht auf die Verderblichkeit der Produkte und die Witterung erforderlich ist.
7. Forstaufsicht, Forst-, Jagd- und Fischereibetriebs- und -schutzdienst
Alle Tätigkeiten, die in diesem Zusammenhang unbedingt erforderlich sind.
8. Forstarbeiten auf Truppenübungsplätzen
Schlägerungs- und Bringungsarbeiten (Auszeige) in Forstbetrieben des Bundes an Samstagen bis 18 Uhr, sofern diese während der Woche infolge Nutzung der Forstfläche als Truppenübungsplatz nicht durchgeführt werden können.

II. Steine, Erden, Ton und Glas

1. Steinbrüche
Ausführung von Gesteinsschnitten im gewachsenen Gestein mit Hilfe von Drahtseilen.
2. Stahlsandgatter und Stahlsandtrennsägen für Granit und Marmorsorten, die nicht auf Diamantgatter gesägt werden können Bedienung der im ununterbrochenen Betrieb stehenden Säge- und Schnittgutfördereinrichtungen bei Blöcken, deren Schnitt voraussichtlich länger als 144 Stunden dauert.
3. Kalkbrennereien
Kontinuierlich betriebene Kalkbrennöfen.
Beschicken der Öfen, Überwachen des Brennprozesses, Ziehen sowie Vermahlung und Hydration des erzeugten Kalkes.
4. Quarzbrennereien
Kontinuierlich betriebene Schachtöfen.
Beschicken der Öfen, Überwachen des Brennprozesses und Ziehen des Materials.
5. Gipsbrennereien
Kontinuierlich betriebene Gipsbrenn- und -trocknungsanlagen. Beschicken der Brennanlagen, Überwachen des Brenn- und Trocknungsprozesses und Ziehen bzw. Abtransport des gebrannten Materials.

5a. Gipskartonplattenerzeugung
Bedienung der Dosier- und Mischstation, der Formstation und des Formstranges, Beaufsichtigung und Regelung des kontinuierlichen Trocknungsprozesses, Beaufsichtigung und Regelung der Formatsäge einschließlich Abnahme und Lagerung sowie die im kontinuierlichen Prozeß erforderliche Qualitätskontrolle.

6. Magnesitbrennereien
Der Brenn- und Schmelzprozeß, Vortrocknen und Aufbereiten des Rohmaterials, Brikettieren des Ofenaufgabematerials, Beschicken der Öfen, Ziehen, Fortschaffen und Aufbereiten des gebrannten oder geschmolzenen Materials.

7. Magnesit-Dolomitbrennereien
Der Brenn- und Schmelzprozeß; Brechen, Mischen und Pressen des gesinterten Materials sowie das Brennen, Teertränken, Tempern und Verpacken von Magnesit-Dolomit und Dolomitmaterialien, die der Gefahr des raschen Verderbens als Rohstoff ausgesetzt sind.

8. Zementerzeugung
Vortrocknen und Zerkleinern des Rohmaterials, Aufbereiten einschließlich des Brikettierens des Ofenaufgabematerials, Beschicken der Brenn- bzw. Schmelzöfen, Überwachen des Brenn- bzw. Schmelzprozesses, Ziehen, Fortschaffen und Aufbereiten des gebrannten bzw. geschmolzenen Materials; bei Drehöfen auch der Betrieb der Schlämmgruben und der Kohlenstauberzeugung.

9. Feuerfeste Steine; gebrannte Karborundum- und Schmirgelscheiben
   a) Beaufsichtigung und Regelung des Trocknungsprozesses;
   b) Überwachung des Brennprozesses einschließlich der Brennstoffzubringung, Beschicken der Öfen, Ziehen und Fortschaffen des gebrannten Materials, sofern das Brennen in Öfen erfolgt, die infolge ihrer Bauart das Entleeren der Öfen mittels mechanischer Transportvorrichtungen selbsttätig und ständig besorgen (Tunnel- oder Kanalöfen);
   c) im unmittelbaren Stoffluß das anschließende Tränken des gebrannten Steines mit Teer oder Pech.

10. Ziegeleien
    a) Beaufsichtigung und Regelung der im unmittelbaren Stoffluß liegenden Formungsprozesse, die wegen der Kontinuität des gesamten Produktionsprozesses nicht unterbrochen werden können;
    b) Beaufsichtigung und Regelung des Trocknungsprozesses;
    c) der Brennprozeß einschließlich der Brennstoffzubringung, Beschicken der Öfen, Ziehen und Fortschaffen des gebrannten Materials, sofern das Brennen in Öfen erfolgt, die infolge ihrer Bauart das Entleeren der Öfen mittels mechanischer Transportvorrichtungen selbsttätig oder ständig besorgen (Tunnel- oder Kanalöfen), jedoch mit der Beschränkung, daß das Unterzünden der Öfen mit ununterbrochener Feuerung spätestens Samstag um 18 Uhr zu erfolgen hat.

11. Tonwaren und Porzellan
    a) Beaufsichtigung und Regelung der Trocknung;
    b) Bedienung der Tunnel-, Kammer- und Herdwagenöfen.

12. Glaserzeugung, Glasbe- und Glasverarbeitung, Erzeugung von Steinwolle

Wannenöfen, Hafenöfen, Tageswannen, kontinuierlich betriebene Gesteinsschmelzöfen, Maschinen für die vollautomatische Glasverarbeitung und synchrongeschaltete Bearbeitungsmaschinen, Kühlöfen
Bedienung der Gasgeneratoren und Heizungseinrichtungen, Aufbereiten, Befördern und Einlegen des Gemenges und der Scherben, Führung des Schmelzprozesses und Warmhalten der Öfen, Qualitätskontrolle, die im kontinuierlichen Anschluß erforderliche Verpackung und der Abtransport ins Lager.
13. Doppelwände und Elementdecken aus Beton im durchgehend vernetzten CAD/CIM-Verfahren auf Basis individuellen Plottens, Bewehrens und Betonierens
Magazinieren und Reinigen auf der Palettenstation; Transport und Reinigung der Paletten und Schalungen; Aufplotten der Bauteilkonturlinien und Einbauteilpositionen im Maßstab 1:1; Absetzen von Schalungen und Abstellern aus Stahl, Holz, Kunststoff; Befestigen der Schalung; Herstellen von Sonderschalungsteilen; Schneiden, Biegen und Schweißen der Bewehrung; plangemäßes Einbringen der Bewehrung; Absetzen von Einbauteilen und der Bewehrung; Einbringen und Verdichten des Betons; Einstapeln in die Härtekammer; Beaufsichtigung und Regelung des Härteprozesses; Entschalen und anschließendes Einstapeln der Fertigteile auf den Lagerplatz.
14. Faserzementplattenerzeugung
Aufbereiten der Rohstoffe und Herstellung der Materialmischung; Beschicken der Faserzementplattenmaschine mit dem Rohstoffgemisch; Abnehmen, Ablängen, Stanzen, Beschichten, Pressen, Lösen von der Form (Ausblechen) jeweils im kontinuierlichen Stoffffluss; Transporte und Nachbehandlung.

III. Hüttenwerke und Metallverarbeitung

1. Eisenhüttenwerke
   a) Kokereien (einschließlich ihrer Nebengewinnungsanlagen) Zulieferung, Aufbereitung und Mischung der Kohle, Transport des Kokses zum Hochofen, zu den Versandstellen oder Lagern;
   b) Hochofenanlagen (einschließlich der Erzvorbereitungsanlagen) Zufuhr von Möllerungsmaterial und Betreiben aller Hochofennebenanlagen einschließlich des Granulierens und Schäumens und im unmittelbaren Stoffluß das anschließende Brechen und Sieben der Schlacke sowie Abfuhr sämtlicher Hochofenerzeugnisse und Nebenprodukte;
   c) Stahlwerke, die nach dem Sauerstofffrischverfahren arbeiten, Martinanlagen sowie Elektrostahl- und Induktionsöfen, die durch Verwendung flüssigen Einsatzes oder von Hochofengas zu Feuerungs- oder Kraftzwecken mit dem Hochofen in unmittelbarer Verbindung stehen
   Zufuhr des geschmolzenen Roheisens und der notwendigen Zuschläge und Legierungen zu den Konvertern, Martinöfen, Mischern und Elektroöfen, Bedienung der Generatoren und Gebläse, Chargieren und Schmelzarbeiten in den Konvertern, Martinöfen, Mischern und Elektroöfen, Abstich des fertigen Produktes in Kokillen und Stranggußanlagen sowie dessen Transport, Transport der Schlacken auf die Lagerplätze;
   d) Siemens-Martin-, Elektro- und Induktionsofenanlagen, die nicht mit Hochöfen in Verbindung stehen

Zufuhr des festen oder flüssigen Einsatzes zu den Schmelzöfen, die Bedienung der Krane und Gebläse, das Chargieren und Schmelzen, das Vergießen des flüssigen Stahles in Kokillen und Stranggußanlagen, das Ziehen und Transportieren der Blöcke (mit den dazugehörigen Nebenarbeiten, insbesondere der Oberflächenbearbeitung der Rohstahlblöcke und Brammen durch Flämmen), den Transport der Zaggeln und Plantinen in die Tieföfen bzw. auf die Lagerplätze, das Zurichten der Gruben, Pfannen, Kokillen und Stranggußanlagen, den Transport von Schlacke und Schutt auf die Lagerplätze bzw. Halden, das Putzen und Markieren der gegossenen Blöcke an Sonn- und Feiertagen ab 18 Uhr;

e) Elektroschlackenumschmelzanlagen
Einbau der Kokillen und Elektroden, Vorschmelzen der Schlacke, Schmelzen des Blockes, Ausbauen und Ausheben des Blockes von der Anlage; Warmtransport an die Verformungsbetriebe;

f) Walzwerke oder Schmieden (einschließlich ihrer Adjustagen und Scherenstraßen), die auf Grund der vorgeschalteten Stahlwerk- oder Walzwerkanlagen eine unbedingt notwendige Kontinuität im Stofffluß erreichen müssen oder die bei der Edelstahlerzeugung eine vollkontinuierlich betriebene Wärmebehandlung beliefern Übernahme der Blöcke und Stranggußprodukte vom Stahlwerk, Einsatz in Tief-, Stoß- und Herdwagenöfen und ähnlichen Erwärmungseinrichtungen; Aufheizen auf Verarbeitungstemperatur für die nachgeschalteten Verformungseinrichtungen; Betrieb von Walzstraßen einschließlich ihrer Entzunderungseinrichtungen, Betrieb von Schmiedepressen und Hämmern, Anlieferung in den Adjustagen und Betrieb der Adjustageneinrichtungen wie Scherenstraßen, Besäumeinrichtungen, Richtmaschinen, Brenn-, Flämm- und Schneideeinrichtungen, Übergabe und Übernahme der in den vorstehend angeführten Anlagen erzeugten Produkte an die nachgeschalteten Lager, Vorbereitungen für das Walzplattieren von Blechen, deren metallurgische Zusammensetzung ein Schweißen im warmen Zustand erfordert;

g) Glüh- und Warmbehandlungsöfen (in der Edelstahlerzeugung einschließlich ihrer Adjustagen mit deren Einrichtungen wie Richtaggregaten, Schneid- und Zerspanungseinrichtungen, Prüfanlagen und der zur Betreibung der Anlagen erforderlichen Infrastruktur), wenn der Erzeugungsprozeß technologisch eine Warmbehandlung in unmittelbarem Anschluß an die vorgeschalteten Warmverformungsbetriebe im Sinne der vorstehenden lit. b bis e oder eine Ofenverweildauer von mehr als 24 Stunden erfordert
Beschicken und Bedienen der Glüh- und Warmbehandlungsöfen;

h) Glüheinrichtungen, bei denen der Abkühl- und Anfahrvorgang wegen Explosionsgefahr eine dauernde Aufsicht erfordert Betreiben dieser Anlage;

i) Schweiß- und Schneidearbeiten
Schweiß- und Schneidearbeiten an Großgußstücken und legierten Gußstücken, bei denen aus metallurgischen Gründen das Anwärmen und Abkühlen länger als 24 Stunden dauert.

2. Glüh-, Verzinn-, Verzink- und Vergüteanlagen; Massegalvanik
   a) Beschicken und Bedienen der Anlagen, Entnahme, Löschen sowie die unbedingt notwendige Prüfung des Produktes;

Anlage ARG-VO

   b) Bedienung der Massegalvanikanlagen in Verbindung mit Zinktrommelstraßen, bei denen die Abwasserentgiftung und -neutralisation durch eine automatische Kontrolle über PH-Schreiber erfolgt.
3. Metallurgische Produkte
   a) Hüttenmännische Gewinnung der Produkte
      Betrieb der Öfen (Röst-, Reduktions- und Schmelzöfen), Raffinieren und Gießen des geschmolzenen Produktes in Barren, Blöcke, Platten usw.; Vorbereiten der Formen bzw. des Gußbettes und das Räumen derselben;
   b) Gewinnung der Produkte auf elektrothermischem oder elektrolytischem Wege
      Der im ununterbrochenen Stoffluß vorgeschaltete Betrieb der Erzvorbehandlung, der Erzlaugerei und der Laugenvorbereitung; Betrieb der Elektroöfen, Schmelzöfen, Elektrolysebäder einschließlich der Gaswaschanlagen, Kryolitrückgewinnung, Soederbergfabrik bzw. Anodenfabrik, Anodenanschlägerei, Kathodenreparatur sowie der Zersetzungsapparate, Raffinieren und Gießen der geschmolzenen Produkte in Barren, Blöcke, Platten usw.; Vorbereiten der Formen bzw. des Gußbettes und das Räumen desselben; Raffinieren und Verpacken des Ferrosiliziums;
   c) Walz- und Preßwerke, die aus technologischen Gründen eine unbedingt notwendige Kontinuität im Stoffluß erreichen müssen
      Übernahme und Vorbereiten der Stranggußprodukte von der Gießerei, Einsatz in Erwärmungseinrichtungen, Aufheizen auf Verarbeitungstemperatur für die nachgeschalteten Verformungseinrichtungen, Betrieb von Walzstraßen und Strangpreßanlagen, Anlieferung an die Adjustagen und Betrieb von Adjustageeinrichtungen wie Scherenstraßen, Besäumeeinrichtungen, Richtmaschinen, Reck- und Ziehanlagen, Schneideeinrichtungen.
   d) Schleiferei/Preßblechfertigung
      Das Schleifen von Preßblechen (Fertigschliff) in kontinuierlicher Fertigung, sofern für die Einhaltung engster Dickentoleranzen und Planparallelitäten die Beibehaltung einer für die gesamte Einheit konstanten Betriebstemperatur erforderlich ist.
   e) Herstellung von atomisierten (verdüsten) Metallpulvern mittels Versprühen von flüssigem Metall mit komprimierten Gasen
      Betrieb der Öfen und Vorbereitung der technologischen Produktionseinrichtungen; Transport des flüssigen Metalls vom Schmelzofen zum Verdüsungsraum; Austausch und innerbetrieblicher Transport der Auffangbehälter.
4. Gießereien
   a) Eisen- und Stahlgießereien
      Elektro-, Schmelz- und Warmhalteanlagen wie Lichtbogenöfen und Induktionsofenanlagen in Gießereien, die automatische Form- oder Gießanlagen betreiben oder Großgußstücke, deren Auskühlzeit mehr als acht Stunden beträgt, herstellen Beschicken und Anheizen von Schmelzöfen und Schmelzen, Anwärmen der Formen und der Kokillen an Sonn- und Feiertagen ab 18 Uhr, Warmhalten und Nachbehandeln von Großgußstücken mit einer Auskühlzeit von mehr als acht Stunden, Trocknen von Formen, deren Herstellung und Trocknung mehr als fünfeinhalb Tage erfordern, Beaufsichtigen und Warmhalten der Öfen;

b) Nichteisenmetallgießereien
Elektro-, Schmelz- und Warmhalteanlagen wie Induktionsofenanlagen sowie Fertigungsanlagen wie Induktionserwärmungsanlagen und Druckgießmaschinen im kontinuierlichen, vollautomatisierten Betrieb in Nichteisengießereien;
Beschicken und Anheizen von Schmelzöfen sowie Schmelzen, Anwärmen der Formen und der Kokillen an Sonn- und Feiertagen ab 18 Uhr;
Warmhalten und Nachbehandeln von Großgußstücken mit einer Auskühlzeit von mehr als acht Stunden, Trocknen von Formen, deren Herstellung und Trocknung mehr als fünfeinhalb Tage erfordern;
Beaufsichtigen und Warmhalten der Öfen;
Beschicken der Induktionserwärmungsanlage mit im Stranggß gerührten feinkörnigen Aluminium-Bolzenabschnitten, welche nach Vollendung der Erwärmung im Temperaturbereich zwischen Solidus und Liquidus thixotrope Eigenschaften aufweisen und unter stabiler Verarbeitungstemperatur ohne Schwankungsbreiten kontinuierlich und vollautomatisiert in einer Druckgießmaschine oder vergleichbaren Presse verarbeitet werden.
c) Umschmelzen von verunreinigten Aluminiumschrotten Vorbereitung der Schrotte auf den Schmelzbetrieb, Beschickung und Betrieb der Schmelz- und Gießöfen, Behandlung der Schmelze, Abgießen zu Massel und Umreifung der Massel.
5. Emaillieren
Warmhalten oder Fortführen der Glüh- und Brenndauer der eingesetzten Öfen, nicht jedoch das Beschicken und Entleeren.
6. Halbfabrikate aus Eisen, Stahl und anderen metallischen Werkstoffen im Warmbetrieb
Der kontinuierliche Betrieb von Warmbehandlungsöfen.
7. Kabel
a) Der Betrieb an den Barrenöfen, Drahtglühöfen und Emailöfen (Lackdrahtöfen);
b) der Trocken- und Tränkprozeß für Starkstromkabel.
8. Lackdrahterzeugung
Drahtziehen; der Betrieb an den Barrenöfen und Emailöfen (Lackdrahtöfen); Prüfen; Umspulen und Verpacken von Feindraht bis 0,1 mm.
9. Akkumulatoren
Betrieb von Bleikugelmühlen sowie Durchführung von Formierungsprozessen von Großoberflächen und Panzerplatten.
10. Elektrische Großmaschinen und Großtransformatoren
a) Der Trocken- und Tränkprozeß der Wicklungen für elektrische Großmaschinen;
b) Trocknung und Ölfüllung von Großtransformatoren;
c) Prüfung von elektrischen Großmaschinen und Großtransformatoren ab 20 MVA Nennleistung.
11. Präparation von Stahlflaschen
Beschicken und Entleeren von Trocken- und Härteöfen für die Präparationsmasse.
12. Stahlcorderzeugung

Einsetzen von Vormaterialspulen, Anschweißen, Patentieren und Vermessingen, Drahtziehen, Verseilen, Umspulen und der mit dem jeweiligen Produktionsvorgang verbundene Spulenwechsel sowie Verpacken.

13. Gemüse- und Obstkonservendosenerzeugung
Sofern der Vorrat an gebrauchsfähigem Lagergut wegen des starken Anfalls von verderblichen Produkten nicht ausreicht:
Bedienung der Dosenfertigungsanlage, die unmittelbar anschließende Verpackung des fertigen Produktes und der Abtransport ins Zwischenlager, Auslieferung des Produktes zum Konservenabfüller: 1. Juni bis 31. Oktober und an zwei Samstagen im November.

14. Fertigung von Antriebselementen und Zahnrädern Arbeiten an Antriebselementen und Zahnrädern Endverzahnung, Schlichtspan, Schleifen des Zahnrades, Härtevorgang , sofern diese aus technologischen Gründen vollkontinuierlich durchgeführt werden müssen.

15. Integrierte Schaltungen
Die Fertigung von integrierten Schaltungen, soweit diese aus technologischen Gründen vollkontinuierlich durchgeführt werden muß.

16. Bimetallbandfertigung
Das Elektronenstrahlschweißen von Bimetallbändern im Durchzugsverfahren, sofern für die Einhaltung der optimalen Nahtausführung und Konstanz der Schweißparameter die Beibehaltung einer für die gesamte Einheit konstanten Betriebstemperatur erforderlich ist.

17. Herstellung von Farbbildröhren
Die Bedienung von Glühöfen zur Maskenkonditionierung und oxydierenden Behandlung der Metallteile, Pressen der konditionierten Masken, die Bedienung von synchrongeschalteten Bearbeitungsmaschinen zum Aufbringen der Leuchtstoffe, der Aluminiumschicht, zum Verschmelzen von Glasschirm und Glaskonus, des Elektronenstrahlsystems mit dem Glaskörper und zum Evakuieren und Verschließen des Glaskörpers.

18. Herstellung keramischer Vielschichtbauelemente und von Elektrokeramik-Bauelementen.
Die Fertigung von keramischen Vielschichtbauelementen und von Elektrokeramik-Bauelementen, soweit dazu thermische Prozesse notwendig sind, sowie die Durchführung von Messungen an solchen Bauteilen.

19. Herstellung von Leiterplatten in Feinstleitertechnologie
Das Bohren der Leiterplatten, das galvanische Aufbringen von Kupfer und die Strukturierung der Leiterplatten mittels Fotoprozeß.

20. Herstellung von Aluminium-Getränkedosen
Stanzen und Ziehen des Aluminium-Bandmaterials, Reinigung und Behandlung der Blankdose, Vorlackieren und Drucken einschließlich der Trocknung, Innenlackieren, Necken und Bördeln, Testen sowie Palettieren.

21. Beschichtung von Preßwalzen für Papiermaschinen mit Granitersatz-Keramikbezügen Sandstrahlen, Korrosionsbeschichtung und Aufbringung der Granitersatz-Schicht.

22. Bestücken von Printplatten
Bestücken von Printplatten in Verbindung mit elektromechanischen Großkomponenten (Laufwerken) unter Verwendung der Spitzenfertigungstechno-

logien des Wellen- und Reflowlötens (Feinstleitertechnik) in Größtserienfertigung.
23. Edelstahlröhrchen mit integrierter Glasfaser mit Längen von mindestens 50 km
    a) Hochfahren des Lasers auf Betriebstemperatur;
    b) Probeproduktion zur Einstellung der Laserparameter und Qualitätssicherung;
    c) Produktion der Edelstahlröhrchen (Formen, Einbringen der Glasfaser und des Gels, Verschweißen, Durchmesserkalibrieren, Reinigen und Bedrucken, Aufwickeln auf Spule).

IV. Holzverarbeitung

1. Spanplattenerzeugung
    a) Betreiben der Anlagen zur Erzeugung der Vormaterialien, wie Leim bzw. Bindemittel, die auf Grund der vor- oder nachgeschalteten Anlagen eine Kontinuität im Stoffluß bedingen, einschließlich Trocknung, Aufarbeitung und Lagerung;
    b) Betreiben der Späneerzeugung und der Trockner, der im kontinuierlichen Stoffluß unmittelbar anschließenden Silo- und Verleimstationen, der Schüttstation und des Formstranges sowie der Heißpressen, Aufteilsäge, Zuschnitt, Nachbearbeitung und Schleifstraße einschließlich Abnahme, Klimatisierung und Lagerung, der Beharzungs-, Imprägnier- und Beschichtungsanlagen einschließlich Zuschnitt, Nachbearbeitung, Veredelung und Lagerung, der Energieerzeugungs- und Verteilungsanlagen, die für die Aufrechterhaltung des Produktionsbetriebes erforderlich sind, sowie Abluftreinigung.
2. Faserplattenerzeugung
    a) Betreiben der Anlagen zur Erzeugung der Vormaterialien, wie Leim bzw. Bindemittel, die auf Grund der vor- oder nachgeschalteten Anlagen eine Kontinuität im Stoffluß bedingen, einschließlich Trocknung, Aufarbeitung und Lagerung;
    b) Betreiben der im kontinuierlichen Stoffluß unmittelbar anschließenden Defibratoren und Refiner, der Materialzufuhr, der Stoffaufbereitungs- und Verleimungsanlagen einschließlich Kalandrierung und Vernadelung, der Langsiebmaschine sowie der Heißetagenpresse bzw. der Trockner, Aufteilsäge und Schleifstraße einschließlich Abnahme, Klimatisierung und Lagerung des gepreßten Produktes, der Beharzungs-, Imprägnier- und Beschichtungsanlagen einschließlich Zuschnitt, Nachbearbeitung, Veredelung und Lagerung, der Energieerzeugungs- und Verteilungsanlagen, die für die Aufrechterhaltung des Produktionsbetriebes erforderlich sind, sowie Abluft- und Wasserreinigung.
3. Holztrockenkammern
Die für mehrtägige Holztrocknungsprozesse unbedingt erforderlichen Arbeiten bei Trockenkammern und Trockenkanälen, wie die rechtzeitige Entladung und Beschickung dieser mit vorbereitetem Holz, sowie der Betrieb der Anlagen zur Bereitstellung der Wärmeenergie.

4. Brettschichtholzerzeugung im Durchlaufpressverfahren Beschicken und Bedienen der Vorhobelanlage, der Beleimung und der Durchlaufleimpresse und der Nachhobelung einschließlich Lagerung des fertigen Produktes.

V. Bauwirtschaft

1. Vermessungen
Ausführung von Vermessungsarbeiten, bei denen nur während der Ruhezeiten einwandfreie geophysikalische Untersuchungsergebnisse erzielt werden können.
2. Bauarbeiten, die im öffentlichen Interesse liegen
   a) Auf öffentlichen Verkehrswegen,
   b) auf gefährlichen Böden,
   c) zur Fortführung von Betonierungsvorgängen (zB bei Gleitschalungsbauten), die einen kontinuierlichen Arbeitsablauf von mehr als 152 Stunden in Anspruch nehmen,
   d) bei Stollen und Tunnels,
   e) bei Wasserbauten,
   sofern alle diese Arbeiten aus Gründen der Sicherheit der Allgemeinheit bzw. der Beschäftigten oder aus bautechnischen Gründen während der Wochenend- oder Feiertagsruhezeit nicht unterbrochen oder nur in diesen Zeiten durchgeführt werden können;
   f) Einbauten und Montagen auf Baustellen von Kraftwerken, die nur während der Durchführung der Bauarbeiten im Sinne der lit. c bis e durchgeführt werden können.
3. Transportbeton
Belieferung von während der Wochenend- und Feiertagsruhe durchgeführten gesetzlich erlaubten öffentlichen Bauvorhaben, der Betrieb der Mischanlage und das Abfüllen in die Fahrmischer.
4. Gleitbauarbeiten
Gleitbauarbeiten (z. B. bei der Neuerrichtung von Silos), die aus bautechnischen Gründen einen kontinuierlichen Arbeitsablauf von mehr als 152 Stunden erfordern.

VI. Leder und Textil

1. Gerberei
   a) Chrom- und pflanzliche Gerberei; Weiß- und Sämischgerberei
      An Vormittagen bis 12.00 Uhr:
      aa) Übernahme, Aufsalzen oder Einweichen der am Vortag eingelieferten frischen Häute 1. Mai bis 30. September;
      bb) Wechseln des Weichwassers, Aufschlagen und Bewegen der Häute, Einäschern der Häute, Entnahme der Häute aus den Gerbfässern, Umhängen oder Abnehmen der Leder im Trockenraum; in der Chrom- und Weißgerberei auch Schwöden und Enthaaren der Felle, die am Vortag geschwödet worden sind.
   b) Herstellung chromfreier Leder auf Wet-White-Basis
      aa) Entnahme der Häute aus den Gerbfässern, Bedienen der Reckmaschine, Nassstutzen der Wet-White im Rahmen des Trocknungsprozesses,

Befüllung und Bedienung der Vakuumierungs- und Konditionierungsanlage, Regelung der Betriebstemperatur und des Trocknungsprozesses sowie Durchführung der Qualitätskontrolle;
- bb) Kontroll-, Regelungs- und Steuertätigkeiten im Zuge des Produktionsprozesses, Weiterführung von kontinuierlichen Herstellungsprozessen mittels eines Prozessleitstandes, die einen ununterbrochenen Fortgang von der Gerbung bis zur Trocknung erfordern;
- cc) Beschicken und Bedienen zur Auf- und Verarbeitung von Leimleder dienenden Anlagen zur Gewinnung von Nebenprodukten und Stoffen aus den durch den kontinuierlichen Produktionsprozess anfallenden biogenen Stoffen, deren Herstellung eine unbedingt notwendige Kontinuität im Stofffluss erfordert.

2. Herstellung von hochgedrehten Garnen und Zwirnen aus synthetischen Spinnstoffen Bedienen der Texturiermaschinen und Zwirnmaschinen für texturierte und umsponnene Garne.

3. Spinnerei
Die im vollkontinuierlichen Produktionsprozeß erfolgende Verarbeitung von Fasern aller Art zu Garnen und Zwirnen
- a) nach dem Openend-Spinnverfahren:
Bedienen der Anlagen zum Öffnen, Mischen, Kardieren, Kämmen, Strecken und Spinnen;
- b) nach dem Baumwollspinnverfahren mit und ohne Flyern:
Bedienen der Anlagen zum Öffnen, Mischen, Kardieren, Kämmen, Strecken, Flyern und Spinnen, der automatischen Spulmaschinen und der Zwirnmaschinen;
- c) nach dem Kammgarnspinnverfahren:
Bedienen der Anlagen zum Mischen, Krempeln, Strecken, Kämmen, Vorspinnen und Spinnen, der automatischen Spulmaschinen, der Zwirnmaschinen und Schrumpfanlagen;
- d) nach dem Halbkammgarnspinnverfahren:
Bedienen der Anlagen zum Mischen, Krempeln, Strecken, Vorspinnen und Spinnen, der automatischen Spulmaschinen, der Zwirnmaschinen und Schrumpfanlagen;
- e) nach dem Leinengarnspinnverfahren:
Bedienen der Anlagen zum Hecheln, Kardieren, Kämmen, Strecken, Vorspinnen, Vorgarnbleichen, Spinnen, Spulen, Garnbleichen und Zwirnen.

4. Weberei
Die im vollkontinuierlichen Produktionsprozeß erfolgende Herstellung von Geweben aus Fasern aller Art auf schützenlosen Webmaschinen:
Einlegen der Kette, Einziehen und Anknüpfen an der Webmaschine, Bedienen der Webmaschine.

5. Strickerei
Die im vollkontinuierlichen Produktionsprozeß erfolgende Verarbeitung von Chemiefasern und deren Mischungen mit Naturfasern zu
- a) gestrickter Oberbekleidung auf Single-Ringel-Maschinen, Single-Wrapper-Maschinen und Interlock-Ringel-Maschinen:
Einziehen und Anknüpfen, Bedienen der genannten Maschinen;
- b) Strumpferzeugnissen unter Verwendung von elastischen Garnen:

Einlegen der Kette und/oder Mustertrommel, Einziehen und Anknüpfen an den Strickmaschinen, Bedienen der genannten Maschinen sowie der Relaxier-Anlagen.
- c) Stoffen für Autoinnenausstattungen auf Henkelplüschstrickmaschinen sowie die unmittelbar damit im Zusammenhang stehende Ausrüstung und Veredelung der Stoffe, insbesondere Scheren, Waschen, Fixieren und Beschichten;
- d) gewirkten Einlagestoffen auf Wirk- und Raschelmaschinen;
- e) durchwirkten Vliesen auf Vliesraschelmaschinen.

6. Textilveredlung
- a) Unbedingt notwendige Arbeiten an jenen Feiertagen, die auf einen Dienstag, Mittwoch oder Donnerstag fallen;
- b) unbedingt notwendige Arbeiten an zwölf Wochenenden im Kalenderjahr, wenn die Fortführung der am Freitag eingeleiteten Chargenprozesse einen ununterbrochenen Fortgang erfordern.

VII. Zellstoff und Papier

1. Zellstofferzeugung
   - a) Bedienen der im kontinuierlichen Produktionsfluß den Zellstofferzeugungsanlagen unmittelbar vorgeschalteten Holzvorbereitungsanlagen und der Anlagen zur Gewinnung der Kochflüssigkeit;
   - b) Beschicken und Bedienen der Zellstoffkocher, der Wasch-, Sortier- und Entwässerungsvorrichtungen sowie Erfassen, Eindämpfen und Verbrennen der Kocherablauge in kontinuierlich betriebenen Einrichtungen; Bedienen der Anlagen zur Gewinnung von Nebenprodukten und Stoffen aus der durch den kontinuierlichen Produktionsprozeß anfallenden Kocherablauge, soweit die Fortführung von Gewinnungsprozessen aus biologischen oder ökologischen Gründen unbedingt notwendig ist;
   - c) Bedienen der Anlagen für die der Bleiche vorgeschaltete Bereitung und Lagerung von Bleichmitteln, der Anlagen der Bleicherei sowie der Anlagen im Rahmen des Trocknungsprozesses.

2. Papier- und Kartonerzeugung
   Bedienen der im kontinuierlichen Produktionsfluß unmittelbar vorgeschalteten Rohstoffaufbereitungsanlagen, der Stoffaufbereitungsanlagen, der Papier- und Kartonmaschinen, der Umroller und Rollenschneidemaschinen, Papier- und Kartonveredlungsmaschinen, Papier- und Kartonausrüstung, soweit alle diese Tätigkeiten im ununterbrochenen Produktionsfluß erforderlich sind.

3. Holzschleifereien
   Bedienen der Holzschleifereianlagen mit Wasserantrieb oder solcher, die Kraftstrom ausschließlich von Wasserkraftwerken beziehen, bei eingetretenem Wassermangel an 15 Sonntagen im Kalenderjahr.

VIII. Lebensmittel (Nahrungs- und Genußmittel)

1. Getreide
   Übernahme und Einlagerung des in die Mühle oder in die Außenlager während der Erntezeit zugeführten Getreides.
2. Kartoffelstärke

a) Entnahme der Kartoffeln aus den Lagern, Waschen und Reiben, Ausbringen der Stärke, Gewinnung und Reinigung der Rohstärke sowie der Nebenprodukte (Kartoffeleiweiß, Kartoffelpülpe), Verarbeitung der Abfallstärke, Entwässern, Trocknen und Verpacken bzw. Lagern der gereinigten Produkte während der Zeit der Industriekartoffelkampagne;
b) ganzjährig die Aufbereitung und Beseitigung der während der Kampagne anfallenden Abwässer.
3. Getreidestärken (Mais-, Reis- und Weizenstärke) Entnahme des Rohstoffes aus den Lagern, Reinigen, Quellen, Vermahlen und Anteigen, Gewinnung, Reinigung und Trocknung der Stärke sowie der Nebenprodukte, deren Sichtung, Abfüllung und Lagerung.
4. Dextrin und andere abgebaute und modifizierte Stärken Einbringen und Vorkonditionieren der Stärken, Durchführung des Aufschlusses, Einbringen der Chemikalien, Durchführung der chemischen Reaktion, Reinigen, Trocknen, Kühlen, Befeuchten, Mischen, Sichten, Abfüllen (ausgenommen in Kleinpackungen) und Lagern.
5. Stärkeverzuckerungsprodukte
Einbringen, Verflüssigen und Verzuckern der Stärke mittels Säure oder Enzymen, Neutralisation, Raffinieren und Eindampfen; bei Trockenstärkesirup auch die Sprühtrocknung; bei Stärke- und Traubenzucker auch Kristallisation und Trocknen; bei allen die Abfüllung. Ferner die Aufbereitung und Abfüllung der anfallenden Nebenprodukte.
6. Kartoffeldauerprodukte in Stücken, in Flocken-, Grieß- oder Pulverform
Während der Zeit der Industriekartoffelkampagne die Entnahme der Kartoffeln aus den Lagern, Sortieren, Waschen, Schälen, Auslesen, Reiben oder Schneiden, Blanchieren, Kochen und Trocknen, Vermahlen, Mischen und Sichten der Produkte und Nebenprodukte und deren Lagerung; bei Püree und Kartoffelteig auch die Abfüllung in Kleinpackungen.
7. Chips und Minifrittes
Übernahme der Frühkartoffeln, Waschen, Schälen, Ausstechen, Schneiden, Sortieren, Rösten und Würzen, Verpacken und Lagern. 1. Juni bis 31. Juli.
8. Frittaten und Backerbsen
Überwachung der Erzeugung von Frittaten und Backerbsen an jedem zweiten Wochenende.
9. Zuckererzeugung
Während der Zeit der Zuckerrüben- und Raffinationskampagne
a) Übernahme und Lagerung von Zuckerrüben;
b) die Verladung von Zuckerrüben, soweit aus Witterungsgründen ein Transport in die Fabriken notwendig ist;
c) die Rohzuckererzeugung und Raffination des Zuckers einschließlich Einlagerung der fertigen Ware;
d) Betrieb von Schnitzeltrocknungs- und Melasseentzuckerungsanlagen, Lagerung der Rübenschnitzel sowie Verladung der Schnitzel;
e) Abfüllen von Liefergrünsirup und Melasse.
10. Milch und Milchprodukte
a) Rohmilch, Rohrahm, Babymilch und molkereimäßig behandelte Milch

Sammlung, Übernahme, Qualitätskontrolle, molkereimäßige Behandlung, Versand an Be- und Verarbeitungsbetriebe; für Frischmilch „Baby" zusätzlich noch die Abfüllung;
b) Milchprodukte
Belieferung bei Messe-, Sport-, Fest- und marktähnlichen Veranstaltungen sowie an Bäder und Eissalons. Weiters an Sonn- und Feiertagen vor Werktagen ab 18 Uhr Beginn der notwendigen Vorarbeiten und anschließend die Belieferung des Groß- und Kleinhandels sowie sonstiger Großverbraucher mit Milch und Milchprodukten; bei mehreren aneinanderschließenden Sonn- und Feiertagen am letzten Ruhetag auch Abfüllen der Trinkmilch und flüssiger Milchprodukte;
c) Butter
Fetteinstellung und Ansäuerung des Rahms, Verbutterung von Käsereirahm und Abpackung der dabei hergestellten Butter;
weiters an zwölf Wochenenden bzw. Feiertagen auch Verbutterung des Molkereirahms und Abpackung der dabei hergestellten Butter;
d) Käse und Topfen
   aa) Frischkäse und Topfen
   Füllen der Fertiger, Einstellen des Fettgehaltes und Behandlung der Kesselmilch; weiters an zwölf Wochenenden bzw. Feiertagen auch die Topfenerzeugung und Abpackung in Großpackungen;
   bb) Weich-, Schnitt- und Hartkäse
   Füllen der Fertiger, Einstellen des Fettgehaltes, Behandeln der Kesselmilch und Weiterverarbeitung des Käsebruches sowie die unbedingt notwendigen Arbeiten am Salzbad und in den Reifungs- und Lagerräumen; weiters an zwölf Wochenenden bzw. Feiertagen Abpackung von Weich- und Schnittkäse bei Gefahr des sonstigen raschen Verderbens beim Versand;
e) Dauermilchprodukte
   aa) Milch-, Buttermilch- und Molketrocknung sowie die Herstellung von Milchkonzentraten zur Weiterverarbeitung und die Herstellung von Futtermitteln
   Tankversand zum und vom Trockenwerk, Übernahme, Qualitätskontrolle, Einstellen des Fettgehaltes, molkereimäßige Behandlung, Konditionieren, Eindampfen, Trocknen, Sichten, Abfüllen in Großpackungen und Lagern;
   bb) Kaseintrocknung
   Übernahme, Einbringung und Qualitätskontrolle, Zerkleinern, Trocknen, Mahlen, Sichten, Abfüllen in Großpackungen und Lagern des Produktes;
   cc) Naßkaseinerzeugung und die im kontinuierlichen Stofffluß erfolgende Kaseintrocknung
   Zerkleinern, Mahlen und Sichten an zwölf Wochenenden bzw. Feiertagen.
11. Frische Fische
Verarbeitung einschließlich des Einlegens in das Garbad.
12. Rohwürste

Lagern und Wenden der Ware, Überwachung und Steuerung des Trocknungsprozesses.
13. Tiefgefrierwaren (Gemüse und Obst)
    Übernahme der frisch geernteten Ware, die erforderliche Verarbeitung einschließlich Abfüllen und Einlagern in das Tiefkühllager
    a) Kochsalat 1. Juni bis 15. August
    b) Erdbeeren 1. Juni bis 15. Juli
    c) Erbsen 1. Juni bis 31. Juli
    d) grüne und gelbe Bohnen 4 Wochenenden während der Erntezeit und am 15. August
    e) Blattspinat 10. April bis 15. Juni, 16. August bis 15. November
    f) Tomatenmark 1 Wochenende und 1 Feiertag im August
    g) sonstige Tiefgefrierwaren insgesamt 5 Wochenenden und 1 Feiertag während der Erntezeit
14. Gemüse- und Obstkonserven
    a)
       aa) Erbsen
           1. Juni bis 31. Juli;
       bb) grüne und gelbe Bohnen
           vier Wochenenden während der Erntezeit und am 15. August;
       cc) Tomatenmark
           15. August bis 30. September;
       dd) Gurken
           10. Juli bis 10. September;
       ee) Zuckermais
           15. August bis 30. September;
       ff) Kirschen
           15. Juni bis 30. Juli;
       gg) Pflaumen
           1. September bis 30. September;
           Übernahme der Ware, die erforderliche Verarbeitung der frisch geernteten Ware einschließlich Abfüllen und Verpacken, wenn dies im kontinuierlichen Stofffluß erfolgt sowie Lagern.
    b)
       aa) Sauerprodukte
           Überwachung des Gär- oder Säuerungsvorganges;
       bb) Erdbeeren
           Übernahme der geernteten Ware; Reinigen, Sortieren (Verlesen), Vermarken oder Pulpen in Großgebinde, 1. Juni bis 15. Juli;
       cc) Marillen
           Übernahme der geernteten Ware; Reinigen, Sortieren (Verlesen), Vermarken oder Pulpen in Großgebinde, 15. Juli bis 15. August;
       dd) Waldpilze
           Übernahme der Ware, Blanchieren, Bereitstellen der Hüllgüter und des Packmediums, Verpacken, Verschließen, Sterilisieren, Verpacken und Etikettieren, wenn dies im kontinuierlichen Stofffluß erfolgt, Lagern, 1. Juli bis 30. September;

ee) sonstiges leicht verderbliches Obst und Gemüse Übernahme und Lagern,
   15. Mai bis 31. Oktober.
15. Verarbeitung von Beeren-, Stein- und Kernobst sowie Gemüse zu Säften und anderen Produkten der gärungslosen Obst- und Gemüseverwertung
   Übernahme, Sortieren, Waschen, Zerkleinern, Pressen (oder Dämpfen, Passieren, Homogenisieren); Klären, Konzentrieren, Haltbarmachen, Abfüllen und Lagern.
   1. juni bis 15. Dezember.
16. Kaffeemittel- und Instantkaffee-Erzeugung
   a) Darren
      aa) Zichorie
         Übernahme der Zichorienwurzeln, Waschen, Zerkleinern, Darren und Kühlen, Verladen, Lagern,
         1. September bis 15. Dezember;
      bb) Rohfeigen
         Übernahme, Ausleeren und Aufschütten auf die Darranlage, Darren und Kühlen, Verpacken und Lagern, 1. November bis 30. Juni;
   b) Extrahieren und Sprühtrocknen von Bohnenkaffee und Kaffeemittelextrakten
      Mischen, Füllen der Extraktionsanlage, Extrahieren und Kühlen, Sprühtrocknen des Extraktes, Verpacken und Zwischenlagern des Extraktes.
17. Mälzerei
   Einweichen, Überwachung des Weichprozesses, Ausweichen, Überwachung des Keim- und Röstprozesses des Getreides und des Darrprozesses sowie Entkeimen des Malzes.
18. Bierbrauerei
   a) Führung der Haupt- und Nachgärung;
   b) Brauen im Sudhaus am Sonntag ab 20 Uhr;
   c) Zulieferung des Bieres in Ausflugsgebiete und zu Bädern vom 15. Mai bis 31. August und zu behördlich genehmigten Veranstaltungen.
19. Zustelldienst von alkoholfreien Getränken
   Zulieferung alkoholfreier Getränke in Ausflugsgebiete und zu Bädern vom 15. Mai bis 31. August und zu behördlich genehmigten Veranstaltungen.
20. Zustelldienst von Speiseeis
   Zulieferung von Speiseeis in Ausflugsgebiete und zu Bädern vom 1. Mai bis 30. September, während der gesetzlichen Schulferien nach § 2 des Schulzeitgesetzes 1985, BGBl. Nr. 77, sowie zu behördlich genehmigten Veranstaltungen.
21. Zustelldienst von Tiefkühlkost
   a) Zulieferung von Tiefkühlkost zu behördlich genehmigten Veranstaltungen;
   b) Zulieferung von Tiefkühlkost zur Versorgung der Fremdenverkehrsbetriebe am Samstagnachmittag vom 1. Mai bis 30. September und während der gesetzlichen Schulferien nach § 2 des Schulzeitgesetzes 1985, BGBl. Nr. 77.
22. Äthylalkoholerzeugung
   a) Auf Basis von Melasse und Liefergrünsirup

aa) Übernahme der Melasse und des Liefergrünsirups während der Kampagne;
bb) Bereitung der Maischen und Überwachung des im kontinuierlichen Stofffluß anschließenden Gär-, Destillations- und Raffinationsprozesses an Feiertagen und an drei Wochenenden im Jahr;
b) Auf Basis von Knollen- und Körnerfrüchten sowie deren Nebenprodukten Entnahme der Rohstoffe aus den Lagern, Aufschluß, Bereitung der Maischen, Bedienung und Überwachung des im kontinuierlichen Stofffluß anschließenden Gär-, Destillations- und Raffinationsprozesses sowie Lagerung und Kontrolle der anfallenden Erzeugnisse durch einen Zeitraum von 10 Monaten im Jahr.

23. Backhefeerzeugung
    a) Übernahme der Melasse und des Liefergrünsirups während der Kampagne;
    b) Bereitung der Melassemaischen und Nährsalzlösungen, Herführung der Anstellhefen, Fermentation, Hefezentrifugierung und Zwischenlagerung an Feiertagen und an drei Wochenenden im Jahr;
    c) Hefeentwässerung, Hefepfundierung, Verpackung sowie Transport in die Kühlräume an drei Wochenenden im Jahr.

24. Erzeugung von Gärungsessig
    Einstoßen der Essigmaische in die Essigbildner, Überwachung des Gärprozesses und der Essigbildner, Ausstoßen des Essigs aus den Essigbildnern.

25. Weinkellereien, Winzergenossenschaften
    a) Zufuhr, Übernahme und Lagerung der Trauben und des Mostes;
    b) Abpressen der Trauben und der Weinmaische einschließlich der Einlagerung;
    c) Überwachung des Gärprozesses.

26. Gewinnung von Quellwässern
    Transport der Flaschen zur Quelle (Brunnen), Füllen und Verschließen, Transport zum Lager. 15. Mai bis 31. August.

27. Konditoren (Zuckerbäcker) im Sinne des § 94 Z 40 GewO 1994 und Speiseeiserzeuger Tätigkeiten einschließlich der Erzeugung, die zur Aufrechterhaltung des Betriebes und zur Betreuung der Gäste und Kunden (Endverbraucher) erforderlich sind.

28. Bandtabak
    Bedienung der Stoffaufbereitungsanlagen, der Bandtabakformer und der Trocknungs- und Zerkleinerungsanlagen, soweit alle diese Tätigkeiten im kontinuierlichen Stofffluß erforderlich sind.

29. Industrielle Gewinnung von Pflanzenrohölen.
    Die im Zusammenhang mit der Produktion stehenden Überwachungs-, Kontroll- und Einstellarbeiten, ausgenommen die Rohstoffeinlagerung und die Produktverladung.

30. Vollkontinuierliche industrielle Herstellung von Flach- und Rollwaffeln
    Entnahme der Rohstoffe aus den Lagern, Zubereitung der Teig-, Creme- und Schokolademassen, Bedienung und Überwachung des Back- und Verarbeitungsprozesses, Kontrolle, Verpackung und Lagerung der anfallenden Erzeugnisse.

IX. Chemie

1. Schwefelsäure, schwefelige Säure, deren Anhydride und Salze
   a) Schwefeldioxyd (schwefelige Säure), Schwefelsäure Aufbereitung der Rohstoffe durch Brechen, Mahlen, Sichten, Mischen, Homogenisieren und Granulieren; Bedienen der Anlagen zur Erzeugung von Schwefeldioxyd durch Rösten von Kiesen, Blenden und gebranchten Gasreinigungsmassen, durch Verbrennen von Elementarschwefel und durch Reduktion von Kalziumsulfat; Entstauben und Reinigen der schwefeldioxydhältigen Gase, Trocknen und Verflüssigen des Schwefeldioxyds, Oxydation nach dem Turmverfahren oder in Kontaktanlagen; kontinuierliche Umsetzung von Schwefeltrioxyd mit organischen Substanzen zu organischen Sulfonaten und Sulfaten; Absorption des Schwefeltrioxyds und Einstellen der Säure auf den erforderlichen Gehalt (einschließlich Oleum); Speichern und Abfüllen in Transport- und Betriebsbehälter;
   b) Chemisch reine Schwefelsäure
   Beschicken und Bedienen der Destillationsgefäße und der Kühlvorrichtungen für die Säuredämpfe; Abziehen der chemisch reinen Säure in die Gefäße;
   c) Kupfervitriol
   Bedienen der Schmelz- und Röstöfen, der Türme, der Laugerei und Kristallisationsanlagen, der Zentrifugen und Waschanlagen, Abfüllen des Produktes;
   d) andere Salze der Schwefelsäure und der schwefeligen Säure Bedienen der Absorptionsgefäße für die Salze; Bereitung und Konzentration der Laugen; Bedienen der Kristallisationsanlagen, Zentrifugen, Trocknungs- und Zerkleinerungsapparate, Abfüllen der Produkte ausgenommen in Kleinpackungen.
2. Salpetersäure, Nitrate und Nitrite
   a) Salpetersäure
   Bedienen der Gebläse zur Förderung des Ammoniak-Luftgemisches zu den Verbrennungsöfen und der nitrosen Gase zur Absorption; Bedienen der Abhitzekessel nach den Ammoniakverbrennungsöfen sowie der Anlagen zur Absorption und Oxydation der Nitrose, Konzentrieren und Abfüllen der Säure;
   b) Nitrate und Nitrite
   Bedienen der Absorptionsgefäße für die Salze, Bereitung und Konzentration der Laugen; Bedienen der Kristallisationsanlagen, Zentrifugen, Trocknungs- und Zerkleinerungsapparate; Abfüllen der Produkte ausgenommen in Kleinpackungen.
3. Salzsäure
   Betrieb der Synthese-, Zersetzungs- und Absorptionsapparate, der Öfen, der Laugenbereitung und der Kristallisationsanlagen, der Zentrifugen, Abfüllen ausgenommen in Kleingebinde, Lagern.
4. Phosphorsäure, phosphorsaure Salze, Superphosphat, Komplex- und Mischdünger sowie Nebenprodukte der Phosphorsäureerzeugung Mahlen und Aufschluß der Rohphosphate; Abtrennen und Aufbereiten der Phosphorsäure und ihrer Nebenprodukte, insbesondere Konzentrieren, Mischen der Düngerkom-

ponenten, Granulieren, Waschen, Trocknen, Brennen, Klassieren und Einspeichern.
5. Kieselfluorwasserstoffsäure, Silicofluoride und Fluoride Bedienen der Anlagen zur Erzeugung von Kieselfluorwasserstoffsäure durch Auswaschen der Abgase beim Aufschluß von Rohphosphaten, Wartung der Umsetz-, Fällungs- und Zentrifugiereinrichtungen zur Gewinnung von Silicofluoriden und Fluoriden, Überwachung der Trocknungs- bzw. Kalziniereinrichtungen, Abfüllen und Lagern.
6. Soda und deren Nebenprodukte; kohlensaurer Kalk Bereiten und Verarbeiten der Salzsole; Verarbeiten des Bikarbonates und der Laugen zu kalzinierter Soda und Chlorkalzium; Bedienen der Kristallisationsanlagen; Betrieb der Kalköfen; Erzeugung der Kalkmilch und deren Verarbeitung zu kohlensaurem Kalk; Herstellung von Reinbikarbonat, Entschwefelungsgranulat (Soda und Kalksteinmehl) und Ätznatron, Mahlen, Sichten, Abfüllen und Lagern der genannten Produkte.
7. Ätzalkalien (Ätznatron und Ätzkali); Chlor und Chlorprodukte, erzeugt auf elektrolytischem Weg
    a) Bereiten der Salzsole; Elektrolyse, Eindampfen der Lauge oder Abfüllen der Lauge, ausgenommen in Kleingebinde;
       Bedienen der Schmelzkessel, Gießen, Zerkleinern und Verpacken der Produkte;
    b) Verarbeitung des anfallenden gasförmigen Chlors durch Trocknung, Kompression und Verflüssigung des Chlors oder durch Herstellung von organischen oder anorganischen Chlorverbindungen, Abfüllen, ausgenommen in Flaschen, Lagern.
8. Wasserglas
Betrieb der Wannenöfen und Ausgießen.
9. Ammoniak, Ammoniaklösungen, Ammonsalze
    a) Ammoniak, Ammoniaklösungen
       Bedienen der Spalt- und Konvertierungsanlagen, der Anlagen für die Reinigung des Synthesegases und der Drucksyntheseanlagen, Abfüllen und Lagern des flüssigen Ammoniaks;
    b) Ammonnitrat
       Bedienen der Neutralisations- und Verdampferanlagen, Wartung des Prillturmes zur Erzeugung des technischen Ammonnitrates, Verpacken und Lagern;
    c) Kalkammonsalpeter
       Bedienen der Kalksteinmühlen und Mischaggregate, Überwachen der Granulierungs-, Trocknungs-, Klassierungs-, Kühl- und Konditionierungseinrichtungen, Silolagerung;
    d) Ammonsulfat
       Bedienen der Kalzinierungseinrichtungen für Fällungsgips;
       Überwachen der Absorptions-, Misch- und Trenneinrichtungen, Bedienen der Eindampf-, Kristallisations-, Trocknungs- und Klassierungsanlagen, Silolagerung.
10. Natriumperborat
    Lösen und Reinigen von Rohboraten, Bedienen der Kristallisationsanlagen, Zentrifugen und Trockner, Absieben und Abfüllen.

11. Natriumchlorid und dessen Nebenprodukte
    Verarbeiten von Sole zu Salz in der Solereinigung und im Eindampfprozeß; Betrieb der Trocknungsanlagen, Abfüllen und Lagern der genannten Produkte.
12. Karbiderzeugung auf elektrothermischem Weg Rohstoffaufbereitung, Betrieb der Elektroöfen, Zerkleinern, Abfüllen und Verpacken des fertigen Produktes sowie Betrieb der Kalköfen.
13. Korunderzeugung auf elektrothermischem Weg
    Zulieferung, Aufbereitung und Mischung der Roh- und Zuschlagstoffe, Beschicken, Bedienen und Entleeren der Elektroöfen, Zerkleinern der Blöcke; Glühen und Klassieren, Abfüllen und Lagern.
14. Email und Emailtrübungsmittel
    Betrieb der Naßmühlen, Schmelzrührwerke, Schmelzmuffel, Schmelztrommel, Filterpressen und Zentrifugen, Eindampfen der Laugen und Glühen des Produktes, Ablassen der Schmelze.
15. Bor, Molybdän, Nickel, Niob, Vanadium, Wolfram, Tantal, Titan und seltene Erdmetalle sowie deren Oxyde, Salze und Karbide
    Betrieb der Aufschlußanlagen (wie Röst-, Muffel-, Glühöfen), der Extraktionsanlagen und der Karburierungsanlagen, der Fällungs- und Trocknungsanlagen, der Absorptionsapparate, der Kristallisationsanlagen, der Reduktionsöfen, der Sinteranlagen, insoweit sie mit Reduktionsöfen in Verbindung stehen, Schmelzen, Reduzieren, Laugen, Gewinnung des Wasserstoffgases.
16. Ultramarin
    Überwachen des Ofenbetriebes und Bedienen der Naßmühlen.
17. Zinkweiß und Zinkgrau
    Anheizen und Warmhalten der Schmelz- und Verbrennungsöfen.
18. Minium und Bleiglätte
    Betrieb der Schmelzkessel und Öfen, Mahlen und Sichten sowie Abfüllen des Produktes.
19. Extrakte aus Farb- und Gerbmaterialien
    Auslaugen der Rohprodukte und Eindampfen der Extrakte.
20. Kohle- und Graphitelektroden sowie andere Gegenstände, die aus amorphem Kohlenstoff, Elektrographit oder Sondergraphit hergestellt werden
    Bedienen der Pressen, der Trocken- und Brennöfen mit ununterbrochener Feuerung sowie der Graphitöfen mit ununterbrochenem Ein- und Ausbau.
21. Wasserstoffperoxyd
    Betrieb der Elektrolysen, der Hydrier-, Oxydations-, Extraktions-, Destillations- und Kondensationsanlagen, Abfüllen des Produktes.
22. Verdichtete oder verflüssigte Gase
    a) Sauerstoff, Stickstoff, Edelgase
       Bedienen der Kompressoren, der Gasverflüssigungs- und Gastrennungsanlagen, Abfüllen und Einlagern der Produkte;
    b) Kohlensäure
       Tätigkeiten im Sinne der lit. a, jedoch nur vom 15. Mai bis einschließlich 15. August;
    c) Wasserstoff
       Bedienen der Anlagen zur Elektrolyse bzw. zur oxydativen Spaltung; Konvertierung und CO-Wäsche, Komprimieren, Abfüllen und Lagern;

d) Stickoxydul aus Ammonnitrat
   Bedienen der Zersetzungsapparate, der Gaswäscher und der Kompressoren, Abfüllen und Lagern;
e) Azetylen
   Bedienen der Gasentwicklungsanlagen, Komprimieren, Abfüllen und Lagern.
23. Methanol, Formaldehyd und Methylal
    Betrieb der Destillations-, Zersetzungs- und Kontaktanlagen, die technisch einen ununterbrochenen Fortgang erfordern.
24. Organische Säuren, deren Anhydride, Ester und Salze
    a) Essigsäure, Essigsäureester, Lösungsmittel und aus diesen Stoffen hergestellte organische Grundchemikalien Betrieb der Destillations-, Zersetzungs- und Kontaktapparate, Abfüllen und Lagern;
    b) Zitronensäure
       Betrieb der Rohstoffaufbereitungsanlagen, des Gärhauses, der Filterstation, der Kalkstation, der Maischeaufbereitungsanlage samt Kristallisation, Abfüllen und Lagern;
    c) Benzoesäure und Natriumbenzoat
       Betrieb der Reaktoren und der Kompressoren, Vakuumdestillation und Neutralisation, Betrieb der Gegenstromwäscher, Oxydation und Filtration, Betrieb der Walzensprühtrockner, Mahlen, Abfüllen und Lagern;
    d) andere organische Säuren (insbesondere Dicarbonsäuren wie Phthal-, Malein-, Fumar-, Apfel- und Weinsäure sowie Formamidinsulfinsäure und Polyoxycarbonsäuren), deren Anhydride, Ester und Salze
       Betrieb der Verdampfer-, Autoklaven-, Oxydations-, Hydrier-, Sublimations-, Destillier-, Kristallisations-, Veresterungs- und Trocknungsanlagen sowie der Lagerungsanlagen der Schmelzen, die technisch einen ununterbrochenen Fortgang erfordern oder auf Grund der vor- oder nachgeschalteten Anlagen eine unbedingt notwendige Kontinuität im Stofffluß bedingen; Abfüllen und Lagern;
    e) Gleichgewichtsperessigsäure
       Betrieb der Abmischanlagen, Abfüllen und Lagern.
25. Fructose-Glucose
    Zuckerauflösung und Hydrolyse, fraktionierte Kristallisation von Fructose und Glucose, Entwässerung, Verdampfung und Rektifikation im Verdampfer- und Kolonnensystem.
26. Harnstoff und Harnstoffderivate
    a) Harnstoff
       Bedienen der Reinigungs-, Kompressions- und Hochdrucksyntheseanlagen sowie der Anlagen zur Aufarbeitung des Syntheseproduktes, Abfüllen, Lagern und Verladen;
    b) Harnstoffderivate
       Bedienen der Umsetzungs-, Abscheidungs-, Umkristallisations-, Trocknungs- und Aufarbeitungsanlagen, Abfüllen und Lagern.
27. Düngemittel auf Torfbasis Witterungsabhängige Arbeiten bei der Rohtorfgewinnung in der Zeit vom 1. April bis 31. Oktober an maximal fünf Sonn- bzw. Feiertagen im Jahr.

Anlage ARG-VO

28. Pflanzenschutz- und Schädlingsbekämpfungsmittel Bedienen der in mehreren Stufen im kontinuierlichen Fluß gekoppelten Syntheseanlagen, Wartung der Salz- bzw. Säurefällungsapparate sowie der Apparate zur Veresterung und Formulierung, Überwachung der Trocknungseinrichtungen, Verpacken und Lagern.
29. Pharmazeutische Produkte
Bedienen der Anlagen zur Synthese von Wirkstoffen; Aufarbeitung unmittelbar vor dem Ruhetag angefallener tierischer Organe; Tierbehandlung zur Serum- und Impfstoffgewinnung; Betreuung von Arzneipflanzenkulturen; Bedienen der Anlagen zur Herstellung mikrobiologischer Produkte einschließlich der Vorbereitung der Nährlösungen, Extraktion, Aufarbeitung, Destillation der Lösemittel und Verarbeitung der Abfallprodukte.
30. Sonstige organische Chemikalien, die in speziellen Mehrzweckanlagen hergestellt werden
Bedienen von Mehrzweckanlagen zur Erzeugung organischer Produkte, deren Herstellung einen ununterbrochenen Fortgang oder auf Grund der vor- oder nachgeschalteten Anlagen eine unbedingt notwendige Kontinuität im Stoffluß erfordern, Abfüllen und Lagern.
31. Humane Blutderivate und Impfstoffe
Weiterführung von kontinuierlichen Herstellungsprozessen bis zum abfüllbaren Produkt (einschließlich der Gefriertrocknung), soweit diese Arbeiten während der Wochenend- oder Feiertagsruhe nicht durch entsprechende organisatorische Maßnahmen verhindert werden können und die Beendigung aus biologischen oder chemischen Gründen notwendig ist.
32. Petrochemische Produkte
   a) Olefine
   Bedienen der Spaltöfen, Destillation, Raffination, Aufarbeitung der anfallenden Nebenprodukte, Ableiten und Abfüllen;
   b) Alkohole
   Bedienen der Anlagen zur Erzeugung und Reinigung von Synthesegas der Aldehyd- und Alkoholerzeugungsanlage sowie der Anlagen zur Reindarstellung, Abfüllen und Lagern.
33. Bitumenverarbeitung
Bedienen und Überwachen der Anlagen zum Warmhalten des geschmolzenen Bitumens.
34. Kunstseide
Bedienen der Viskoseanlagen, Aufbereiten bis zur Spinnerei, Bedienen der Spinnanlagen und Wäscherei, Weiterverarbeiten und Nachbehandeln der gesponnenen Fäden, Verpacken und Lagern.
35. Synthetische Spinnstoffe, Kunststoffvliese und Splitfasern
   a) Synthetische Spinnstoffe und Kunststoffvliese Bedienen der Extrusions- und Spinnanlagen sowie der Anlagen zum Verstrecken der Primärprodukte, zum Avivieren, Fixieren, Kräuseln, Zwirnen und Aufspulen, zum Schneiden zu Stapelfasern sowie zum Verfestigen der Spinnvliese, Verpacken und Lagern;
   b) Splitfasern

Bedienen der Anlagen zum Extrudieren und Schneiden der Kunststoffolien, zum Verstrecken, Schneiden zu Stapelfasern, Avivieren, Fixieren und Kräuseln sowie Aufspulen der Fäden, Verpacken und Lagern.
36. Acrylnitril und Folgeprodukte
Bedienen der Anlagen zur Herstellung von Acrylnitril, der Umsetzeinrichtungen zur Verwertung der dabei anfallenden Nebenprodukte Blausäure, Acetonitril und Ammonsulfat, Lagern und Abfüllen der Roh-, Zwischen- und Fertigprodukte.
37. Zellwolle
Bedienen der Viskose-, Spinn- und Schneideanlagen, erforderliche Nachbehandlung einschließlich Trocknen und Öffnen, Verpacken und Lagern.
38. Kunstharze und Kunststoffe
Bedienen der Anlagen zur Erzeugung der Vorprodukte und der monomeren Zwischenprodukte, die selbst oder auf Grund der vor- bzw. nachgeschalteten Anlagen eine Kontinuität im Stofffluß bedingen, Bedienen der Anlagen zur Polymerisation, Polykondensation und Polyaddition, zur Trocknung, Sichtung und Aufarbeitung bis einschließlich Granulieren, zur Aufarbeitung der Nebenprodukte sowie zur Abfüllung, Verpacken und Lagern.
39. Stabilisatoren für die Kunststoffindustrie
Fällen und Trocknen sowie das Schmelzen der Reaktionsgemische, Kühlen, Mahlen, Mischen und Verpacken.
40. Be- und Verarbeitung von Thermoplasten, Duroplasten, Elastomeren und Silikonen sowie deren Materialkombinationen Bedienen der plastifizierenden Kunststoffverarbeitungsanlagen bzw. der Anlagen zur Warmbehandlung von Kunststoffen
    a) mit einem Stundendurchlaufsatz von mehr als 50 kg oder
    b) deren Anheiz-, technische Einstellzeit bzw. Dauer bis zur Erreichung der Prozeßfähigkeit mehr als vier Stunden in Anspruch nimmt
    inklusive dem Bedienen der Anlagen zur Vor- und Nachbehandlung auch in komplexen Fertigungsanlagen sowie das unmittelbare Recyclieren von produktionsbedingt ausgeschiedenen Kunststoffen, wenn diese im kontinuierlichen Stofffluß anschließen. Eine komplexe Fertigungsanlage liegt vor, wenn mindestens drei aufeinander abgestimmte bzw. zusammenarbeitende Maschinen, Aggregate bzw. Periphergeräte zum Einsatz gelangen. Ausgenommen sind Montagestraßen, die ohne gleichzeitigem Produktionsprozeß ausschließlich vom Lager beschickt werden.
40a. Die Ausführung von Arbeiten mit Werkstoffen aus Kunststoff im Rahmen der Tätigkeit der kunststoffverarbeitenden Betriebe, die aus technologischen Gründen nur während des Betriebsstillstandes des externen Auftraggebers in der Wochenend- und Feiertagsruhe ausgeführt werden können.
41. Be- und Verarbeitung von Polycarbonat und Polycarbonatcompounds
Die Be- und Verarbeitung von Polycarbonat und Polycarbonatcompounds, wenn wegen der hohen Maßgenauigkeit des Produktes ein kontinuierlicher Produktionsablauf notwendig ist, an bis zu zwei aufeinanderfolgenden Wochenenden, höchstens jedoch an 14 Wochenenden bzw. Feiertagen pro Kalenderjahr.
42. Imprägnieren mit Kunstharzen

Bedienen des Imprägnierturms oder vergleichbarer Anlagen zum Imprägnieren von Verstärkungsmaterialien mit Kunstharzen, deren Anheiz- und technische Einstellzeit mehr als vier Stunden in Anspruch nimmt, sowie der im kontinuierlichen Stofffluß anschließenden Anlagen zum Trocknen, Aushärten, Ablängen und Kühllagern.
43. Kunststoffschichtplatten
Die Bedienung der Anlagen zur Imprägnierung der Schichten, der Pressen, der Anlagen zum Schneiden und Schleifen; Lagerung.
44. Knochenverarbeitung
Mazerieren (Auslaugen) der Knochen, Extraktion des Fettes, Waschen des entfetteten Schrotes und Weiterverarbeitung bis zum trockenen, unter normalen Bedingungen lagerfähigen Produkt zwecks Aufarbeitung des sonst ohne Gefahr des Verderbens nicht zu verarbeitenden Knochenanfalles.
45. Sprengstofferzeugung
Überwachen der Anlagen und Einrichtungen, in welchen Sprengstoffe erzeugt oder gelagert werden.
46. Holzverkohlung in Meilern und Haufen
Überwachen der vor Beginn der Wochenendruhe angezündeten Meiler und Haufen.
47. Verarbeitung von Erdöl, Erdölprodukten und Erdgas
   a) Entladen, Übernahme und Lagerung des durch Bahn und Schiff bzw. Pipeline zugeführten Erdöls, Erdgases, der Halbfabrikate und Zusatzstoffe;
   b) Verarbeitungsanlagen, die technisch einen ununterbrochenen Fortgang erfordern oder auf Grund der vorgeschalteten Anlagen eine unbedingt notwendige Kontinuität im Stofffluß bedingen
   Zuleitungen von Einsatzstoffen, Bedienung und Wartung von Anlagen zum Destillieren, selektiven Raffinieren, Cracken, Coken, Reformieren, Entschwefeln, Süßen, Hydrieren, Entparaffinieren, Oxydieren, Isomerisieren, Alkylieren, In-line-Blending;
   c) Ableiten, Transport und Lagern von Halbfertig- und Fertigprodukten.
48. Erzeugung von Vermiculite-(Glimmer-, Brandschutz)Platten
Die Bedienung der Blähöfen, der Mischstationen, der Schüttstationen und des Formstranges einschließlich Abnahme, Schneiden, Schleifen und Lagern.
49. Herstellung von elastomeren Hochleistungsindustriewalzenbezügen Fertigung des Walzenunter- und -überbaues und alle im vollkontinuierlichen Betrieb damit verbundenen Fertigungsstufen.
50. Herstellen von Compact-Discs
Das Spritzgießen und Beschichten (Aufbringen von Reflexions- und Schutzschichten inklusive Printing) einschließlich der Qualitätskontrolle.
51. Hochtemperatur-Isoliermaterial (Isolierplatten und Formkörper)
Die Bedienung der Trockenöfen, wenn die Trocknung an den Formungsprozeß wegen der beschränkten Lagerfähigkeit des Zwischenprodukts bei sonstiger Gefahr des Verderbens unmittelbar bzw. kurzfristig anschließen muß.
52. Herstellung von hochelastischen medizinischen Handschuhen aus Latex
Bedienen der Anlagen zur Erzeugung der vorvernetzten Mischungen, die selbst oder auf Grund der vor- bzw. nachgeschalteten Anlagen eine Kontinuität im Stofffluß bedingen; Bedienung der Anlagen zur Tauchfertigung, Trock-

nung, Fertigvernetzung und Vulkanisation, Sichtung und Aufarbeitung bis einschließlich zum Produktionsablauf gehörende Prüfarbeiten.
53. Herstellung von Printrelais
Bedienen und Überwachen von automatischen Produktionsanlagen zum Abdichten von Printrelais unter Anwendung von unter UV-Licht polymerisierenden Kunstharzen, deren sekundäre oxygene Aushärtungskomponente einen kontinuierlichen Stofffluß erfordert.
54. Herstellung von Papiermaschinensieben
Einziehen und Einknüpfen am Webstuhl, Bedienen der Webmaschine.
55. Erzeugung von Fettsäure-Methylester sowie Bioethanol und der dabei anfallenden Zwischenprodukte:
Kontroll-, Regelungs- und Steuertätigkeiten im Zuge des Produktionsprozesses einschließlich allenfalls erforderlicher Ein- und Auslagerungstätigkeiten.
56. Herstellung von Waschmitteln und Waschmittelkonzentraten im Dampftrocknungsverfahren
Wartung der Dampftrocknungsanlage und Qualitätskontrolle der in dieser Anlage durch überhitzten Wasserdampf erzeugten Produkte.
57. Herstellung von Additiven für Reibbeläge
Bedienen und Überwachen von Anlagen zum Aufschwefeln (Sulfidieren) und Schmelzen von Reaktionsgemischen, einschließlich diesen Verfahren vor- und nachgeschalteten und unbedingt notwendigen Prozessen, wie Kühlen, Trocknen, Mahlen, Mischen und Verpacken.

X. Energieerzeugungs-, Versorgungs- und Entsorgungsanlagen

1. Anlagen zur Erzeugung, Fortleitung oder Verteilung von elektrischer Energie, von Stadt-, Spalt-, Erd- und Heizgas,
von Wärme in Form von Dampf oder Heißwasser sowie
Anlagen zur Wasserversorgung
   a) Unbedingt erforderliche Arbeiten zur Aufrechterhaltung des kontinuierlichen Betriebes dieser Anlagen;
   b) Arbeiten, die aus technischen Gründen nur bei einer Betriebseinschränkung oder -abschaltung durchgeführt werden können.
2. Fernleitungssysteme zum Transport von Erdöl, Erdölprodukten Arbeiten zur Aufrechterhaltung des kontinuierlichen Betriebes dieser Fernleitungssysteme.
3. Müllabfuhr
Müllabfuhr, sofern diese Tätigkeit während der Wochenend- und Feiertagsruhe durchgeführt werden muß.
4. Kläranlagen, Kanalräumung
Unaufschiebbare Arbeiten zur Behebung von Störungen und Gebrechen der Kanalsysteme, Bedienen und Überwachen von Kläranlagen.

XI. Verkehr

1. a) Eisenbahnen im Sinne des Eisenbahngesetzes 1957:
Haupt- und Nebenbahnen, Straßenbahnen, Oberleitungsomnibusse
   b) Unternehmungen im Sinne des Schifffahrtsgesetzes 1997, BGBl. I Nr. 62
   c) Unternehmungen im Sinne des Luftfahrtgesetzes 1957, BGBl. Nr. 253, und des Flughafen-Bodenabfertigungsgesetzes, BGBl. I Nr. 97/1998

Anlage ARG-VO

d) Kraftfahrlinienbetriebe im Sinne des Kraftfahrliniengesetzes (KfLG), BGBl. I Nr. 203/1999
e) Seilbahnen im Sinne des Seilbahngesetzes 2003, BGBl. I Nr. 103: Haupt- und Kleinseilbahnen, Schlepplifte
f) Schlaf-(Liege)Wagen- und Speisewagenbetriebe
g) Ausflugswagen-(Stadtrundfahrten)Gewerbe, Mietwagengewerbe mit Omnibussen
h) Mietwagengewerbe mit Pkw, Taxi-, Hotelwagen-, Fiakergewerbe, Kraftfahrzeugverleih sowie Funkzentralen der Taxigewerbe.
Die zur Aufrechterhaltung des Betriebes unbedingt erforderlichen Tätigkeiten.
i) Abschleppdienst
unbedingt erforderliche Tätigkeiten des Abschleppdienstes;
j) Personenrückholdienst
unbedingt erforderliche Rückholdienste nach Unfällen bzw. Fahrunfähigkeit des Lenkers;
k) Garagen
die zur Aufrechterhaltung des Betriebes unbedingt erforderlichen Tätigkeiten.

2. Straßenbetriebsunternehmungen
Unbedingt erforderliche Tätigkeiten zur Aufrechterhaltung des Straßenbetriebes (einschließlich der Überwachung, Wartungs- und Sicherheitsarbeiten); Mauteinhebung.

3. Tankstellen sowie der Einzelhandel mit flüssigen und gasförmigen Brenn-, Treib- und Schmierstoffen über öffentliche Zapfstellen
   a) Abgabe von Betriebsstoffen an Kraftfahrer im Betrieb von öffentlichen Zapfstellen;
   b) Verkauf von Flüssiggas und Schmierstoffen;
   c) notwendige Tätigkeiten sowie Verkauf von Kraftfahrzeugersatzteilen und Kraftfahrzeugzubehör, soweit dies für die Erhaltung oder Wiederherstellung der Betriebsfähigkeit des Kraftfahrzeuges oder für die Verkehrssicherheit notwendig ist;
   d) an Tankstellen die Aufsicht und Bedienung maschineller Waschanlagen.

4. Güterbeförderung
   a) Zu- und Abfuhr von Materialien bei kontinuierlichen Bauvorhaben, die zur Aufrechterhaltung der Kontinuität unbedingt erforderlich ist und die während der Wochenend- und Feiertagsruhe durchgeführt werden muß;
   b) Fortsetzung der Güterbeförderung im nationalen und internationalen Güterfernverkehr zur Erreichung des Zieles der Fahrt, wenn in unvorhersehbaren Fällen (außergewöhnliche Verzögerung bei der Grenzabfertigung, Pannen, Unfälle) Verzögerungen eingetreten sind;
   c) Beförderung von Schlacht-, Stech- und Lebendvieh oder von leicht verderblichen Lebensmitteln sowie von landwirtschaftlichen Produkten, sofern diese Tätigkeiten während der Wochenend- und Feiertagsruhe durchgeführt werden müssen;
   d) Beförderung von Expreßgut, Reisegepäck und leicht verderblichen Gütern (Sachen und Tieren), soweit es sich um die Zu- und Abfuhr zu und von den Abgabestellen der öffentlichen Verkehrsmittel handelt und sofern diese

Tätigkeiten während der Wochenend- und Feiertagsruhe durchgeführt werden müssen;
   e) Alle Tätigkeiten im Zusammenhang mit dem Transport nicht lagerfähiger oder zur kurzfristigen Verwendung bestimmter radioaktiver Arzneimittel;
   f) Übersiedlungen, sofern diese während der Wochenend- und Feiertagsruhe infolge des Betriebsablaufes oder der Funktion des Auftraggebers durchgeführt werden müssen;
   g) im Rahmen des kombinierten Verkehrs (§ 2 Z 40 Kraftfahrgesetz, BGBl. Nr. 267/1967)
      aa) Fahrten mit Lastkraftwagen, Lastkraftwagen mit Anhängern und Sattelkraftfahrzeugen innerhalb eines Umkreises von 65 km zu und von den durch Verordnung gemäß § 42 Abs. 2b der Straßenverkehrsordnung, BGBl. Nr. 159/1960, festgelegten Be- und Entladebahnhöfen sowie Be- und Entladehäfen,
      bb) Be- und Entladetätigkeiten im unbedingt erforderlichen Ausmaß.
5. Spedition
   a) Speditionstätigkeit im Zusammenhang mit der Beförderung und Lagerung von Schlacht-, Stech- und Lebendvieh oder von leicht verderblichen Lebensmitteln sowie von landwirtschaftlichen Produkten, sofern diese Tätigkeiten während der Wochenend- und Feiertagsruhe durchgeführt werden müssen;
   b) Speditionstätigkeit im Zusammenhang mit der Beförderung und Lagerung von Expreßgut, Luftfracht, Reisegepäck und leicht verderblichen Gütern (Sachen und Tieren), sofern diese Tätigkeiten während der Wochenend- und Feiertagsruhe durchgeführt werden müssen;
   c) speditionelle Transitabfertigung, wenn in der Güterbeförderung Verzögerungen im Sinne der Z 4 lit. b eingetreten sind und diese Tätigkeiten während der Wochenend- und Feiertagsruhe durchgeführt werden müssen.
6. Kraftfahrschulen
   Erteilung des Fahrunterrichtes an Samstagen bis 16 Uhr.
7. Schiffsführerschulen (Motorbootfahrschulen und Segelschulen) im Sinne des Schifffahrtsgesetzes 1997, BGBl. I Nr. 62 Alle Tätigkeiten zur privaten Ausbildung an Samstagen bis 18 Uhr, an Sonn- und Feiertagen in der Zeit vom 1. April bis 30. September bis 12 Uhr.
8. *[aufgehoben]*
9. Zustelldienste der Mineralölwirtschaft
   a) Vor Feiertagen, die auf einen Montag fallen, darf am vorhergehenden Samstag eine zweite Schicht gefahren werden, die spätestens um 22 Uhr zu enden hat;
   b) bei Doppelfeiertagen ist die ausschließliche Belieferung von Tankstellen am ersten Feiertag zulässig;
   c) erteilt der Landeshauptmann für Sonderfälle eine Ausnahmebewilligung nach den einschlägigen Bestimmungen der Straßenverkehrsordnung, so ist in diesen Sonderfällen die Beschäftigung von Arbeitnehmern im erforderlichen zeitlichen Ausmaß, längstens jedoch bis 22 Uhr zulässig.

Anlage ARG-VO

XII. Fernmeldewesen, Nachrichtenmedien, Datenverarbeitung und Informationstechnik

1. Herstellung und Vertrieb von Tageszeitungen, tagesaktuellen Sonntagszeitungen und Montagfrühblättern:
   Sämtliche Tätigkeiten, die zur Herstellung und zum Vertrieb von Tageszeitungen, tagesaktuellen Sonntagszeitungen und Montagfrühblättern unbedingt notwendig sind, soweit diese nicht außerhalb der Wochenend- und Feiertagsruhe durchgeführt werden können.
2. Fernmeldewesen, Nachrichtenagenturen, Zeitungs- und Zeitschriftenredaktionen
   Tätigkeiten zur Aufbringung, Verarbeitung und zum Vertrieb von Nachrichten einschließlich der zur Aufrechterhaltung des Betriebes unbedingt erforderlichen Tätigkeiten.
3. Rundfunkwesen
   Tätigkeiten zur Gestaltung, Produktion, Abwicklung und Ausstrahlung von Programmen einschließlich der zur Aufrechterhaltung des Betriebes unbedingt erforderlichen Tätigkeiten.
4. Kabel-TV-Unternehmen
   Abwicklung und Ausstrahlung von Programmen einschließlich der zur Aufrechterhaltung des Betriebes unbedingt erforderlichen Tätigkeiten.
5. Automationsunterstützte Datenverarbeitung und Informationstechnik
   Technische, Programmierungs- und Inbetriebnahmearbeiten im Rahmen der automationsunterstützten Datenverarbeitung und Informationstechnik in Sonderfällen. Solche Sonderfälle sind zB:
   a) Betriebsstörungen
   b) Systemumstellungen
   c) Sonderarbeiten auf Grund gesetzlicher Bestimmungen,
   sofern diese Arbeiten zur Aufrechterhaltung der Funktionsfähigkeit des Anwenderbetriebes oder wegen der unbedingt erforderlichen Wiederaufnahme der Arbeit am Montag (nächsten Werktag) unumgänglich während der Wochenend-(Feiertags)Ruhe durchgeführt werden müssen.
6. Herstellung und Auslieferung von Gesetz- und Verordnungsblättern, parlamentarischen Materialien sowie von Verlautbarungsblättern für die Dienststellen des Bundes und der Länder
   Sämtliche Tätigkeiten, die zur Herstellung und Auslieferung unbedingt notwendig sind, soweit diese nicht außerhalb der Wochenend- und Feiertagsruhe durchgeführt werden können.

XIII. Fremdenverkehr, Freizeitgestaltung, Kongresse, Konferenzen

1. Betriebe des Gastgewerbes
   Alle Tätigkeiten, die zur Aufrechterhaltung des Betriebes und zur Betreuung der Gäste erforderlich sind.
2. Reisebüros
   Tätigkeiten im Zusammenhang mit der Betreuung der am Ort anwesenden in- und ausländischen Reisenden (Incoming-Geschäft), Abfertigung von Reisenden, Reisebetreuung, jedoch nur im unbedingt notwendigem Zeitausmaß, sowie Tätigkeiten im Internationalen Zentrum Wien an jenen Feiertagen, die

nach den bei den internationalen Organisationen geltenden Regelungen als Werktag anzusehen sind.
3. Touristeninformation und Zimmervermittlung durch Reisebüros und befugte Fremdenverkehrsstellen, die ihre Tätigkeit auf Grund einer gesetzlichen Bewilligung, einer behördlichen Erlaubnis oder von der Vereinsbehörde genehmigter Statuten ausüben Auskunfterteilung und Beratung von Touristen sowie Vermittlung von Zimmern im unbedingt notwendigen Zeitausmaß.
4. Einrichtungen der Kraftfahrerorganisationen an Grenzübergängen
Unbedingt notwendige Tätigkeiten zur Deckung von Bedürfnissen, die ausschließlich und regelmäßig nur im Zusammenhang mit dem Grenzübertritt auftreten.
5. Wechselstuben
Handel mit ausländischen Zahlungsmitteln (Devisen- und Valutengeschäft) sowie der schaltermäßige An- und Verkauf ausländischer Geldsorten und Reiseschecks (Wechselstubengeschäft) auf dem Flughafen Wien-Schwechat sowie in jeweils einer Wechselstube
   a) auf sonstigen Flugplätzen mit internationalem Linienverkehr sowie in zentralen Bus- und Bahnabfertigungsstellen (Air terminals) dieser Flugplätze;
   b) auf folgenden Bahnhöfen mit internationalem Zugsverkehr:
   Villach,
   Klagenfurt,
   Graz,
   Wien, Süd-, West- und Franz-Josefs-Bahnhof, Bahnhof Wien-Mitte,
   Linz,
   Salzburg,
   Innsbruck,
   Bregenz,
   Feldkirch;
   c) auf folgenden Grenzübergängen:
   Burgenland: Bonisdorf, Deutschkreutz, Heiligenkreuz, Klingenbach, Nickelsdorf, Rattersdorf, Schachendorf;
   Kärnten: Loibltunnel, Naßfeld/Sonnalpe, Plöckenpaß (Saison), Rosenbach (nach Eröffnung des Karawankentunnels), Thörl-Maglern, Wurzenpaß;
   Niederösterreich: Berg, Drasenhofen, Gmünd, Kleinhaugsdorf, Laa an der Thaya, Neunagelberg; Oberösterreich: Achleiten, Obernberg, Simbach-Innbrücke, Suben-Autobahnzollamt, Wullowitz;
   Salzburg: Großgmain, Hangendenstein, Saalbrücke, Steinpaß-Unken, Walserberg-Autobahn, Walserberg-Bundesstraße;
   Steiermark: Langegg (1. Mai bis 30. September), Radkersburg, Radlpaß, Spielfeld-Bahn, Spielfeld-Bundesstraße;
   Tirol: Achenwald, Arnbach, Brenner-Autobahn, Brenner-Bundesstraße, Eben-Hinterriß, Ehrwald-Schanz, Kiefersfelden-Autobahn, Kufstein-Staatsgrenze, Nauders, Schalklhof (Kajetansbrücke), Scharnitz-Straße, Stallerstraße (Saison), Timmelsjoch (Saison);
   Vorarlberg: Bregenz-Hafen, Feldkirch- Bundesstraße (nach Eröffnung), Höchst-Autobahn, Lustenau, Oberhochsteg, Tisis, Unterhochsteg;

Anlage ARG-VO

d) in folgenden Autobahnraststätten und Mautstellen: Eben/Pongau, Golling, Großglockner-Hochalpenstraße-Mautstellen, Mondsee, Parkplatz Europabrücke, Schönberg, Tauernalm, Wien-Auhof;
e) an der Autobahnauffahrt Innsbruck/Amras;
f) in allen österreichischen Spielbanken.

6. Freibäder, Hallenbäder, Saunabetriebe, Wannen- und Brausebäder, sanitäre Anlagen; Erholungszentren
Beaufsichtigung des Betriebes; Betreuung der Kassa; Badeaufsicht; Betreuung der technischen Anlagen; Wartung der Sauna; Reinigung; Verleih von Sportgeräten, Badewäsche, Liegestühlen usw.; Schwimmunterricht an Samstagen bis 18 Uhr;
Fußpflege, Kosmetik und Massage während der zulässigen Betriebszeiten.

7. Betriebe des Freizeit- oder Fremdenverkehrsbereiches wie Parkanlagen, Campingplätze, Sportbetriebe (zB Bootsvermietung, Sportgeräteverleih, Eislaufplätze, Golfplätze, Kegelbahnen, Minigolf-, Miniaturgolf-, Kleingolfplätze, Tennisplätze, Tennishallen, Tischtennisanlagen), Schischulen, Tanzschulen, Spielhallen, Spielautomatenaufsteller und -verleiher (einschließlich Musikautomaten), Sehenswürdigkeiten, persönliche Dienstleistungen im Fremdenverkehr wie Gepäckträger, Fremdenführer, Parkplatzbewacher, Lotsen
Alle Tätigkeiten, die zur Aufrechterhaltung des Betriebes und zur Betreuung der Gäste oder Kunden unbedingt erforderlich sind.

8. Veranstaltungen im öffentlichen Interesse zur Förderung der Verkehrssicherheit und des Umweltschutzes
Alle Tätigkeiten, die zur Vorbereitung und Durchführung dieser Veranstaltungen und zur Betreuung der Teilnehmer unbedingt erforderlich sind, unter Ausschluß jeglicher gewerblicher Betätigung.

9. Öffentliche Schaustellungen, Belustigungen, Darbietungen, sportliche Veranstaltungen, Vergnügungsunternehmungen pratermäßiger Art
Alle Tätigkeiten, die zur Vorbereitung und Durchführung dieser Veranstaltungen und zur Betreuung der Gäste unbedingt erforderlich sind.

10. Spielbanken, Buchmacher
Alle Tätigkeiten, die zur Aufrechterhaltung des Betriebes und zur Betreuung der Kunden oder Gäste unbedingt erforderlich sind.

11. Ausspielungen nach dem Glücksspielgesetz – GSpG
Alle Tätigkeiten, die zur Durchführung und zum Betrieb der dem Konzessionär übertragenen Ausspielungen nach den §§ 6 bis 12b GSpG, BGBl. Nr. 620/1989, (Lotto, Toto Zusatzspiel, Sofortlotterien, Klassenlotterie, Zahlenlotto, Nummernlotterien, elektronische Lotterien, Bingo und Keno) sowie zur Betreuung der Gäste durch diesen oder dessen Beteiligungsunternehmen unbedingt erforderlich sind.

12. Kongresse, kongreßähnliche Veranstaltungen, Konferenzen, Seminare und Tagungen
Alle Tätigkeiten, die zur Vorbereitung und Durchführung dieser Veranstaltungen und zur Betreuung der Teilnehmer unbedingt erforderlich sind.

XIV. Kunst, Kultur, Wissenschaft, Bildung

1. a) Variete, Kabarett, Zirkus
   b) Musikalische Veranstaltungen, Konzerte
   c) Museen und Ausstellungen
      Alle Tätigkeiten, die zur Aufrechterhaltung der Funktion des Betriebes und zur Betreuung der Besucher unbedingt erforderlich sind
   d) Theaterkartenbüro:
      an Samstagen bis 19.00 Uhr,
      an Sonn- und Feiertagen von 10.00 Uhr bis 19.00 Uhr Alle Tätigkeiten, die zur Aufrechterhaltung des Betriebes und zur Betreuung der Kunden unbedingt erforderlich sind.
2. Film
   a) Filmproduktionsunternehmung und Filmaufnahmeateliervermietung
      Der Auf- und Abbau der Szenenbilder; die Bild- und Tonaufnahme; die Filmentwicklung und -zusammenstellung; die Filmvorführung und die Arbeit des administrativen Aufsichtspersonals mit Beschränkung auf die hiebei unumgänglich notwendigen Personen; dies gilt auch für die Magnetbandtechnik.
   b) Filmleihanstalt
      Durchsehen; Expedition von Filmen.
3. Lichtspieltheater
   Bedienung der Vorführanlage sowie die Beschäftigung des für die Durchführung des Kinobetriebes unbedingt erforderlichen Personals.
4. Berufsbegleitende Fachhochschul- Studiengänge
   Alle Tätigkeiten, die zur Betreuung der Teilnehmer dieser Studiengänge unbedingt erforderlich sind, an Samstagen bis 18.00 Uhr sowie im Rahmen von Wochenend-Blockseminaren an höchstens zwei Sonntagen im Semester pro Studiengang von 8.00 bis 16.00 Uhr. Jedoch darf ein einzelner Arbeitnehmer zur Betreuung mehrerer Studiengänge insgesamt nur an höchstens sechs Sonntagen pro Jahr beschäftigt werden.

XV. Gesundheitswesen und Sanitärdienste

1. Heil- und Pflegeanstalten (Krankenanstalten), Kuranstalten
   Alle Tätigkeiten in Gesundheitsberufen und sonstige Tätigkeiten, die aus medizinischen Gründen zur Fortführung der Therapien und zur Aufrechterhaltung des Betriebes unbedingt erforderlich sind.
2. Apotheken
   Alle Aufgaben im Zusammenhang mit der ordnungsgemäßen Arzneimittelversorgung (§ 2 Pharmazeutische Fachkräfteverordnung, BGBl. Nr. 40/1930).
3. Blutspendedienste
   Die für das Sammeln von Spenderblut durch mobile Blutabnahmeteams für die Aufrechterhaltung der Blutversorgung unbedingt erforderlichen Tätigkeiten.
4. Zahntechniker
   Dringend erforderliche Reparaturen von Zahnprothesen und Zahnersatzstücken.

5. Wäschereien für den Gesundheitsdienst
   Anlieferung in den Betriebsraum, Sortieren, Waschen, Zentrifugieren, Trocknen, Bügeln oder Pressen, Reparieren (Nähen), Expedieren, Verpacken und Verladen:
   Christi Himmelfahrt und Fronleichnam; 15. August, 26. Oktober und 8. Dezember, wenn diese Feiertage auf einen Donnerstag fallen. Stehen der 25. und 26. Dezember mit einem Sonntag in unmittelbarer Verbindung, gilt an einem dieser Tage die Ausnahme betreffend die vorgenannten Tätigkeiten.
6. Bestatter
   Unaufschiebbare Arbeiten, die zur Erfüllung der Tätigkeiten der Bestatter notwendig sind.
7. Tierkörperverwertung
   Einsammeln, Transport und Verarbeitung von verendeten Tieren, Tierkörperteilen, Schlachtabfällen, sonstigen tierischen Abfällen, Waren animalischer Herkunft, Blut und dergleichen bis zum lagerfähigen Endprodukt zwecks Aufarbeitung des sonst ohne Gefahr des Verderbens nicht zu verarbeitenden Abfalles.
8. Abdecker
   Unaufschiebbare Arbeiten, die zur Erfüllung der sanitätspolizeilichen Vorschriften notwendig sind.
9. Schädlingsbekämpfung (Desinfektion)
   Die Schädlingsbekämpfung (Desinfektion), soweit sich diese Arbeiten während des regelmäßigen Arbeitsablaufes des Auftraggeberbetriebes oder einer öffentlichen Stelle nicht ohne Unterbrechung oder erhebliche Störung ausführen lassen und infolge ihres Umfanges nicht bis spätestens Samstag 15 Uhr abgeschlossen werden können.
10. Ärzte für Allgemeinmedizin, Zahnärzte und Dentisten Alle Tätigkeiten in der Ordination bzw. Betriebsstätte, die zur Aufrechterhaltung von im Rahmen der gesetzlichen Interessenvertretungen für dringende Fälle organisierten Wochenend- und Feiertagsbereitschaftsdiensten unbedingt erforderlich sind, durch Arbeitnehmer gemäß § 49 Abs. 2 und 3 des Ärztegesetzes 1998, BGBl. I Nr. 169, bzw. § 24 Abs. 2 und 3 des Zahnärztegesetzes, BGBl. I Nr. 126/2005.
10a. Gruppenpraxen von Ärzten, Zahnärzten und Dentisten im Sinne des § 52a des Ärztegesetzes 1998 bzw. des § 26 des Zahnärztegesetzes
   Alle Tätigkeiten in Ordinationen bzw. Betriebsstätten und von diesen ausgehenden Tätigkeiten, die zur Aufrechterhaltung des Betriebs unbedingt erforderlich sind.
11. Aufbereitung von Medizinprodukten für den Operationsbereich Anlieferung in die Betriebsräumlichkeiten, Warenannahme, manuelle und maschinelle Reinigung, Freigabe, Kontrolle und Pflege sowie Reparaturaustausch, Packen, Chargenzusammenstellung, Sterilisieren, Freigeben, Kommissionieren und Ausliefern zu den Kunden (Instrumentenkreislauf).

XVI. Dienstleistungen

1. Pastorale Dienste in Einrichtungen der gesetzlich anerkannten Religionsgesellschaften
   Tätigkeiten im Zusammenhang mit pastoralen Diensten im jeweils erforderlichen Ausmaß.

2. Sozialdienste gemeinnütziger Einrichtungen
   Die unbedingt erforderliche Betreuung und Beratung von Personen, die auf Grund besonderer persönlicher, familiärer oder gesundheitlicher Verhältnisse oder infolge außergewöhnlicher Ereignisse einer sozialen Gefährdung ausgesetzt sind oder einer besonderen Betreuung auch während der Wochenend- und Feiertagsruhe bedürfen.
3. Fotografen
   Fotografieren und Ausarbeiten der Aufnahmen bei Veranstaltungen und Ereignissen, die während der Wochenend- und Feiertagsruhe stattfinden und einem größeren Personenkreis zur Aufgabe von Bestellungen vorgelegt werden sollen.
4. Rauchfangkehrer
   a) Unaufschiebbare Arbeiten zur Behebung von Störungen und Gebrechen an Feuerungsanlagen;
   b) Arbeiten, die auf Grund der spezifischen Voraussetzungen in Betrieben mit Feuerungsanlagen nur zu einer gewissen Zeit und in einem ausgeführt werden müssen und teilweise nur während der Wochenend- bzw. Feiertagsruhe vorgenommen werden können.
5. Berufsdetektive, Bewachungsgewerbe
   Alle Tätigkeiten, die zur Erfüllung der Aufträge (Beobachtung und Bewachung) notwendig sind und außerhalb der Wochenend- und Feiertagsruhe nicht durchgeführt werden können.
6. Friseure
   a) in Badeanstalten an Samstagen während der Öffnungszeiten bis längstens 20 Uhr; in Hallenbädern an Sonn- und Feiertagen von 8 bis 13 Uhr jeweils einschließlich der Abschluß- und Reinigungsarbeiten;
   b) auf Flugplätzen mit internationalem Linienverkehr und auf folgenden Bahnhöfen:
   Villach,
   Klagenfurt,
   Graz,
   Wien, Süd-, West- und Franz-Josefs-Bahnhof,
   Linz,
   Salzburg,
   Innsbruck,
   Bregenz,
   Feldkirch
   an Samstagen bis 20 Uhr, an Sonn- und Feiertagen von 8 bis 13 Uhr jeweils einschließlich der Abschluß- und Reinigungsarbeiten.
7. Immobilientreuhänder (§ 117 GewO 1994)
   a) Die Vermietung von Appartements, die dem Fremdenverkehr dienen;
   b) die Durchführung von Mieter- und Wohnungseigentümerversammlungen;
   c) an Samstagen bis 19 Uhr und an 15 Sonn- bzw. Feiertagen im Jahr alle Tätigkeiten, die zur Herstellung des Konsenses bei Vermittlung von Bestandverträgen über Wohnungen und Geschäftsräume sowie bei Vermittlung des Kaufes, Verkaufes und Tausches von bebauten und unbebauten Grundstücken notwendig sind.

8. Wirtschaftsprüfer und Steuerberater sowie Buchprüfer und Steuerberater
Unbedingt erforderliche Tätigkeiten zur Durchführung gesetzlicher Pflichtprüfungen durch angestellte Wirtschaftstreuhänder, Revisoren und Revisionsassistenten in der ersten Hälfte des Kalenderjahres.
9. Ziviltechniker/innen, Ingenieurbüros gemäß § 134 Gewerbeordnung, BGBl. Nr. 194/1994, und akkreditierte Prüf- und Inspektionsstellen nach dem Akkreditierungsgesetz, BGBl. I Nr. 28/2012
   a) Ausführung von Tätigkeiten, die im Auftrag einer Gebietskörperschaft oder im öffentlichen Interesse zufolge gesetzlicher Anordnung, soweit es die Aufgabenstellung erfordert, nur während des Wochenendes durchgeführt werden können;
   b) Ausführung von Messungs- bzw. Vermessungsarbeiten, die nicht im Zusammenhang mit der Bauwirtschaft stehen und bei denen nur während des Wochenendes meßtechnisch einwandfreie Ergebnisse erzielt werden können.
10. Reparaturen
    a) Reparaturen und Pannendienste an Kraftfahrzeugen
       aa) Unaufschiebbare, unvorhersehbare und kurzfristige Arbeiten der Notdienste zur Behebung von Störungen und Gebrechen an Kraftfahrzeugen, welche während der Fahrt auftreten oder vor Antritt der Fahrt festgestellt werden und die die Verkehrs- und Betriebssicherheit oder die Betriebsfähigkeit (im Sinne des Kraftfahrgesetzes) beeinträchtigen;
       bb) unbedingt notwendiger Verkauf von Kraftfahrzeugersatzteilen und Kraftfahrzeugzubehör, soweit dies für die Erhaltung oder Wiederherstellung der Betriebsfähigkeit des Kraftfahrzeuges oder für die Verkehrssicherheit notwendig ist.
    b) Installationsanlagen
       Unaufschiebbare Arbeiten zur Behebung von Störungen und Gebrechen an Heizungs-, Klima- und Kälteanlagen sowie Gas-, Wasserleitungs- und Elektroinstallationen.
    c) Sende- und Empfangsanlagen
       Unaufschiebbare Arbeiten zur Behebung von Störungen und Gebrechen an
       aa) Sende- und Empfangsanlagen von Nachrichtenagenturen, für das Verkehrswesen, für öffentliche Dienste, Sicherheitsdienste und im Gesundheitswesen;
       bb) Funksende- und Funkempfangsanlagen zur Steuerung von Versorgungs- und Entsorgungseinrichtungen;
       cc) Sendeanlagen und an für einen größeren Teilnehmerkreis eingerichteten Übertragungsanlagen zur Rundfunkversorgung.
    d) Aufzugsanlagen
       Unaufschiebbare Arbeiten zur Behebung von Störungen oder Gebrechen.
    e) Rolltreppenanlagen
       Unaufschiebbare Arbeiten zur Behebung von unmittelbar auftretenden Störungen oder Gebrechen, sofern der Betrieb der Rolltreppenanlage öffentlichen Interessen dient.

f) Landwirtschaftliche Maschinen
   Unaufschiebbare Arbeiten zur Behebung von Störungen oder Gebrechen an landwirtschaftlichen Maschinen.
11. Reinigung, Schneeräumung
    Reinigungsarbeiten und Schneeräumung auf Verkehrsflächen und notwendige Arbeiten an Fassaden, soweit diese Arbeiten aus Gründen der Sicherheit oder aus verkehrstechnischen Gründen nicht außerhalb der Wochenend- oder Feiertagsruhe durchgeführt werden können.
12. Umstellung öffentlicher Uhren
    Das Umstellen der öffentlichen Uhren zu Beginn und Ende der Sommerzeit auf Grund des Zeitzählungsgesetzes, BGBl. Nr. 78/1976, an den in der jeweiligen Verordnung der Bundesregierung festgesetzten Samstagen oder Sonntagen.
13. Weihnachtsbeleuchtung
    Alle Tätigkeiten, die auf öffentlichen Verkehrsflächen auf Grund einer behördlichen Bewilligung
    a) zur Montage der Weihnachtsbeleuchtung erforderlich sind, an den Samstagen und an zwei Sonntagen
    b) zur Demontage der Weihnachtsbeleuchtung erforderlich sind, an den Samstagen
    während der behördlich bewilligten Zeiträume.
14. Notare
    Unaufschiebbare und vorübergehende Tätigkeiten
    a) bei Durchführung eines gesetzlichen Auftrages oder einer im öffentlichen Interesse gelegenen Aufgabe;
    b) bei Erbringung notarieller Leistungen zur Befriedigung dringender Bedürfnisse der Parteien in außergewöhnlichen Fällen, wenn diese Leistungen außerhalb der Wochenend- und Feiertagsruhe nicht erbracht werden können oder eine Verschiebung unzumutbar ist.
15. Oesterreichische Nationalbank
    a) Forschungs- und Erprobungsarbeiten durch die Oesterreichische Nationalbank zwecks Weiterentwicklung ihrer Banknoten;
    b) Erfüllung dringender Aufgaben im öffentlichen Interesse, insbesondere solcher im Rahmen des „Europäischen Systems der Zentralbanken (ESZB)" sowie im Zusammenhang mit der Kooperation mit internationalen Organisationen zum Zweck der Wahrnehmung nationaler, europäischer und internationaler Verpflichtungen, wie die Teilnahme an Arbeitskonferenzen (Committees, Task Forces, Working Groups und ähnliche), Schulungen und dergleichen sowie die damit in unmittelbarem Zusammenhang stehenden und unbedingt notwendigen Vorbereitungsarbeiten und Dienstreisen;
    c) Ausrichtung von und Teilnahme an Informationsveranstaltungen und deren nötige Vorbereitung bzw. Nachbearbeitung, insbesondere die „Euro-Bus Tour" und die „Euro-Bus Kids Tour",
       aa) an Samstagen bis 19 Uhr, wobei ein einzelner Arbeitnehmer insgesamt nur an höchstens zwölf Samstagen pro Jahr beschäftigt werden darf;
       bb) an Sonn- und Feiertagen, wobei ein einzelner Arbeitnehmer insgesamt nur an höchstens acht solchen Tagen pro Jahr beschäftigt werden darf.

Anlage ARG-VO

16. Wahlen
zu gesetzgebenden Körperschaften, Bundespräsidenten- und Gemeinderatswahlen, Wahlen zu gesetzlichen Interessenvertretungen, Volksabstimmungen, Volksbegehren
Alle Tätigkeiten, die zur Vorbereitung und Durchführung von Wahlen, Volksabstimmungen und Volksbegehren unbedingt notwendig sind.
17. Überwachungstätigkeiten der gesetzlichen Interessenvertretungen
Überwachung der Einhaltung der arbeitsrechtlichen und gewerberechtlichen Bestimmungen durch die gesetzlichen Interessenvertretungen, soweit dies zu deren gesetzlichen Aufgaben gehört.
17a. Bauarbeiter-Urlaubs- und Abfertigungskasse
Baustellenkontrollen zur Durchführung von Erhebungen über die Einhaltung der Bestimmungen des Bauarbeiter-Urlaubs- und Abfertigungsgesetzes – BUAG, BGBl. Nr. 414/1972, und der einschlägigen Bestimmungen des Arbeitsvertragsrechts-Anpassungsgesetzes – AVRAG, BGBl. Nr. 459/1993.
18. Kreditunternehmungen und deren Rechenzentren Unaufschiebbare Rechnungs- und Postarbeiten zur Erstellung des Jahresabschlusses in den hiefür zuständigen organisatorischen Einheiten am 1. und 6. Jänner.
19. Banken im Internationalen Zentrum Wien
Bankgeschäfte im Sinne des § 1 Abs. 2 des Bankwesengesetzes, BGBl. Nr. 532/1993, an jenen Feiertagen, die nach den bei den internationalen Organisationen geltenden Regelungen als Werktag anzusehen sind.
20. Kreditkartenunternehmen
Die Kontrolle, Überprüfung und Genehmigung bzw. Ablehnung von Kreditkartenumsätzen, die Entgegennahme von Verlust- und Diebstahlsanzeigen von Kreditkarten einschließlich der entsprechenden Abhilfemaßnahmen.
21. Verwertungsgesellschaften im Sinne des Verwertungsgesellschaftengesetzes 2006, BGBl. I Nr. 9 Tätigkeiten zur Erfassung von Daten über Aufführungen und Sendungen sowie Kontrolltätigkeiten im Außendienst zu diesem Zweck.
22. Vereine zur Förderung der Verkehrssicherheit, die gemäß § 130 Abs. 2 Z II Z 6 Kraftfahrgesetz 1967 im Kraftfahrbeirat vertreten sind
Journaldienst in der Zentrale durch einen Mitarbeiter an Wochenenden und Feiertagen, an denen auf Grund der bisherigen Erfahrungen ein erhöhtes Verkaufsaufkommen zu erwarten ist, insbesondere zu Ostern, Pfingsten und Weihnachten.
23. Betrieb eines Call Centers
Entgegennahme und Weiterleitung telefonischer Notrufe, Aufträge, Anfragen, Informationen und entsprechendes Telefonservice für alle gesetzlich erlaubten Tätigkeiten.
24. Bank- und Börsegeschäfte
Folgende Tätigkeiten, soweit sie nicht an Werktagen vorgenommen werden können, an allen Feiertagen, die in den Zeitraum von Montag bis Freitag fallen, mit Ausnahme des 1. Jänner und des 25. Dezember:
 a) Eilzahlungsverkehr im internationalen Konnex;
 b) Großbetragszahlungsverkehr;
 c) nicht schaltermäßiger Geld- und Devisenhandel;
 d) Wertpapier- und Derivatehandel;

e) Anbieten und Durchführen von Tätigkeiten im Rahmen der Leitung und Verwaltung von Börsen, die im Zusammenhang mit dem Wertpapier- und Derivatehandel erforderlich sind.
25. Betrieb eines Call-Shops
Geschäftsvermittlung in Form der Vermittlung von Internet- und Telekommunikationsdienstleistungen mit zugehöriger Beratung und Betreuung zwischen befugten Betreibern und Kunden.
26. Fußpfleger, Kosmetiker und Masseure
Alle Tätigkeiten, die zur Betreuung der Gäste oder Kunden erforderlich sind, in Hotels sowie in Wellnessbetrieben, soweit sie nicht bereits durch Abschnitt XIII Z 6 erfasst werden (Fitnessstudios, Solarien, Sonnenbäder und vergleichbare Freizeit- und Fremdenverkehrseinrichtungen).
27. Betrieb eines Wetterdienstes
Die zur Aufrechterhaltung des Betriebes unbedingt erforderlichen Tätigkeiten zur Beschaffung (Aufbringung), Verarbeitung, Analyse und Freigabe von Wetter- und Umweltdaten.
28. Besuchsmittlung und Erhebungen im Rahmen der Familiengerichtshilfe
    a) Die unbedingt erforderliche Vorbereitung der persönlichen Kontakte des Kindes zu dem Elternteil, der mit dem Kind nicht im gemeinsamen Haushalt lebt;
    b) die Verständigung mit Eltern und Kind über die konkrete Ausübung der persönlichen Kontakte sowie die Vermittlung bei Konflikten;
    c) die Teilnahme an der Übergabe des Kindes an den Elternteil, der mit dem Kind nicht im gemeinsamen Haushalt lebt, und an der Rückgabe des Kindes an den anderen Elternteil;
    d) die Anleitung der Eltern zur Abwicklung der Übergabe und Rückgabe des Kindes, wenn diese Anleitung außerhalb der Wochenend- bzw. Feiertagsruhe nicht möglich ist;
    e) die Kontaktaufnahme und die Kontaktbeobachtung im Rahmen von Erhebungen aufgrund eines richterlichen Auftrags oder infolge besonderer Lebensumstände, wie etwa Fremdunterbringung des Kindes oder auswärtiger Wohnumgebung des Elternteils, der mit dem Kind nicht im gemeinsamen Haushalt lebt.
29. Sozialpädagogische Betreuung von Insass/innen in Einrichtungen des Straf- und Maßnahmenvollzuges (Jugendliche und junge Erwachsene) durch Sozialpädagog/innen
    a) die zur Prävention von Krisensituationen bzw. zur Unterstützung in akuten Krisen mit dem Ziel der Vermeidung von Selbst- und Fremdbeschädigungen notwendige sozialpädagogische Betreuung;
    b) die Ermöglichung von Sozialkontakten innerhalb und außerhalb der Einrichtungen zur Stärkung sozialer Kompetenzen insbesondere familiärer sozialer Bindungen;
    c) die Lernbetreuung zur Förderung von Kompetenzen, die eine Resozialisierung begünstigen;
    d) die Durchführung freizeitpädagogischer Aktivitäten zur Unterstützung der Rehabilitation und Reintegration.
30. Expert/innen in der Justiz gemäß § 2 Abs. 5a des Justizbetreuungsagentur-Gesetzes, BGBl. I Nr. 101/2008, deren spezifische Fachkenntnis innerhalb der

Justiz nicht verfügbar, aber für die Bearbeitung komplexer oder besonders umfangreicher Ermittlungsverfahren oder gerichtlicher Verfahren zweckmäßig ist
a) die notwendige Beratung von Justiz- und Exekutivorganen während Hausdurchsuchungen, die während der Wochenend- und Feiertagsruhe durchgeführt werden müssen bzw. mit Beginn der Wochenend- und Feiertagsruhe nicht unterbrochen werden können oder auf Grund der sich ergebenden Ermittlungsergebnisse zeitlich in die Wochenend- und Feiertagsruhe hinein ausgedehnt werden müssen;
b) die notwendige Teilnahme an Vorbesprechungen zu Hausdurchsuchungen, die auf Grund des Termins der Hausdurchsuchung während der Wochenend- und Feiertagsruhe stattfinden müssen.

XVII. Handel

1. *[aufgehoben]*
1a. Inventurarbeiten an Samstagen
 Arbeiten zur Erstellung und Überprüfung von
 a) Inventuren zum Ende eines Kalender(Wirtschafts)jahres
 b) Übergabe- bzw. Übernahmeinventuren einmal im Kalender(Wirtschafts)jahr
 c) Inventuren auf Grund behördlicher Anordnung
 d) Inventuren in unmittelbarem zeitlichem Zusammenhang mit außergewöhnlichen Ereignissen (wie Einbruch, Elementarereignisse)
 an Samstagen bis 20.00 Uhr.
2. Verkaufstätigkeiten an Sonn- und Feiertagen
 Der Verkauf und alle damit im Zusammenhang stehenden Tätigkeiten zur Betreuung der Kunden
 a) in Theatern, Varietes, Kabaretts und Zirkussen (XIV/1a);
 b) in Lichtspieltheatern (XIV/3);
 c) bei Konzerten und musikalischen Veranstaltungen (XIV/1b);
 d) bei Kongressen, kongreßähnlichen Veranstaltungen und Konferenzen (XIII/11);
 e) in Museen und Ausstellungen (XIV/1c);
 f) in Freibädern, Hallenbädern, Wannen- und Brausebädern, Saunabetrieben und Erholungszentren (XIII/6);
 g) bei Sport- und Freizeitveranstaltungen, in Sport- und Freizeiteinrichtungen und auf Campingplätzen (XIII/7 und 9);
 h) in Heil- und Pflegeanstalten (Krankenanstalten) und Kuranstalten (XV/1);
 i) bei Seilbahnen (XI/1e);
 j) in Verkaufsstellen für Devotionalien in Wallfahrtsorten;
 k) in Andenkenläden, Verkaufsstellen für Süßwaren;
 l) in Trafiken, soweit im Zeitpunkt des Inkrafttretens des Arbeitsruhegesetzes, BGBl. Nr. 144/1983, von der Monopolverwaltungsstelle Verschleißzeiten in Zeiten der Arbeitsruhe festgelegt sind;
 m) das Feilbieten im Umherziehen gemäß den §§ 53 Abs. 1 und 53a GewO 1994

3. Blumengroßhandel
   Die unbedingt notwendigen Tätigkeiten im erforderlichen Zeitausmaß zur Verhütung der Gefahr des Verderbens von Blumen einschließlich der Zustellung an Betriebe im Sinne des Abschnittes I Z 2 lit. c.
4. Christbaumverkauf
   An Sonntagen in der Zeit vom 12. bis 24. Dezember zwischen 8 und 20 Uhr und den vorhergehenden Samstagen bis 20 Uhr.
5. Lebensmittelhandel
   a) Ein- und Ausladen, Befördern, Manipulieren, Kommissionieren und Magazinieren von Obst und Gemüse;
   b) die unbedingt notwendigen Tätigkeiten zur Verhütung des Verderbens oder der Wertminderung von sonstigen rasch verderblichen Lebensmitteln und landwirtschaftlichen Produkten im erforderlichen Zeitausmaß.
6. Kraftfahrzeughandel
   Überstellungsfahrten mit Kraftfahrzeugen an Samstagen bis 18 Uhr.
7. Mineralölgroßhandel
   Alle Tätigkeiten, die im Zusammenhang mit der Ausnahme für Zustelldienste der Mineralölwirtschaft (XI/9) unbedingt erforderlich sind.
8. Antiquitätenmessen
   Verkauf von Antiquitäten im Rahmen von Antiquitätenmessen.
9. Vorführung von Großmaschinen und Fertigungsstraßen Vorführung schwer transportierbarer Großmaschinen und Fertigungsstraßen auf dem Werksgelände des Ausstellers bzw. des Erzeugers im Zusammenhang mit Messen im Sinne des § 17 ARG.

Krankenanstalten-Arbeitszeitgesetz – KA-AZG

BGBl I 1997/8 idF BGBl I 2018/100

(Auszug)

Abschnitt 1

Geltungsbereich

§ 1. (1) Dieses Bundesgesetz gilt für die Beschäftigung von Dienstnehmer/innen, die in
   1. Allgemeinen Krankenanstalten,
   2. Sonderkrankenanstalten,
   3. Heimen für Genesende, die ärztlicher Behandlung und besonderer Pflege bedürfen,
   4. Pflegeanstalten für chronisch Kranke, die ärztlicher Betreuung und besonderer Pflege bedürfen,
   5. Gebäranstalten und Entbindungsheimen,
   6. Sanatorien,

§ 1 KA-AZG

7. selbständigen Ambulatorien insbesondere Röntgeninstituten und Zahnambulatorien,
8. Anstalten, die für die Unterbringung geistig abnormer oder entwöhnungsbedürftiger Rechtsbrecher/innen bestimmt sind,
9. Krankenabteilungen in Justizanstalten,
10. Kuranstalten,
11. Organisationseinheiten zur stationären Pflege in Pflegeheimen und ähnlichen Einrichtungen

als Angehörige von Gesundheitsberufen tätig sind oder deren Tätigkeit sonst zur Aufrechterhaltung des Betriebes ununterbrochen erforderlich ist.

(2) Als Angehörige von Gesundheitsberufen im Sinne dieses Bundesgesetzes gelten

1. Ärzte/Ärztinnen gemäß Ärztegesetz 1998, BGBl. I Nr. 169,
1a. Angehörige des zahnärztlichen Berufs und des Dentistenberufs gemäß Zahnärztegesetz, BGBl. I Nr. 126/2005,
2. Angehörige der Gesundheits- und Krankenpflegeberufe gemäß Gesundheits- und Krankenpflegegesetz, BGBl. I Nr. 108/1997,
3. Angehörige der gehobenen medizinisch-technischen Dienste gemäß MTD-Gesetz, BGBl. Nr. 460/1992,
4. Angehörige des medizinisch-technischen Fachdienstes gemäß dem Bundesgesetz über die Regelung des medizinisch-technischen Fachdienstes und der Sanitätshilfsdienste (MTF-SHD-G), BGBl. Nr. 102/1961,
5. Angehörige der Sanitätshilfsdienste gemäß MTF-SHD-G, BGBl. Nr. 102/1961,
5a. Angehörige der medizinischen Assistenzberufe gemäß Medizinische Assistenzberufe-Gesetz (MABG), BGBl. I Nr. 89/2012,
6. Hebammen gemäß Hebammengesetz, BGBl. Nr. 310/1994,
7. Angehörige des kardiotechnischen Dienstes sowie Kardiotechniker/innen in Ausbildung gemäß Kardiotechnikergesetz, BGBl. I Nr. 96/1998,
8. Gesundheitspsychologen/Gesundheitspsychologinnen und klinische Psychologen/Psychologinnen sowie Psychologen/Psychologinnen im Rahmen des Erwerbs praktischer fachlicher Kompetenz gemäß Psychologengesetz, BGBl. Nr. 360/1990,
9. Psychotherapeuten/Psychotherapeutinnen sowie Psychotherapeuten/Psychotherapeutinnen in Ausbildung gemäß Psychotherapiegesetz, BGBl. Nr. 361/ 1990,
10. Apothekenleiter/Apothekenleiterinnen gemäß § 37 des Apothekengesetzes, RGBl. Nr. 5/1907 sowie andere allgemein berufsberechtigte Apotheker/Apothekerinnen in Anstaltsapotheken im Sinn des § 3b Apothekengesetz,
11. Sanitäter/Sanitäterinnen sowie Sanitäter/Sanitäterinnen in Ausbildung gemäß Sanitätergesetz, BGBl. I Nr. 30/2002,
12. medizinische Masseure/Masseurinnen sowie medizinische Masseure/Masseurinnen in Ausbildung und Heilmasseure/Heilmasseurinnen sowie Heilmasseure/Heilmasseurinnen in Ausbildung gemäß Medizinischer Masseur- und Heilmasseurgesetz, BGBl. I Nr. 169/2002,
13. Zahnärztliche Assistentinnen/Zahnärztliche Assistenten sowie Zahnärztliche Assistentinnen/Zahnärztliche Assistenten in Ausbildung gemäß Zahnärztegesetz,

(3) Dieses Bundesgesetz gilt nicht für leitende Dienstnehmer/innen, denen maßgebliche Führungsaufgaben selbstverantwortlich übertragen sind.
(4) Dieses Bundesgesetz gilt weiters nicht für die Beschäftigung von Dienstnehmer/innen, für die das Bundesgesetz über die Beschäftigung von Kindern und Jugendlichen 1987, BGBl. Nr. 599, gilt.
...

Abschnitt 4
Ausnahmen

Außergewöhnliche Fälle

§ 8. (1) ...
(2) Weiters finden die §§ 3, 4, 6 und 7 keine Anwendung auf Dienstnehmer/innen im Bereich des Bundesministeriums für Landesverteidigung und Sport, die
1. Tätigkeiten in einem Einsatz gemäß § 2 Abs. 1 lit. a bis c des Wehrgesetzes 2001, BGBl. I Nr. 146/2001, der unmittelbaren Vorbereitung eines solchen Einsatzes oder im Rahmen einsatzähnlicher Übungen oder
2. Tätigkeiten, die im Hinblick auf die in Z 1 genannten Fälle zur Aufrechterhaltung des Dienstbetriebes unbedingt erforderlich sind,

verrichten.
(3) Durch Betriebsvereinbarung oder im Einvernehmen mit der Personalvertretung können vorübergehende Ausnahmen von § 4 Abs. 4 Z 1 und 3 sowie Abs. 5 festgelegt werden, wenn
1. die Wahrung von Interessen der Patienten oder die Aufrechterhaltung des Krankenanstaltenbetriebes dies notwendig macht,
2. die allgemeinen Grundsätze der Sicherheit und des Gesundheitsschutzes der Dienstnehmer/innen eingehalten werden und
3. durch die erforderlichen Maßnahmen sichergestellt wird, daß keinem/r Dienstnehmer/in Nachteile daraus entstehen, daß er/sie generell oder im Einzelfall nicht bereit ist, solche zusätzliche Arbeitszeit zu leisten.

(4) Der/die Dienstgeber/in hat eine Arbeitszeitverlängerung nach Abs. 1 und 3 ehestens, längstens aber binnen vier Tagen nach Beginn der Arbeiten dem zuständigen Arbeitsinspektorat schriftlich anzuzeigen. Diese Anzeige muß eine aktuelle Liste der von der Arbeitszeitverlängerung betroffenen Dienstnehmer/innen und das Ausmaß der vorgesehenen Arbeitszeit enthalten.
(5) Das Arbeitsinspektorat hat auf Antrag eines/r Dienstnehmers/in, des/der Dienstgebers/in oder von Amts wegen durch Bescheid die nach Abs. 3 vorgesehene Arbeitszeitverlängerung gänzlich oder teilweise zu verbieten, wenn
1. die Voraussetzungen nach Abs. 3 Z 2 und 3 nicht vorliegen oder
2. dies zum Schutz der Sicherheit oder Gesundheit der Dienstnehmer/innen erforderlich ist.

...

Strafbestimmungen

§ 12. (1) Dienstgeber/innen, die
1. Dienstnehmer/innen über die Grenzen gemäß §§ 3 oder 4 hinaus beschäftigen,
2. Ruhepausen gemäß § 6 nicht gewähren,

3. die Ruhezeit gemäß § 7 nicht gewähren,
4. die Aufzeichnungspflicht gemäß § 11 verletzen,
5. die Verpflichtungen betreffend besondere Untersuchungen gemäß § 5b Abs. 1 verletzt,
6. die Anzeigepflicht gemäß § 8 Abs. 4 verletzen,

sind, sofern die Tat nicht nach anderen Vorschriften einer strengeren Strafe unterliegt, von der Bezirksverwaltungsbehörde mit einer Geldstrafe von 218 Euro bis 2 180 Euro, im Wiederholungsfall von 360 Euro bis 3 600 Euro zu bestrafen.

(1a) Verstöße gegen die Aufzeichnungspflichten gemäß § 11 sind hinsichtlich jedes/jeder einzelnen Dienstnehmer/in gesondert zu bestrafen, wenn durch das Fehlen der Aufzeichnungen die Feststellung der tatsächlich geleisteten Arbeitszeit unmöglich oder unzumutbar wird.

(1b) Übertretungen des § 7a sind nach § 27 Abs. 1, 2b, 3 und 6 ARG zu bestrafen.

(2) Abs. 1 ist nicht anzuwenden, wenn die Zuwiderhandlung von Organen einer Gebietskörperschaft begangen wurde. Besteht bei einer Bezirksverwaltungsbehörde der Verdacht einer Zuwiderhandlung durch ein solches Organ, so hat sie, wenn es sich um ein Organ des Bundes oder eines Landes handelt, eine Anzeige an das oberste Organ, dem das der Zuwiderhandlung verdächtigte Organ untersteht (Art. 20 Abs. 1 erster Satz des B-VG), in allen anderen Fällen aber eine Anzeige an die Aufsichtsbehörde zu erstatten.

...

Bäckereiarbeiter/innengesetz 1996 – BäckAG 1996
BGBl 1996/410 idF BGBl I 2019/22

(Auszug)

Abschnitt 1

Geltungsbereich

§ 1. (1) Dieses Bundesgesetz gilt für Arbeitnehmer/innen, die in Backwaren-Erzeugungsbetrieben beschäftigt und überwiegend bei der Erzeugung von Backwaren verwendet werden. Als Backwaren-Erzeugungsbetriebe sind Betriebe anzusehen, in denen Brot oder sonstige für den menschlichen Genuß bestimmte Backwaren für den Verkauf oder den Verbrauch im Betrieb erzeugt werden.

(2) Dieses Bundesgesetz gilt nicht für die Erzeugung von Backwaren in Gastgewerbebetrieben im Sinne des § 111 der Gewerbeordnung 1994 (GewO 1994). Wird in einem Betrieb oder Betriebsteil ohne räumliche und organisatorische Trennung sowohl
1. das Gastgewerbe als auch
2. das Gewerbe der Bäcker im Sinne des § 94 Z 3 GewO 1994 oder das Gewerbe der Konditoren im Sinne des § 94 Z 40 GewO 1994

ausgeübt, ist der gesamte Betrieb oder Betriebsteil von diesem Bundesgesetz ausgenommen.

(3) Dieses Bundesgesetz gilt weiters nicht für
1. die Erzeugung von Backwaren in Betrieben oder Betriebsteilen, in denen ohne räumliche und organisatorische Trennung Tätigkeiten der Konditoren im Sinne des § 150 Abs. 11 GewO 1994 ausgeübt werden;
2. die Erzeugung von Backwaren in privaten Haushalten, wenn die Backwaren ausschließlich für den Eigenverbrauch bestimmt sind.

(4) Auf Jugendliche im Sinne des § 3 des Bundesgesetzes über die Beschäftigung von Kindern und Jugendlichen 1987, BGBl. Nr. 599, sind die §§ 2 Abs. 5, 3, 4, 7, 9, 10, 11, 12, 14, 16, 17 und 19 nicht anzuwenden.

...

Wöchentliche Ruhezeit bei Schichtarbeit

§ 11. (1) Zur Ermöglichung der Schichtarbeit kann durch Betriebsvereinbarung, in Betrieben, in denen kein Betriebsrat errichtet ist, durch schriftliche Vereinbarung, die wöchentliche Ruhezeit abweichend von den §§ 9 und 10 geregelt werden.

(2) Das Ausmaß der wöchentlichen Ruhezeit kann in den Fällen des Abs. 1 bis auf 24 Stunden gekürzt werden. In einem Durchrechnungszeitraum von vier Wochen muß den Arbeitnehmer/innen jedoch eine durchschnittliche wöchentliche Ruhezeit von 36 Stunden gesichert sein. Zur Berechnung dürfen nur mindestens 24stündige Ruhezeiten herangezogen werden.

...

Ausnahmen von der Wochenend- und Feiertagsruhe

§ 17. (1) Während der Wochenend- und Feiertagsruhe dürfen Arbeitnehmer/innen mit folgenden Arbeiten beschäftigt werden:
1. der Herführung, dem Mischen und dem Auswiegen von Teigen,
2. dem Zusammendrehen und Wirken der Pressen sowie dem mechanischen Teilen und Wirken von ungeformten Teigen bei Weißgebäck und Sandwichwecken,
3. dem Anheizen von Backöfen,
4. dem Auftauen und Aufreschen der in Tiefkühl- und Gärunterbrechungsanlagen gelagerten Halb- und Fertigerzeugnisse,
5. der unaufschiebbaren Reinigung und Instandhaltung der Betriebsräume und -anlagen,
6. der Herstellung leicht verderblicher Zuckerbackwaren in Konditoreibetrieben während drei Stunden vor 12 Uhr.

(2) Weiters dürfen Arbeitnehmer/innen während der Wochenend- und Feiertagsruhe beschäftigt werden:
1. höchstens fünfmal innerhalb eines Kalenderjahres an Wochenenden und höchstens zweimal innerhalb eines Kalenderjahres an Feiertagen aus den im § 3 Abs. 2 angeführten Gründen, ferner aus Anlaß von baulichen Herstellungen oder von Arbeiten an Maschinen und Betriebseinrichtungen, durch welche die Arbeiten zur Erzeugung oder die Kühlung und Tiefkühlung von Backwaren behindert werden. Diese Ausnahme gilt auch für die

Erzeugung von Backwaren in einem und für einen anderen Backwaren-Erzeugungsbetrieb, wenn die Vornahme dieser Arbeiten im eigenen Betrieb infolge der durchzuführenden Reparatur- und Herstellungsarbeiten nicht möglich ist;
2. höchstens zweimal innerhalb eines Kalenderjahres an Wochenenden aus Anlaß von Messen, jedoch nur für den örtlichen Bereich und die Dauer der Veranstaltung.

(3) Die Landeshauptleute können nach Anhörung der in Betracht kommenden gesetzlichen Interessenvertretungen der Arbeitnehmer/innen und der Arbeitgeber/innen Ausnahmen von der Wochenend- und Feiertagsruhe zulassen:
1. für das ganze Bundesland am Ostersonntag, Pfingstsonntag und am Festtag des Landespatrons, wenn dieser auf einen Sonntag fällt;
2. für einzelne Gemeinden, wenn wegen örtlicher Veranstaltungen ein außergewöhnlicher Bedarf an Backwaren zu erwarten ist; die Ausnahmen können für eine einzelne Gemeinde oder Teile einer Gemeinde an höchstens 15 Tagen im Kalenderjahr bewilligt werden.

(4) Zu Arbeiten gemäß Abs. 1 bis 3 darf nur die unbedingt erforderliche Anzahl an Arbeitnehmer/innen herangezogen werden.

...

Kinder- und Jugendlichen-Beschäftigungsgesetz 1987 – KJBG
BGBl 1987/599 idF BGBl I 2018/61

(Auszug)

Abschnitt 1

Geltungsbereich

§ 1. (1) Dieses Bundesgesetz gilt für die Beschäftigung von
1. Kindern mit Arbeiten jeder Art und
2. Jugendlichen bis zur Vollendung des 18. Lebensjahres, die in einem Dienstverhältnis, einem Lehr- oder sonstigen Ausbildungsverhältnis stehen.

(1a) Abweichend von Abs. 1 Z 2 gelten für Lehrlinge, die das 18. Lebensjahr vollendet haben,
1. § 14 Abs. 2 mit der Maßgabe, daß für die Berechnung des Grundlohnes und des Überstundenzuschlages der niedrigste im Betrieb vereinbarte Facharbeiterlohn bzw. Angestelltengehalt heranzuziehen ist;
2. § 11 Abs. 4, 5, 6 Z 1 und 3, Abs. 7 und 8, § 21 und § 25 Abs. 1 und 2 sinngemäß.

(2) Dieses Bundesgesetz ist, unbeschadet des Abs. 3 Z 1, nicht anzuwenden auf vereinzelte, geringfügige, aus Gefälligkeit erwiesene leichte Hilfeleistungen von Kindern, sofern eine solche Hilfeleistung nur von kurzer Dauer ist, ihrer Art nach

nicht einer Dienstleistung von Dienstnehmern, Lehrlingen oder Heimarbeitern entspricht, die Kinder hiebei keinen Unfallgefahren ausgesetzt und weder in ihrer körperlichen und geistigen Gesundheit und Entwicklung noch in ihrer Sittlichkeit gefährdet sind.

(3) Dieses Bundesgesetz ist nicht anzuwenden auf die Beschäftigung von
1. Kindern und Jugendlichen, für die das Landarbeitsgesetz 1984, BGBl. Nr. 287, gilt;
2. Jugendlichen in privaten Haushalten.

(4) Auf die Beschäftigung von Jugendlichen, für die das Bäckereiarbeiter/innengesetz 1996 (BäckAG 1996), BGBl. Nr. 410/1996, gilt, sind die §§ 11 Abs. 1 bis 3a, 15, 17 Abs. 2 und 27 Abs. 1 nicht anzuwenden.

(5) Soweit in diesem Bundesgesetz personen- oder funktionsbezogene Bezeichnungen noch nicht geschlechtsneutral formuliert sind, gilt die gewählte Form für beide Geschlechter.

Begriffsbestimmungen

§ 2. (1) Kinder im Sinne dieses Bundesgesetzes sind Minderjährige
1. bis zur Vollendung des 15. Lebensjahres oder
2. bis zur späteren Beendigung der Schulpflicht.

(1a) Für Minderjährige (Abs. 1 Z 1), die die Schulpflicht vollendet haben und
1. in einem Lehrverhältnis oder
2. im Rahmen eines Ferialpraktikums (§ 20 Abs. 4 des Schulunterrichtsgesetzes, BGBl. Nr. 472/1986) oder
3. im Rahmen eines Pflichtpraktikums nach dem Schulorganisationsgesetz, BGBl. Nr. 242/1962 oder
4. im Rahmen eines Ausbildungsverhältnisses gemäß § 8b Abs. 2 Berufsausbildungsgesetz, BGBl. Nr. 142/1969,

beschäftigt werden, gelten die Bestimmungen der Abschnitte 3 bis 5 für Jugendliche.

(2) Als eigene Kinder im Sinne dieses Bundesgesetzes gelten Kinder (Abs. 1), die mit jenem, der sie beschäftigt, im gemeinsamen Haushalt leben und mit ihm bis zum dritten Grad verwandt oder verschwägert sind oder zu ihm im Verhältnis von Stiefkindern oder Wahlkindern stehen. Alle übrigen Kinder gelten als fremde Kinder.
...

§ 11. (1) Die tägliche Arbeitszeit der Jugendlichen darf acht Stunden, ihre Wochenarbeitszeit 40 Stunden nicht überschreiten, soweit im folgenden nicht anderes bestimmt wird.

(2) Die nach Abs. 1 zulässige Wochenarbeitszeit kann zur Erreichung einer längeren Freizeit, die mit der Wochenfreizeit zusammenhängen muß, abweichend von der nach Abs. 1 zulässigen täglichen Arbeitszeit verteilt werden. Der Kollektivvertrag kann zulassen, daß die nach Abs. 1 zulässige Wochenarbeitszeit auf die Werktage abweichend von der nach Abs. 1 zulässigen täglichen Arbeitszeit aufgeteilt wird.

(2a) Die Arbeitszeit kann in den einzelnen Wochen eines mehrwöchigen Durchrechnungszeitraumes ausgedehnt werden, wenn innerhalb dieses Durch-

rechnungszeitraumes die Wochenarbeitszeit im Durchschnitt 40 Stunden nicht übersteigt und
1. der Kollektivvertrag dies zuläßt,
2. für vergleichbare erwachsene Arbeitnehmer des Betriebes eine solche Arbeitszeiteinteilung besteht und
3. eine abweichende Arbeitszeiteinteilung für Jugendliche dem Arbeitgeber nicht zugemutet werden kann.

(2b) Fällt in Verbindung mit Feiertagen die Arbeitszeit an Werktagen aus, um den Jugendlichen eine längere zusammenhängende Freizeit zu ermöglichen, so kann die ausfallende Normalarbeitszeit auf die übrigen Werktage von höchstens sieben, die Ausfallstage einschließenden Wochen verteilt werden. Der Einarbeitungszeitraum kann durch Betriebsvereinbarung auf höchstens 13 Wochen verlängert werden.

(3) Bei einer Verteilung der Arbeitszeit nach Abs. 2 bis 2b darf die Tagesarbeitszeit neun Stunden und die Arbeitszeit in den einzelnen Wochen des Durchrechnungs- bzw. Einarbeitungszeitraumes 45 Stunden nicht überschreiten.

(3a) Reisezeit liegt vor, wenn die/der Jugendliche über Auftrag der Arbeitgeberin/des Arbeitgebers vorübergehend ihren/seinen Dienstort (Arbeitsstätte) verlässt, um an anderen Orten ihre/seine Arbeitsleistung zu erbringen, sofern während der Reisebewegung keine Arbeitsleistung erbracht wird. Durch Reisezeiten kann die Tagesarbeitszeit auf bis zu zehn Stunden ausgedehnt werden, wenn die/der Jugendliche in einem Lehr- oder sonstigen Ausbildungsverhältnis steht und das 16. Lebensjahr vollendet hat.

(4) Den Jugendlichen ist die zur Erfüllung der gesetzlichen Berufsschulpflicht erforderliche Zeit freizugeben. Für die Unterrichtszeit ist der Lohn (Lehrlingsentschädigung) weiterzuzahlen.

(5) Die Unterrichtszeit in der Berufsschule, zu deren Besuch der Jugendliche gesetzlich verpflichtet ist, ist auf die Dauer der wöchentlichen Arbeitszeit anzurechnen.

(6) In die Unterrichtszeit im Sinne der Abs. 4 und 5 sind einzurechnen:
1. die Pausen in der Berufsschule, mit Ausnahme der Mittagspause;
2. der Besuch von Freigegenständen und unverbindlichen Übungen im Ausmaß von höchstens zwei Unterrichtsstunden, Förderunterricht und Schulveranstaltungen in der Berufsschule im Sinne der §§ 12 und 13 des Schulunterrichtsgesetzes, BGBl. Nr. 472/1986;
3. an ganzjährigen und saisonmäßigen Berufsschulen einzelne an einem Schultag entfallene Unterrichtsstunden oder an lehrgangsmäßigen Berufsschulen der bis zu zwei aufeinanderfolgenden Werktagen entfallene Unterricht, wenn es in jedem dieser Fälle wegen des Verhältnisses zwischen der im Betrieb zu verbringenden Zeit und der Wegzeit nicht zumutbar ist, daß der Jugendliche während dieser unterrichtsfreien Zeit den Betrieb aufsucht;
4. Förderkurse im Sinne des Art. II § 2 der 5. Schulorganisationsgesetz-Novelle, BGBl. Nr. 323/1975.

(7) Beträgt die Unterrichtszeit an einem Schultag mindestens acht Stunden, so ist eine Beschäftigung im Betrieb nicht mehr zulässig. Beträgt die Unterrichtszeit weniger als acht Stunden, so ist eine Beschäftigung nur insoweit zulässig, als die

Unterrichtszeit, die notwendige Wegzeit zwischen Betrieb und Schule und die im Betrieb zu verbringende Zeit die gesetzliche Arbeitszeit nicht überschreitet.

(8) Besucht ein Jugendlicher eine lehrgangsmäßige oder saisonmäßige Berufsschule, darf er während des tatsächlichen Besuchs des Lehrganges bzw. der saisonmäßigen Berufsschule nicht im Betrieb beschäftigt werden.

(9) Die Lenkzeit Jugendlicher, die auf Grund des Berufsausbildungsgesetzes, BGBl. Nr. 142/1969, zu Berufskraftfahrern ausgebildet werden, darf vier Stunden täglich und 20 Stunden wöchentlich nicht überschreiten. Fahrten, die im Rahmen der Berufsausbildung in einer Fahrschule absolviert werden, sind in die Lenkzeit einzurechnen.

...

§ 13. (1) Für Personen unter 15 Jahren, die im Rahmen eines Ferialpraktikums oder eines Pflichtpraktikums beschäftigt werden (§ 2 Abs. 1a Z 2 und 3), gelten die §§ 11 und 12 mit folgenden Abweichungen.

(2) Während unterrichtsfreier Zeiten von mindestens einer Woche darf die tägliche Arbeitszeit sieben Stunden und die Wochenarbeitszeit 35 Stunden nicht überschreiten. In dieser Zeit sind eine abweichende Verteilung der Arbeitszeit (§ 11 Abs. 2 bis 3) und eine Arbeitszeitverlängerung durch Vor- und Abschlußarbeiten (§ 12 Abs. 2 und 3) nicht zulässig.

(3) Beträgt die Unterrichtszeit an einem Schultag mindestens sieben Stunden oder in einer Schulwoche mindestens 35 Stunden, so ist eine Beschäftigung im Betrieb nicht mehr zulässig. Beträgt die Unterrichtszeit weniger als sieben Stunden, so ist eine Beschäftigung nur im folgenden Ausmaß zulässig:
1. Die Unterrichtszeit, die notwendige Wegzeit zwischen Betrieb und Schule und die im Betrieb zu verbringende Zeit darf sieben Stunden nicht überschreiten.
2. Die im Betrieb zu verbringende Zeit darf zwei Stunden nicht überschreiten.

...

Wochenfreizeit

§ 19. (1) bis (3) ...

(4) Jugendliche im Gastgewerbe haben Anspruch auf eine ununterbrochene wöchentliche Freizeit von zwei zusammenhängenden Kalendertagen. Dies gilt nicht, wenn eine Wochenfreizeit von mindestens 43 Stunden, in die der Sonntag fällt, eingehalten wird und in die folgende Arbeitswoche ein betrieblicher Sperrtag fällt, an dem der Jugendliche nicht beschäftigt wird.

(5) Für Jugendliche, die in den Lehrberufen Bäcker, Konditor, Fleischer oder Molkereifachmann ausgebildet und überwiegend mit der Be- oder Verarbeitung von frischen Lebensmitteln beschäftigt werden, kann der Kollektivvertrag eine Verkürzung der Wochenfreizeit gemäß Abs. 1 und 2 zulassen, wenn durch andere Maßnahmen die Erholungsbedürfnisse der Jugendlichen sichergestellt sind. Dabei darf in den einzelnen Wochen die zusammenhängende Ruhezeit 43 Stunden nicht unterschreiten. Abs. 1 zweiter Satz ist anzuwenden.

(6) Kommt ein Kollektivvertrag gemäß Abs. 5 für Jugendliche zur Anwendung, die in Betrieben ausgebildet werden, in denen auch Tätigkeiten des Gastgewerbes im

Sinne des § 94 Z 27 der Gewerbeordnung 1994, BGBl. Nr. 194, ausgeübt werden, ist zu vereinbaren, ob für den jeweiligen Jugendlichen entweder
1. die Sonderregelung des Kollektivvertrags nach Abs. 5 oder
2. die Sonderregelungen für das Gastgewerbe des § 18 Abs. 2 und 3a sowie § 19 Abs. 4

zur Anwendung kommt. Die Vereinbarung ist im Verzeichnis der Jugendlichen (§ 26) festzuhalten.

(7) Für Jugendliche, die nicht unter Abs. 4 oder 5 fallen, kann der Kollektivvertrag abweichend von Abs. 1 bis 2 zulassen, daß bei Vorliegen organisatorischer Gründe oder im Interesse der Jugendlichen das Ausmaß der Wochenfreizeit in einzelnen Wochen auf 43 zusammenhängende Stunden verkürzt werden kann, wenn die durchschnittliche Wochenfreizeit in einem durch Kollektivvertrag festzulegenden Durchrechnungszeitraum mindestens 48 Stunden beträgt. Abs. 1 zweiter Satz ist anzuwenden.

...

Theaterarbeitsgesetz – TAG

BGBl I 2010/100 idF BGBl I 2013/138

(Auszug)

...

Pflicht zur Teilnahme an Proben Arbeitszeit

§ 17. (1) Das Mitglied ist nicht verpflichtet, zur Nachtzeit oder an einem Sonntag oder gesetzlichen Feiertag an einer Probe teilzunehmen, wenn nicht besondere, unabwendbare Umstände es notwendig machen, die Probe zu dieser Zeit abzuhalten.

(2) Das Arbeitszeitgesetz (AZG), BGBl. Nr. 461/1969, ist mit der Maßgabe anzuwenden, dass
1. das Mitglied in der Zeit vom Beginn der Abendvorstellung bis zum Beginn der Abendvorstellung am nächsten Tag (Arbeitstag) nicht länger als acht Stunden beschäftigt werden darf;
2. abweichend von § 19c Abs. 2 AZG der/die Theaterunternehmer/in die Lage der Arbeitszeit ändern kann, wenn eine Programmänderung unbedingt erforderlich ist und berücksichtigungswürdige Interessen des Mitgliedes nicht entgegenstehen.

(3) Dem Mitglied ist in jeder Kalenderwoche eine ununterbrochene Ruhezeit von 36 Stunden zu gewähren, die einen ganzen Wochentag einzuschließen hat. Die wöchentliche Ruhezeit kann in einzelnen Wochen gekürzt werden oder entfallen, wenn innerhalb von 14 Tagen eine durchschnittliche wöchentliche Ruhezeit von 36 Stunden sichergestellt ist. Zur Berechnung dürfen nur mindestens 24stündige Ruhezeiten herangezogen werden.

(4) Durch Kollektivvertrag kann ein Durchrechnungszeitraum bis zu einem Jahr zugelassen werden. Der Kollektivvertrag kann die Betriebsvereinbarung zu einer solchen Regelung ermächtigen.

(5) Kann für die betroffenen Mitglieder mangels Bestehen einer kollektivvertragsfähigen Körperschaft auf Arbeitgeber/innenseite kein Kollektivvertrag abgeschlossen werden, kann die Betriebsvereinbarung den Durchrechnungszeitraum auf bis zu 13 Wochen verlängern.

(6) Bei befristeten Arbeitsverhältnissen in der Dauer von nicht mehr als sechs Wochen kann vereinbart werden, dass die Ruhezeiten dieser Wochen zusammen vor Ende der Vertragsdauer gewährt werden. Eine Auflösung des Arbeitsverhältnisses vor Ablauf der zusammengefassten Ruhezeit ist unzulässig.

(7) Während der in der Arbeitszeiteinteilung vorgesehenen wöchentlichen Ruhezeit darf das Mitglied nur beschäftigt werden, wenn
 1. vereinbart wird, dass das Mitglied für ein anderes, verhindertes Mitglied einspringt, oder
 2. eine Programmänderung unbedingt erforderlich ist.
Während einer zusammengefassten Ruhezeit nach Abs. 6 ist eine Beschäftigung unzulässig.

(8) Wird das Mitglied während der in der Arbeitszeiteinteilung vorgesehenen wöchentlichen Ruhezeit beschäftigt, hat es in der folgenden Arbeitswoche Anspruch auf Ersatzruhe, die auf seine Wochenarbeitszeit anzurechnen ist. Die Ersatzruhe ist im Ausmaß der während der wöchentlichen Ruhezeit geleisteten Arbeit zu gewähren, die innerhalb von 36 Stunden vor dem Arbeitsbeginn in der nächsten Arbeitswoche erbracht wurde. Die Ersatzruhe hat unmittelbar vor dem Beginn der folgenden wöchentlichen Ruhezeit zu liegen, soweit vor Antritt der Arbeit, für die Ersatzruhe gebührt, nicht anderes vereinbart wurde.

(9) Theaterunternehmer/innen, die den Bestimmungen der Abs. 3 bis 8 zuwiderhandeln, sind, sofern die Tat nicht nach anderen Vorschriften einer strengeren Strafe unterliegt, von der Bezirksverwaltungsbehörde mit einer Geldstrafe von 72 Euro bis 2 180 Euro, im Wiederholungsfall von 145 Euro bis 2 180 Euro zu bestrafen.

...

Ruhezeit

§ 44. (1) Theaterarbeitnehmer/innen nach § 43 ist in jeder Kalenderwoche eine ununterbrochene Ruhezeit von 36 Stunden zu gewähren, die einen ganzen Wochentag einzuschließen hat. Die wöchentliche Ruhezeit kann in einzelnen Wochen gekürzt werden oder entfallen, wenn innerhalb von 14 Tagen eine durchschnittliche wöchentliche Ruhezeit von 36 Stunden sichergestellt ist. Zur Berechnung dürfen nur mindestens 24stündige Ruhezeiten herangezogen werden.

(2) Durch Kollektivvertrag kann ein Durchrechnungszeitraum bis zu einem Jahr zugelassen werden. Der Kollektivvertrag kann die Betriebsvereinbarung zu einer solchen Regelung ermächtigen.

(3) Kann für die betroffenen Mitglieder mangels Bestehen einer kollektivvertragsfähigen Körperschaft auf Arbeitgeberseite kein Kollektivvertrag abgeschlossen werden, kann die Betriebsvereinbarung den Durchrechnungszeitraum auf bis zu 13 Wochen verlängern.

(4) Während der in der Arbeitszeiteinteilung vorgesehenen wöchentlichen Ruhezeit dürfen Theaterarbeitnehmer/innen nach § 43 nur beschäftigt werden, wenn die Arbeiten
1. zur Abwendung einer unmittelbaren Gefahr für die Sicherheit des Lebens oder die Gesundheit von Menschen oder bei Notstand sofort vorzunehmen sind oder
2. zur Behebung einer Betriebsstörung oder eines unverhältnismäßigen wirtschaftlichen Schadens erforderlich sind, wenn unvorhergesehene und nicht zu verhindernde Gründe vorliegen und andere zumutbare Maßnahmen zu diesem Zweck nicht möglich sind.

(5) Wird ein/e Theaterarbeitnehmer/in nach § 43 während der in der Arbeitszeiteinteilung vorgesehenen wöchentlichen Ruhezeit beschäftigt, hat er/sie in der folgenden Arbeitswoche Anspruch auf Ersatzruhe, die auf die Wochenarbeitszeit anzurechnen ist. Die Ersatzruhe ist im Ausmaß der während der wöchentlichen Ruhezeit geleisteten Arbeit zu gewähren, die innerhalb von 36 Stunden vor dem Arbeitsbeginn in der nächsten Arbeitswoche erbracht wurde. Die Ersatzruhe hat unmittelbar vor dem Beginn der folgenden wöchentlichen Ruhezeit zu liegen, soweit vor Antritt der Arbeit, für die Ersatzruhe gebührt, nicht anderes vereinbart wurde.

(6) Theaterunternehmer/innen, die den Bestimmungen der Abs. 1 bis 5 zuwiderhandeln, sind, sofern die Tat nicht nach anderen Vorschriften einer strengeren Strafe unterliegt, von der Bezirksverwaltungsbehörde mit einer Geldstrafe von 72 Euro bis 2 180 Euro, im Wiederholungsfall von 145 Euro bis 2 180 Euro zu bestrafen.

...

Mutterschutzgesetz 1979 – MSchG
BGBl 1979/221 idF BGBl I 2019/68
(Auszug)

...

Abschnitt 6
Teilzeitbeschäftigung und Änderung der Lage der Arbeitszeit
Anspruch auf Teilzeitbeschäftigung

§ 15h. (1) Die Dienstnehmerin hat einen Anspruch auf Teilzeitbeschäftigung längstens bis zum Ablauf des siebenten Lebensjahres oder einem späteren Schuleintritt des Kindes, wenn
1. das Dienstverhältnis zum Zeitpunkt des Antritts der Teilzeitbeschäftigung ununterbrochen drei Jahre gedauert hat,

2. die Dienstnehmerin zu diesem Zeitpunkt in einem Betrieb (§ 34 Arbeitsverfassungsgesetz – ArbVG, BGBl. Nr. 22/1974) mit mehr als 20 Dienstnehmern und Dienstnehmerinnen beschäftigt ist und
3. die wöchentliche Normalarbeitszeit um mindestens 20 vH reduziert wird und zwölf Stunden nicht unterschreitet (Bandbreite).

Beginn, Dauer, Ausmaß und Lage der Teilzeitbeschäftigung sind mit dem Dienstgeber zu vereinbaren, wobei die betrieblichen Interessen und die Interessen der Dienstnehmerin zu berücksichtigen sind. Dienstnehmerinnen haben während eines Lehrverhältnisses keinen Anspruch auf Teilzeitbeschäftigung.

(2) Alle Zeiten, die die Dienstnehmerin in unmittelbar vorausgegangenen Dienstverhältnissen zum selben Dienstgeber zurückgelegt hat, sind bei der Berechnung der Mindestdauer des Dienstverhältnisses nach Abs. 1 Z 1 zu berücksichtigen. Ebenso zählen Zeiten von unterbrochenen Dienstverhältnissen, die auf Grund von Wiedereinstellungszusagen oder Wiedereinstellungsvereinbarungen beim selben Dienstgeber fortgesetzt werden, für die Mindestdauer des Dienstverhältnisses. Zeiten einer Karenz nach diesem Bundesgesetz werden abweichend von § 15f Abs. 1 dritter Satz auf die Mindestdauer des Dienstverhältnisses angerechnet.

(3) Für die Ermittlung der Dienstnehmerzahl nach Abs. 1 Z 2 ist maßgeblich, wie viele Dienstnehmer und Dienstnehmerinnen regelmäßig im Betrieb beschäftigt werden. In Betrieben mit saisonal schwankender Dienstnehmerzahl gilt das Erfordernis der Mindestanzahl der Dienstnehmer und Dienstnehmerinnen als erfüllt, wenn die Dienstnehmerzahl im Jahr vor dem Antritt der Teilzeitbeschäftigung durchschnittlich mehr als 20 Dienstnehmer und Dienstnehmerinnen betragen hat.

(4) In Betrieben mit bis zu 20 Dienstnehmern und Dienstnehmerinnen kann in einer Betriebsvereinbarung im Sinne des § 97 Abs. 1 Z 25 ArbVG insbesondere festgelegt werden, dass die Dienstnehmerinnen einen Anspruch auf Teilzeitbeschäftigung nach Abs. 1 haben. Auf diese Teilzeitbeschäftigung sind sämtliche Bestimmungen anzuwenden, die für eine Teilzeitbeschäftigung nach Abs. 1 gelten. Die Kündigung einer solchen Betriebsvereinbarung ist nur hinsichtlich der Dienstverhältnisse jener Dienstnehmerinnen wirksam, die zum Kündigungstermin keine Teilzeitbeschäftigung nach der Betriebsvereinbarung schriftlich bekannt gegeben oder angetreten haben.

Vereinbarte Teilzeitbeschäftigung

§ 15i. Die Dienstnehmerin, die keinen Anspruch auf Teilzeitbeschäftigung nach § 15h Abs. 1 oder 4 hat, kann mit dem Dienstgeber eine Teilzeitbeschäftigung einschließlich Beginn, Dauer, Ausmaß und Lage längstens bis zum Ablauf des vierten Lebensjahres des Kindes vereinbaren, bei der die wöchentliche Normalarbeitszeit um mindestens 20 vH reduziert wird und zwölf Stunden nicht unterschreitet (Bandbreite).

Gemeinsame Bestimmungen zur Teilzeitbeschäftigung

§ 15j. (1) Voraussetzung für die Inanspruchnahme einer Teilzeitbeschäftigung nach den §§ 15h und 15i ist, dass die Dienstnehmerin mit dem Kind im gemeinsamen Haushalt lebt oder eine Obsorge nach den §§ 177 Abs. 4 oder 179 des

Allgemeinen bürgerlichen Gesetzbuchs, JGS Nr. 946/1811, gegeben ist und sich der Vater nicht gleichzeitig in Karenz befindet.

(2) Die Dienstnehmerin kann die Teilzeitbeschäftigung für jedes Kind nur einmal in Anspruch nehmen. Dieses Recht wird durch das Zurückziehen eines Teilzeitantrages nach § 15h Abs. 1 oder § 15i nicht verwirkt. Die Teilzeitbeschäftigung muss mindestens zwei Monate dauern.

(3) Die Teilzeitbeschäftigung kann frühestens im Anschluss an die Frist gemäß § 5 Abs. 1 und 2, einen daran anschließenden Gebührenurlaub oder eine Dienstverhinderung wegen Krankheit (Unglücksfall) angetreten werden. In diesem Fall hat die Dienstnehmerin dies dem Dienstgeber einschließlich Dauer, Ausmaß und Lage der Teilzeitbeschäftigung schriftlich bis zum Ende der Frist nach § 5 Abs. 1 bekannt zu geben.

(4) Beabsichtigt die Dienstnehmerin die Teilzeitbeschäftigung zu einem späteren Zeitpunkt anzutreten, hat sie dies dem Dienstgeber einschließlich Beginn, Dauer, Ausmaß und Lage der Teilzeitbeschäftigung schriftlich spätestens drei Monate vor dem beabsichtigen Beginn bekannt zu geben. Beträgt jedoch der Zeitraum zwischen dem Ende der Frist gemäß § 5 Abs. 1 und dem Beginn der beabsichtigten Teilzeitbeschäftigung weniger als drei Monate, so hat die Dienstnehmerin die Teilzeitbeschäftigung schriftlich bis zum Ende der Frist nach § 5 Abs. 1 bekannt zu geben.

(5) Die Dienstnehmerin kann sowohl eine Änderung der Teilzeitbeschäftigung (Verlängerung, Änderung des Ausmaßes oder der Lage) innerhalb der Bandbreite nach § 15h Abs. 1 Z 3 oder § 15i als auch eine vorzeitige Beendigung jeweils nur einmal verlangen. Sie hat dies dem Dienstgeber schriftlich spätestens drei Monate, dauert die Teilzeitbeschäftigung jedoch weniger als drei Monate, spätestens zwei Monate vor der beabsichtigten Änderung oder Beendigung bekannt zu geben.

(6) Der Dienstgeber kann sowohl eine Änderung der Teilzeitbeschäftigung (Änderung des Ausmaßes oder der Lage) innerhalb der Bandbreite nach § 15h Abs. 1 Z 3 oder § 15i als auch eine vorzeitige Beendigung jeweils nur einmal verlangen. Er hat dies der Dienstnehmerin schriftlich spätestens drei Monate, dauert die Teilzeitbeschäftigung jedoch weniger als drei Monate, spätestens zwei Monate vor der beabsichtigten Änderung oder Beendigung bekannt zu geben.

(7) Fallen in ein Kalenderjahr auch Zeiten einer Teilzeitbeschäftigung, gebühren der Dienstnehmerin sonstige, insbesondere einmalige Bezüge im Sinne des § 67 Abs. 1 EStG 1988 in dem der Vollzeit- und Teilzeitbeschäftigung entsprechenden Ausmaß im Kalenderjahr.

(8) Der Dienstgeber ist verpflichtet, der Dienstnehmerin auf deren Verlangen eine Bestätigung über Beginn und Dauer der Teilzeitbeschäftigung oder die Nichtinanspruchnahme der Teilzeitbeschäftigung auszustellen. Die Dienstnehmerin hat diese Bestätigung mit zu unterfertigen.

(9) Die Teilzeitbeschäftigung der Dienstnehmerin endet vorzeitig mit der Inanspruchnahme einer Karenz oder Teilzeitbeschäftigung nach diesem Bundesgesetz für ein weiteres Kind.

(10) Kommt es zu einer Vereinbarung über ein Teilzeitmodell außerhalb der Bandbreite, liegt dennoch eine Teilzeitbeschäftigung im Sinne des § 15h oder § 15i vor.

Verfahren beim Anspruch auf Teilzeitbeschäftigung

§ 15k. (1) In Betrieben, in denen ein für die Dienstnehmerin zuständiger Betriebsrat errichtet ist, ist dieser auf Verlangen der Dienstnehmerin den Verhandlungen über Beginn, Dauer, Ausmaß oder Lage der Teilzeitbeschäftigung nach § 15h Abs. 1 beizuziehen. Kommt binnen zwei Wochen ab Bekanntgabe keine Einigung zu Stande, können im Einvernehmen zwischen Dienstnehmerin und Dienstgeber Vertreter der gesetzlichen Interessenvertretungen der Dienstnehmer und der Dienstgeber den Verhandlungen beigezogen werden. Der Dienstgeber hat das Ergebnis der Verhandlungen schriftlich aufzuzeichnen. Diese Ausfertigung ist sowohl vom Dienstgeber als auch von der Dienstnehmerin zu unterzeichnen; eine Ablichtung ist der Dienstnehmerin auszuhändigen.

(2) Kommt binnen vier Wochen ab Bekanntgabe keine Einigung über Beginn, Dauer, Ausmaß oder Lage der Teilzeitbeschäftigung zu Stande, kann die Dienstnehmerin die Teilzeitbeschäftigung zu den von ihr bekannt gegebenen Bedingungen antreten, sofern der Dienstgeber nicht binnen weiterer zwei Wochen beim zuständigen Arbeits- und Sozialgericht einen Antrag nach § 433 Abs. 1 ZPO zur gütlichen Einigung gegebenenfalls im Rahmen eines Gerichtstages stellt. Dem Antrag ist das Ergebnis der Verhandlungen nach Abs. 1 anzuschließen.

(3) Kommt binnen vier Wochen ab Einlangen des Antrags beim Arbeits- und Sozialgericht keine gütliche Einigung zu Stande, hat der Dienstgeber binnen einer weiteren Woche die Dienstnehmerin auf Einwilligung in die von ihm vorgeschlagenen Bedingungen der Teilzeitbeschäftigung beim zuständigen Arbeits- und Sozialgericht zu klagen, andernfalls kann die Dienstnehmerin die Teilzeitbeschäftigung zu den von ihr bekannt gegebenen Bedingungen antreten. Findet der Vergleichsversuch erst nach Ablauf von vier Wochen statt, beginnt die Frist für die Klagseinbringung mit dem auf den Vergleichsversuch folgenden Tag. Das Arbeits- und Sozialgericht hat der Klage des Dienstgebers dann stattzugeben, wenn die betrieblichen Erfordernisse die Interessen der Dienstnehmerin überwiegen. Gibt das Arbeits- und Sozialgericht der Klage des Dienstgebers nicht statt, wird die von der Dienstnehmerin beabsichtigte Teilzeitbeschäftigung mit der Rechtskraft des Urteils wirksam.

(4) Beabsichtigt die Dienstnehmerin eine Änderung oder vorzeitige Beendigung der Teilzeitbeschäftigung, ist Abs. 1 anzuwenden. Kommt binnen vier Wochen ab Bekanntgabe keine Einigung zu Stande, kann der Dienstgeber binnen einer weiteren Woche dagegen Klage beim zuständigen Arbeits- und Sozialgericht erheben. Bringt der Dienstgeber keine Klage ein, wird die von der Dienstnehmerin bekannt gegebene Änderung oder vorzeitige Beendigung der Teilzeitbeschäftigung wirksam. Das Arbeits- und Sozialgericht hat der Klage dann stattzugeben, wenn die betrieblichen Erfordernisse gegenüber den Interessen der Dienstnehmerin im Hinblick auf die beabsichtigte Änderung oder vorzeitige Beendigung überwiegen.

(5) Beabsichtigt der Dienstgeber eine Änderung der Teilzeitbeschäftigung oder eine vorzeitige Beendigung, ist Abs. 1 anzuwenden. Kommt binnen vier Wochen ab Bekanntgabe keine Einigung zu Stande, kann der Dienstgeber binnen einer weiteren Woche Klage auf die Änderung oder vorzeitige Beendigung beim Arbeits- und Sozialgericht erheben, andernfalls die Teilzeitbeschäftigung unverändert bleibt. Das Arbeits- und Sozialgericht hat der Klage dann stattzugeben, wenn die betrieblichen Erfordernisse gegenüber den Interessen der Dienstnehmerin im Hinblick auf die beabsichtigte Änderung oder vorzeitige Beendigung überwiegen.

(6) In Rechtsstreitigkeiten nach Abs. 3 bis 5 steht keiner Partei ein Kostenersatzanspruch an die andere zu. Gegen ein Urteil des Gerichtes erster Instanz ist eine Berufung nicht zulässig und sind – unabhängig vom Wert des Streitgegenstandes – Beschlüsse des Gerichtes erster Instanz nur aus den Gründen des § 517 Abs. 1 Z 1, 4 und 6 ZPO anfechtbar.

Verfahren bei der vereinbarten Teilzeitbeschäftigung

§ 15l. (1) In Betrieben, in denen ein für die Dienstnehmerin zuständiger Betriebsrat errichtet ist, ist dieser auf Verlangen der Dienstnehmerin den Verhandlungen über die Teilzeitbeschäftigung nach § 15i, deren Beginn, Dauer, Lage und Ausmaß beizuziehen.

(2) Kommt binnen zwei Wochen ab Bekanntgabe keine Einigung zu Stande, so kann die Dienstnehmerin den Dienstgeber auf Einwilligung in eine Teilzeitbeschäftigung einschließlich deren Beginn, Dauer, Lage und Ausmaß klagen. Das Arbeits- und Sozialgericht hat die Klage insoweit abzuweisen, als der Dienstgeber aus sachlichen Gründen die Einwilligung in die begehrte Teilzeitbeschäftigung verweigert hat.

(3) Beabsichtigt die Dienstnehmerin eine Änderung oder vorzeitige Beendigung der Teilzeitbeschäftigung, ist Abs. 1 anzuwenden. Kommt binnen zwei Wochen ab Bekanntgabe keine Einigung zu Stande, kann die Dienstnehmerin binnen einer weiteren Woche Klage auf eine Änderung oder vorzeitige Beendigung der Teilzeitbeschäftigung beim zuständigen Arbeits- und Sozialgericht erheben. Das Arbeits- und Sozialgericht hat die Klage dann abzuweisen, wenn die betrieblichen Erfordernisse gegenüber den Interessen der Dienstnehmerin im Hinblick auf die beabsichtigte Änderung oder vorzeitige Beendigung überwiegen.

(4) Beabsichtigt der Dienstgeber eine Änderung der Teilzeitbeschäftigung oder eine vorzeitige Beendigung, ist Abs. 1 anzuwenden. Kommt binnen zwei Wochen ab Bekanntgabe keine Einigung zu Stande, kann der Dienstgeber binnen einer weiteren Woche Klage auf eine Änderung oder vorzeitige Beendigung beim zuständigen Arbeits- und Sozialgericht erheben, andernfalls die Teilzeitbeschäftigung unverändert bleibt. Das Arbeits- und Sozialgericht hat der Klage dann stattzugeben, wenn die betrieblichen Erfordernisse gegenüber den Interessen der Dienstnehmerin im Hinblick auf die beabsichtigte Änderung oder vorzeitige Beendigung überwiegen.

(5) § 15k Abs. 6 ist anzuwenden.

Karenz an Stelle von Teilzeitbeschäftigung

§ 15m. (1) Kommt zwischen der Dienstnehmerin und dem Dienstgeber keine Einigung über eine Teilzeitbeschäftigung nach den §§ 15h und 15i zu Stande, kann die Dienstnehmerin dem Dienstgeber binnen einer Woche bekannt geben, dass sie
1. an Stelle der Teilzeitbeschäftigung oder
2. bis zur Entscheidung des Arbeits- und Sozialgerichtes Karenz, längstens jedoch bis zum Ablauf des zweiten Lebensjahres des Kindes, in Anspruch nimmt.

(2) Gibt das Gericht der Klage des Dienstgebers in einem Rechtsstreit nach § 15k Abs. 3 statt oder der Klage der Dienstnehmerin nach § 15l Abs. 2 nicht statt, kann die Dienstnehmerin binnen einer Woche nach Zugang des Urteils dem

Dienstgeber bekannt geben, dass sie Karenz längstens bis zum Ablauf des zweiten Lebensjahres des Kindes in Anspruch nimmt.

Kündigungs- und Entlassungsschutz bei einer Teilzeitbeschäftigung

§ 15n. (1) Der Kündigungs- und Entlassungsschutz gemäß den §§ 10 und 12 beginnt grundsätzlich mit der Bekanntgabe, frühestens jedoch vier Monate vor dem beabsichtigten Antritt der Teilzeitbeschäftigung. Er dauert bis vier Wochen nach dem Ende der Teilzeitbeschäftigung, längstens jedoch bis vier Wochen nach dem Ablauf des vierten Lebensjahres des Kindes. Die Bestimmungen über den Kündigungs- und Entlassungsschutz gelten auch während eines Verfahrens nach den §§ 15k und 15l.

(2) Dauert die Teilzeitbeschäftigung länger als bis zum Ablauf des vierten Lebensjahres des Kindes oder beginnt sie nach dem Ablauf des vierten Lebensjahres des Kindes, kann eine Kündigung wegen einer beabsichtigten oder tatsächlich in Anspruch genommenen Teilzeitbeschäftigung bei Gericht angefochten werden. § 105 Abs. 5 ArbVG ist anzuwenden.

(3) Wird während der Teilzeitbeschäftigung ohne Zustimmung des Dienstgebers eine weitere Erwerbstätigkeit aufgenommen, kann der Dienstgeber binnen acht Wochen ab Kenntnis entgegen Abs. 1 und 2 eine Kündigung wegen dieser Erwerbstätigkeit aussprechen.

Teilzeitbeschäftigung der Adoptiv- oder Pflegemutter

§ 15o. Die §§ 15h bis 15n gelten auch für eine Adoptiv- oder Pflegemutter mit der Maßgabe, dass die Teilzeitbeschäftigung frühestens mit der Annahme oder der Übernahme des Kindes beginnen kann. Beabsichtigt die Dienstnehmerin die Teilzeitbeschäftigung zum frühest möglichen Zeitpunkt, hat sie dies dem Dienstgeber einschließlich Beginn, Dauer, Ausmaß und Lage unverzüglich bekannt zu geben. § 15j Abs. 1 ist weiters mit der Maßgabe anzuwenden, dass an Stelle des Ausdrucks „der Vater" der Ausdruck „der andere Elternteil" tritt.

Änderung der Lage der Arbeitszeit

§ 15p. Die §§ 15h bis 15o sind auch für eine von der Dienstnehmerin beabsichtigte Änderung der Lage der Arbeitszeit mit der Maßgabe anzuwenden, dass das Ausmaß der Arbeitszeit außer Betracht bleibt.

...

Sachregister

Die Ziffern verweisen auf die Randzahlen.

A
Apotheken 70, 95
Arbeitnehmerbegriff 1
Arbeitsbereitschaft 10, 32, 51
Arbeitsort 8
Arbeitszeit, Begriff 6 ff
– entgeltpflichtige 46 ff
Aufzeichnungspflicht 97
Aushangpflicht 96
Auskunftspflicht 97
Ausnahmen von Wochenend- und Feiertagsruhe 84 ff

B
Bäckereiarbeiter/innengesetz 121
Bahnhöfe 94
Bandbreitenmodelle 36 f
Bauarbeiter 8, 40, 79
Besondere Erholungsmöglichkeit 33
Betriebsvereinbarung 5
Bewachung 95

D
Dekadenarbeit 40
Dienstreisen 13, 41, 52, 86

E
Eisenbahn 67, 95
Entgelt 64
Erhöhter Arbeitsbedarf 31
Ersatzruhe 81

F
Feiertagsentgelt 83
Feiertagsruhe 82, 84

Fenstertage 35
Flächenarbeitsort 8

G
Gast- und Beherbergungsgewerbe 57
Gefährliche Arbeiten 74
Geltungsbereich, AZG 1 f
Gleitzeit 39, 96

H
Höchstarbeitszeit 15 ff

I
Instandhaltung 34

K
Kinder- und Jugendlichen-Beschäftigungsgesetz 122 ff
Kontrollsystem 102
Krankenanstalten 19
Krankenanstalten-Arbeitszeitgesetz 113 ff
Kundenbedienung 34

L
Leitende Angestellte 3
Lenker von Kraftfahrzeugen 8, 17, 60 ff, 78
Luftfahrt 69, 95

M
Märkte 92
Mehrarbeit 26, 43, 48
Messen 93
Mutterschutzgesetz 133

N

Nachtarbeit 42
Nachtschwerarbeit 42
Nahe Angehörige 4
Normalarbeitszeit 20 ff
– Gestaltungsmöglichkeiten 28
Notstand 72, 85

O

Öffentlicher Verkehr 18, 66

R

Reinigungsarbeiten 34
Reisezeiten 13, 41, 52, 73
Reparaturarbeiten 74
Rufbereitschaft 11, 50
Ruhepause 9, 55
Ruhezeiten 56

S

Schadenersatz 60
Schichtarbeit 36, 57, 77
Schifffahrt 68, 95, 97
Stehzeiten 14, 53
Strafbestimmungen 103 ff

T

Tagesarbeitszeit 15
Teilzeitarbeit 24
Theaterarbeitsgesetz 131

U

Überstunden 43 ff, 48

V

Väter-Karenzgesetz 133
Verkehrsbetriebe 95
VO-Fahrzeuge 60, 65
Vor- und Abschlussarbeiten 34

W

Wartezeiten 54
Wegzeiten 12, 53
Wochenarbeitszeit 15
Wochenendruhe 75, 84
Wochenruhe 76

Z

Zeitguthaben 49
Zeitschriften 80